KB164858

어원부터 어감까지 한 번에 휘어잡는

우리말 ― 표현 ― 사전

어원부터 어감까지 한 번에 휘어잡는
우리말 표현 사전
- 알면 알수록 빠져드는 '말'들의 사이와 차이

초판 1쇄 발행 2024년 8월 20일

지은이 | 조항범
펴낸곳 | (주)태학사
등록 | 제406-2020-000008호
주소 | 경기도 파주시 광인사길 217
전화 | 031-955-7580
전송 | 031-955-0910
전자우편 | thspub@daum.net
홈페이지 | www.thaehaksa.com

편집 | 김선정 조윤형 여미숙 김태훈
마케팅 | 김일신
경영지원 | 김영지

값 18,500원
ISBN 979-11-6810-304-7 03700

책임편집 | 김선정
디자인 | 김희량

어원부터 어감까지 한 번에 휘어잡는

우리말 ─ 표현 ─ 사전

알면 알수록 빠져드는 '말'들의 사이와 차이

조항범 지음

태학사

머
리
말

잘 알다시피 언어생활은 '말하기'와 '듣기', '쓰기'와 '읽기'로 이루어집니다. 이 가운데 '말하기'와 '쓰기'가 표현의 과정이라면, '듣기'와 '읽기'는 이해의 과정입니다. 표현의 과정과 이해의 과정은 단절되지 않고 늘 연속되어 있습니다. 그래야만 의사소통이 원활하게 되기 때문입니다.

　말이든 글이든 '표현' 과정이 자신의 감정과 생각을 조리 있게 전달하는 데 집중한다면, '이해' 과정은 타인의 감정과 생각을 정확하게 수용하는 데 집중합니다. 우리의 언어생활에서 이 두 과정은 모두 중요하여, 어느 것도 가벼이 여길 수가 없습니다. 자칫 소홀히 하게 되면 영락없이 의사소통에 문제가 발생하게 됩니다.

　가령 문해(文解) 과정에서 발생하는 엉뚱한 해석은 '이해' 과정을 소홀히 한 데서 비롯된 병적 현상에 지나지 않습니다.

예를 들기도 거북합니다만, '우천(雨天) 시(時)'라는 말을 듣고 '과천시' 옆에 있는 도시냐고 반문했다고 하니, 정말 기가 찰 노릇입니다. 믿기지 않겠지만 이러한 예는 허다하여 이제 그렇게 놀랍지도 않습니다. 문해력 저하는 더 이상 그대로 방치할 수 없는 심각한 상황에 와 있습니다.

'표현' 과정은 더 심각합니다. 언어 규범의 무시, 어휘 선택의 오류, 구어와 문어의 혼동, 저급하고 막된 표현의 남발, 내용의 진실성 결여 등 그 문제점이 한두 가지가 아닙니다. 그러다 보니 표현의 논리성이나 효율성 등은 거론하기도 어려운 실정입니다. 제 개인적인 판단입니다만, 말하기보다 글쓰기에 더 큰 문제가 있어 보입니다. 요즘 사람들은 글을 잘 쓰지도 않지만, 어쩌다 쓰는 글도 제멋대로입니다. 사회 질서의 해이와 도덕적 타락과 맞물려 말글살이가 몹시 혼탁한 구렁텅이에 빠져 헤어나지 못하고 있습니다. 이것은 절대 과장이 아닙니다.

이렇게 언어 현실을 진단해 보면, 표현의 과정과 이해의 과정에서 장애를 유발하는 핵심 요인은 '어휘'임을 알 수 있습니다. 그만큼 어휘가 의사소통의 중심부에 놓여 있다는 것입니다. 무슨 말을 하다가 적절한 어휘가 그때그때 떠오르지 않아 말을 더듬고, 글을 쓰다가 합당한 어휘가 생각나지 않아 붓방아만 찧는 답답한 경험을 해 보았을 것입니다. 이는 분명 빈약한 어휘력에 기인하는 결함입니다.

그리하여 원만한 의사소통을 위해서는 일정 수준으로 어휘력을 높이는 일이 시급합니다. 이를 단순히 많은 어휘를 외워 머리에 저장하는 일이라 생각해서는 안 됩니다. 머릿속에 갈무리된 어휘 하나하나에 대한 의미와 용법을 정확히 익히고 상호 간의 의미 관계를 파악한 뒤에 그것을 실제 언어생활에 활용하는 단계에까지 나아가야 합니다. 이것이 진정한 의미의 '어휘력'입니다. 이러한 어휘력을 갖추었을 때야만 교양인으로서 의사소통에 당당히 나설 수 있습니다.

어휘력은 무엇보다 '독서'를 통해 효율적으로 끌어올릴 수 있습니다. 독서는 어휘의 수를 무한히 늘려 주고, 또 그 어휘를 현실 언어생활에서 적절히 활용할 수 있는 실제적인 힘을 길러 주기 때문입니다. 물론 독서가 여의치 않은 경우에는, 어휘력을 단기간 내에 끌어올려 줄 수 있는 어휘집을 활용해서라도 어휘력을 쌓아야 합니다. 어느 정도의 어휘력이 전제되어야만 표현의 효과 문제를 고려해 볼 수 있기 때문입니다.

표현의 효과는 화려한 수사 기법을 동원해야 누릴 수 있는 것만은 아닙니다. 합당한 어휘를 선택하여 적재적소에 배치하는 것만으로도 효과를 낼 수 있습니다. 촌철살인(寸鐵殺人)의 말 한마디가 말과 글의 효과를 극대화하고, 고아하고 다채로운 표현 하나가 말과 글의 맛과 멋을 돋우며, 현실감 있는 어휘 하나가 말과 글에 생동감을 불러일으키지 않습니까. 어휘는 그 자체만으로도 말과 글에 윤기와 생기를 더해 주는 윤활유 역할을 충분히 해낼 수 있습니다.

이 책은 어휘력을 바탕으로 표현력과 이해력을 길러 주기 위해 기획된 것입니다. 그렇다고 표현력이나 이해력을 길러 주는 세세한 방안을 제시한 것은 아닙니다. 표현력이나 이해력이 어휘력을 기반으로 한다는 전제하에서 어휘력 향상에 주안점을 두었습니다. 어휘력 향상이 표현력이나 이해력을 이끈다는 생각에서 책 제목을 과감히 '우리말 표현 사전'이라 붙여 보았습니다. 관용구나 속담도 어휘 단위 하나와 같은 의미 기능을 수행한다는 관점에서 어휘와 같은 자격을 부여하여 이에 포함하였습니다.

어휘는 자모순으로 단순 분류하여 제시하지 않고, 의미 관계나 속성(동의어, 반의어 등), 어휘 부류(고유어, 한자어, 신어 등), 어휘 등급(높임말, 비속어 등) 등을 고려하여 묶어서 제시하였습니다. 그 결과 주제 영역이 여덟 마당이 되었습니다. 이러한 방식을 취한 것은 결국 어휘 학습의 효율성을 높이기 위한 것입니다. 각 주제 영역은 독립적이어서 관심도에 따라 영역을 옮겨가며 읽어도 됩니다. 개개 어휘나 관용 표현 항목에 대해서는 그 어원, 유래, 의미 변화 등을 복합적으로 고려하여 상세히 설명하였습니다. 찬찬히 읽다 보면 해당 어휘나 관용 표현의 의미나 용법을 어렵지 않게 이해할 수 있을 것입니다.

이 책을 손에 넣었다면, 이제 꾸준히 어휘와 관용 표현을 익혀 실제 언어생활에 활용해 보는 일만 남았습니다. 바쁜 일상이지만 짬을 내어 정성껏 읽어 보시기 바랍니다. 성심을 다하여 읽다 보면 어느덧 어휘력이 향상되고, 더 나아가 표현력과 이해력이 확장되는 것을 느낄 수 있을 것입니다. 이 책이 어휘력을 넘어 표현력과 이해력을 증진하는 데 조금이나마 보탬이 된다면 더 바랄 것이 없겠습니다.

이 책은 전적으로 태학사의 호의와 공력으로 이루어졌습니다. 도움을 주신 지현구 회장님과 김선정 이사님께 감사의 말씀을 전합니다.

2024년 7월 조항범

2

같거나 비슷한 의미를 지닌 단어들
동의어·유의어는 표현의 폭을 넓힌다

3

반대되는 의미를 지닌 단어들
반의어는 사유의 폭을 높인다

4

혼동하기 쉽거나 잘못 쓰고 있는 단어들

형태나 의미가 유사하면 혼동하기 쉽다

5

살려 쓰면 좋은 고유어

아직도 사전에 잠자고 있는 아름다운 우리말이 많다

6

외면받기 쉬운 한자어

한자어도 당당한 우리말이다

7

새로 만들거나 수입된 단어

오늘도 새로운 말이 만들어지고 또 수입된다

8

단어의 품격

높임말은 권장하고, 비속어나 놀리는 말은 멀리한다

일러두기

명사 [명]

동사 [동]

형용사 [형]

부사 [부]

관형사 [관]

속담 [속]

관용구 [관용]

• · 같거나 비슷한 의미를 지니는 관계를 표시함

• / 반대되는 의미를 지니는 관계를 표시함

• | 전혀 다른 의미를 지니는 관계를 표시함

I

관용구와
속담

●
●

관용 표현은 말맛을
돋우는 양념이다

001   가는 손님은 뒤꼭지가 예쁘다

[속] 손님 대접하기가 어려운 터에 손님이 속을 알아주어 빨리
돌아가니 고맙게 여긴다는 것을 비유적으로 이르는 말

살림이 곤궁한 사람의 집에 손님이 찾아오면 난감하기 짝이
없다. 무엇이든 대접을 해야 하는데 마땅히 내놓을 것이 없
기 때문이다. 당황하는 주인을 보고 눈치 빠른 손님은 얼른
볼일만 보고 바로 일어선다. 주인은 그러한 손님이 반갑고
고마울 수밖에 없다. 그러니 뒤돌아서 가는 손님의 뒤꼭지(뒤
통수)까지 예쁘게 보인다. 손님 대접할 것이 없는 상황에서,
손님이 주인의 딱한 속사정을 알고 빨리 돌아가 주어서 고맙
게 여기는 것을 비유하여 "가는 손님은 뒤꼭지가 예쁘다."라
고 한다. 너나없이 가난하게 살던 시절에 만들어진 가슴 아
픈 속담이다.

002 가랑비에 옷 젖는 줄 모른다

[속] 가늘게 내리는 비는 조금씩 젖어 들기 때문에 여간해서도
옷이 젖는 줄을 깨닫지 못한다는 뜻으로, 아무리 사소한
것이라도 그것이 거듭되면 무시하지 못할 정도로 크게 됨을
비유적으로 이르는 말

'가랑비'는 가늘게 내리는 비다. 가는 비라서 대수롭지 않게
여겨 그냥 맞는 수가 있다. '맞아도 별것 아니겠지' 하지만 가
랑비는 젖어 드는 속성이 있어서 오랫동안 맞으면 푹 젖게 된
다. 그런데 조금씩 젖어 들기 때문에 여간해서는 옷이 젖는
줄 알아차리지 못한다. 그리하여 "가랑비에 옷 젖는 줄 모른
다."와 같은 속담이 생겨난 것이다. 사소한 것이더라도 거듭
되면 무시할 수 없을 정도로 크게 됨을 비유하여 그렇게 표현
한다.

003 가물에 콩 나듯

[속] 가뭄에는 심은 콩이 제대로 싹이 트지 못하여 드문드문
난다는 뜻으로, 어떤 일이나 물건이 어쩌다 하나씩 드문드문
있는 경우를 비유적으로 이르는 말

가물면 농작물이 제대로 싹을 틔우지 못하고 또 자라지도 못
한다. 밭작물인 콩은 더욱 그러하다. 가뭄이 들면 심은 콩이
제대로 싹을 틔우지 못하고 드문드문 싹이 난다. 이렇듯 어
떤 일이나 물건이 어쩌다 하나씩 드문드문 있는 경우를 비유
하여 "가물에 콩 나듯"이라 표현한다. '콩'을 '씨(앗)'로 바꾸어

"가물에 씨(앗) 나듯"이라 표현하기도 한다.

004   각(角)을 세우다
[관용] 날카롭게 대립하다

'각(角)'은 '면과 면이 만나 이루어지는 모서리'다. 이 모서리를 아주 날카롭고 뾰족하게 만드는 것을 "각을 세우다."라고 한다. '뾰족하게 만든다'는 점이 비유적으로 확대되어 '날카롭게 대립하다'라는 의미가 생겨난다. "여야가 수도 이전을 놓고 각을 세우고 있다."와 같이 쓸 수 있다. 이와 같은 의미의 관용구로 "대립각(對立角)을 세우다."가 있다.

005   간(肝)이 붓다
[관용] 지나치게 대담해지다

한의학에서는 '간(肝)'을, 몸의 모든 근육이 운동할 수 있는 에너지를 만들고 정신 활동의 요체인 혼이 깃들어 있는 곳으로 설명한다. 말하자면 간을 온몸의 기관, 조직, 세포는 물론이고 정신 활동까지 관장하는 중요한 장기로 이해하는 것이다. "간이 붓다."는 간이 마음이나 정신을 관장하는 기관이라는 측면에서 이해할 수 있는 관용 표현이다. 간의 기운이 너무 성하여 간 기능이 상승하면 "간이 붓는다."고 말한다. 간이 부으면 머리가 아프고 어지러우며, 얼굴과 눈이 붉어지고 입맛이 쓰다. 또 겁이 없어지고 지나치게 담대해져 통제가 불가능해진다. 그래서 "간이 붓다."에 '지나치게 대담해지다'라는 비유적 의미가 생겨난다. '간'의 속어인 '간덩이'로 대체된 "간덩이가 붓다."로 쓰이기도 한다. 간이 부으면 지나치게 대담해져 막된 행동이 거침없이 나오므로 속어를 이용한 표현이 한층 자연스럽다.

006　결이 바르다

[관용] 성미가 곧고 바르다

'결'은 '나무, 돌, 살갗 따위에서 조직의 굳고 무른 부분이 모여 일정하게 켜를 지으면서 짜인 바탕의 상태나 무늬'다. 이와 같은 결이 굽지 않고 반듯한 것을 "결이 바르다."라고 한다. 또한 사람의 성품이 곧고 바른 것을 빗대어 그렇게 표현하기도 한다. "결이 바르다."가 '성미가 곧고 바르다'의 의미를 띠면서 '결'이 '성결(性-)', 곧 '성품의 바탕이나 상태'라는 의미를 띠게 된다. 이 외에도 '결'을 이용한 관용구에 "결을 삭이다(성이 난 마음을 풀어 가라앉히다).", "결이 삭다(성이 난 마음이 풀려 부드러워지다)." 등도 있다.

007　깨가 쏟아지다

[관용] 몹시 아기자기하고 재미가 나다

여름 한철 힘든 농사를 끝내고 처음으로 수확하는 작물이 참깨다. 누릇누릇해진 참깨를 베어다가 묶어 주저리(너저분한 물

건이 어지럽게 매달리거나 한데 묶여 있는 것)를 만든 다음, 햇볕 잘
드는 곳에 세워서 얼마간 말린다. 열매가 바짝 마르면 날씨
좋은 날을 택해 멍석을 깔아놓고 타작을 한다. 참깨를 거꾸로
들고 막대기로 툭툭 치면 깨가 솔솔 쏟아진다. 한 번 털기만
해도 우수수 떨어지니 깨 터는 일보다 쉬운 곡물 타작은 없
다. 털기가 쉬우니 싫증이 나지 않고, 또 한 번 털면 우수수 떨
어지니 일할 맛이 절로 난다. 쏟아지는 깨에서 고소한 냄새까
지 나니 기분까지 좋아진다. 그리하여 "깨가 쏟아지다."에 '아
기자기하고 재미가 나다'라는 비유적 의미가 생겨난다. 깨고
소하고 달기로는 알콩달콩 신혼 생활에 비할 것이 없다. "깨
가 쏟아지다."가 주로 신혼살림을 비유할 때 쓰이는 이유다.

008 남의 떡에 설 쇤다

[속] 남의 덕택으로 거저 이익을 보게 됨을 비유적으로
이르는 말

설을 쇠려면 당연히 설음식을 마련해야 한다. 설음식 가운데
가장 대표적인 것이 떡국이다. 떡국은 가래떡을 주재료로 한
다. 가래떡이 준비되어야 떡국을 끓여 조상님께 올릴 수 있
다. 그런데 부득이한 사정으로 가래떡을 준비하지 못할 수도
있다. 이런 경우에는 남의 집에서 만든 가래떡을 얻어서 설
을 쇨 수밖에 없다. 남의 가래떡을 얻어서 설을 쇠듯, 남의 덕
택으로 거저 이익을 보게 되는 것을 빗대어 "남의 떡에 설 쇤

다.”라고 표현한다. 이는 “남의 불에 게 잡는다.”, “남 켠 횃불에 조개 잡듯”, “남이 켠 불에 게 잡기”, “남의 바지 입고 새(풀) 벤다.”, “남의 팔매에 밤 줍는다.”, “지나는 불에 밥 익히기” 등의 속담과 의미가 같다.

009 누울 자리 봐 가며 발을 뻗어라

[속] 어떤 일을 할 때 그 결과가 어떻게 되리라는 것을
생각하여 미리 살피고 일을 시작하라는 말

여러 사람이 끼어 자야 하는 좁은 공간은 누울 만한 곳이 못 된다. 공연히 끼어서 발을 뻗어 보았자 남의 잠만 방해할 뿐이다. 누울 때에는 누울 만한 장소인지 아닌지를 살펴 가면서 발을 뻗어야 한다. 장소를 가리지 않고 아무 데나 누우면 자기뿐만 아니라 남에게도 불편을 줄 수 있기 때문이다. 그리하여 “누울 자리 봐 가며 발을 뻗어라.”에 ‘어떤 일을 할 때 그 결과가 어떻게 되리라는 것을 생각하여 미리 살피고 일을 시작하라’라는 의미가 생겨난 것이다. 이와 같은 의미의 속담에 “발 뻗을 자리를 보고 누우랬다.”, “이부자리 보고 발을 펴라.” 등도 있다.

oIo 늙은 말이 콩 더 달란다

[속] 늙어 갈수록 사람의 욕심은 더 많아짐을 비유적으로
이르는 말

말은 콩을 무척 좋아한다. 어린 말이건, 늙은 말이건 콩을 마
다하지 않는다. 그런데 식욕이 왕성한 어린 말이 콩을 더 좋
아하고 또 더 달랄 것 같으나, 실제로는 늙은 말이 콩을 더 좋
아하고 더 달라고 한다. 짐승뿐만 아니라 사람도 늙어 갈수록
먹는 것에 더 욕심을 낸 다. 어떻게 하면 맛난 음식을 더 많이
먹을까에 신경을 곤두세우고 산다. 이는 나이가 들수록 욕심
이 더 많아지기 때문이다. 늙어 갈수록 사람의 욕심이 더 많
아지는 것을 비유하여 "늙은 말이 콩 더 달란다."라고 한다.

oII 닭 잡아먹고 오리발 내어 놓는다

[속] 옳지 못한 일을 저질러 놓고 엉뚱한 수작으로 속여 넘기려
하는 일을 비유적으로 이르는 말

주변에 남의 닭이 왔다 갔다 하면 잡아먹고 싶은 마음이 생길
수도 있다. 실제로 남의 닭을 슬쩍 잡아먹기도 한 모양이다.
닭 주인이 닭을 잡아먹은 것이 아니냐고 추궁을 하면, "아니,
오리 먹었다."며 '오리의 발'을 내밀면서 능청스럽게 시치미
를 뗀다. 남의 닭을 잡아먹은 것은 옳지 못한 일이고, 오리발
을 내미는 것은 엉뚱한 수작이다. 그리하여 "닭 잡아먹고 오
리발 내어 놓는다."에 '옳지 못한 일을 저질러 놓고는 엉뚱한

수작으로 속여 넘기려 하는 일'이라는 비유적 의미가 생겨난 것이다.

012 된서리를 맞다
[관용] 모진 재앙이나 억압을 당하다

서리는 늦가을에 내린다. 늦가을에 처음 내리는 묽은 서리를 '무서리'라 하고, 늦가을에 되게 내리는 서리를 '된서리'라 한다. '된서리'는 '되다(물기가 적어 빡빡하다)'의 관형사형 '된'과 명사 '서리'가 결합된 어형으로, '물기가 적어 빡빡한 서리'라는 뜻이다. 농작물이 된서리를 맞으면 풀이 죽어서 못쓰게 되거나 시들시들 죽어간다. 이처럼 된서리는 농작물에 치명적인 재앙이다. 그리하여 "된서리를 맞다."에 '모진 재앙이나 억압을 당하다'라는 비유적 의미가 생겨난 것이다.

013 두부(豆腐) 먹다 이 빠진다
[속] 뜻밖의 실수를 했다는 말

두부(豆腐)는 아주 부드러운 음식이어서 입에 넣으면 크게 씹을 것도 없이 술술 넘어간다. 그러니 두부를 먹다가 이가 빠지는 불상사는 거의 일어나지 않는다. 만약 두부를 먹다가 이가 빠졌다면 이것은 전혀 예상하지 못한 뜻밖의 일일 것이다. 두부를 먹다가 이가 빠지듯, 뜻밖의 실수를 하는 것을 빗대어 "두부 먹다 이 빠진다."라고 표현한다.

014　등골이 빠지다

[관용] 견디기 힘들 정도로 몹시 힘이 들다

'등골'은 '등골뼈'와 같다. '등골뼈'는 '척추동물의 척추를 형성하고 있는 뼈' 또는 '척추의 관속에 있는 중추 신경'을 가리킨다. "등골이 빠지다."의 '등골'은 첫 번째 의미로서의 것이다. 사람에게는 목등뼈 7개, 가슴등뼈 12개 등 모두 32~34개의 등골뼈가 있다. 이 등골뼈 가운데 하나라도 빠지면 그 통증이 이만저만한 것이 아니다. 몸을 움직이지 못할 정도로 아프다. 등골뼈가 빠지면 견디기 힘들 정도의 통증이 따르듯, 어떤 일을 하는 데 견디기 힘들 정도로 몹시 힘이 드는 것을 비유하여 "등골이 빠지다."라고 한다. "공사장에서 등골이 빠지게 일을 해도 식구들 먹여 살리기가 힘들다."와 같이 쓸 수 있다.

015　딴죽을 걸다

[관용] 동의했던 일을 딴전을 부려 어기다

씨름이나 태견에는 발로 상대편의 다리를 옆으로 치거나 끌어당겨서 넘어뜨리는 기술이 있다. 이 기술을 '딴죽'이라 하고, 이 기술을 거는 것을 "딴죽을 걸다."라고 한다. 딴죽을 걸어 상대방을 넘어뜨리듯, 교묘하게 상대를 괴롭히거나 서로 합의했던 일을 딴전을 부려 어기는 것을 비유하여 이렇게 표현한다. "서로 약은 체를 하고 서로 딴죽을 걸어 넘기는 패를 쓰는 것이란 말인가?"(염상섭, 삼대)와 같이 쓸 수 있다. "딴지를 걸다.”라고 표현하기도 한다.

016 떼 놓은 당상(堂上)

[속] 떼어 놓은 당상이 변하거나 다른 데로 갈 리 없다는 데서,
일이 확실하여 조금도 틀림이 없음을 이르는 말

‘당상(堂上)’은 본래 ‘조선시대에 정삼품 상(上) 이상의 품계에
해당하는 벼슬’을 통틀어 이르던 말이다. 당상에 해당하는 벼
슬아치들은 망건에다 옥관자(玉貫子, 옥으로 만든 관자), 금관자
(金貫子, 금으로 만든 관자)를 달고 다녔다. ‘관자’는 ‘망건에 달아
당줄을 꿰는 작은 단추 모양의 고리’를 가리킨다. 당상의 벼슬
아치들이 옥관자, 금관자를 달고 다녔기에 ‘옥관자, 금관자’를
흔히 ‘당상’이라고도 했다. ‘당상’에 의미 변화가 일어난 것이
다. “떼 놓은 당상”에서 ‘당상’은 바로 변화된 의미로서의 것
이다. 망건에서 떼어 낸 옥관자, 금관자는 좀이 먹거나 색이
변할 리도 없고, 다른 데에 쓰일 이유도 없다. 그리하여 “떼 놓
은 당상”에 ‘확실하여 조금도 틀림이 없음’이라는 비유적 의
미가 생겨난다. “그렇게 열심히 공부했으니, 행정고시 합격
은 떼 놓은 당상이다.”와 같이 쓸 수 있다. “떼어 둔 당상”이라
표현하기도 한다. 떼어 놓은 당상이 좀이 먹지 않는다는 쪽에
초점을 두어 “떼어 둔 당상 좀 먹으랴.”와 같이 부연하여 표현
하기도 한다. 흔히 “따 놓은 당상”이라고도 하나 이는 잘못된
말이다.

017 뜨거운 감자

[관용] 이러지도 저러지도 못하는 상황이나 다루기 어려운 문제

영어 '핫 포테이토(hot potato)'를 번역한 말이다. 솥에서 바로 꺼낸 뜨끈뜨끈한 감자는 손에 들기도 어렵고, 또 먹기도 쉽지 않다. 처리할 방도가 딱히 마땅하지 않은 것이다. 이 뜨거운 감자처럼 이러지도 저러지도 못하는 대상이나 상황, 그리고 골치 아픈 문제를 "뜨거운 감자"라고 표현한다. "북한은 미국 입장에서 보면 뜨거운 감자다."와 같이 쓸 수 있다. 그런데 "뜨거운 감자"를 '쟁점'이나 '주요 사안'이라는 의미로 잘못 쓰기도 하여 주의가 필요하다. "한반도 대운하가 정치권의 뜨거운 감자다.", "과거사 규명 문제가 뜨거운 감자로 떠올랐다." 와 같이 쓰는 것이다. 대운하 건설이나 과거사 규명은 정치권이 의견을 조율해 해결해야 할 주요 사안이나 쟁점이지, 이러지도 저러지도 못하는 '골치 아픈 문제'가 아니어서 "뜨거운 감자"로 표현할 수 없다.

018 말 갈 데 소 간다

[속] 안 갈 데를 간다는 말

말은 주로 사람이 타는 데 쓰인다면, 소는 주로 일을 하는 데 쓰인다. 서로 용도가 다른 것이다. 그래서 말이 갈 데가 따로 있고, 소가 갈 데가 따로 있다. 만약 말이 갈 데를 소가 간다거나, 소가 갈 데를 말이 간다거나 하면, 안 갈 데를 간 것과 같

다. 그리하여 "말 갈 데 소 간다."는 '안 갈 데를 간다'라는 비유적 의미를 띤다. "수학, 물리에 탁월한 재능이 있는 학생이 인문 계통의 학과를 선택한 것은 말 갈 데 소 간 격이나 마찬가지다."와 같이 쓸 수 있다. 그런데 이와 형식이 유사한 "말가는 데 소도 간다."라는 속담은 전혀 다른 의미를 띤다. 말이능히 갈 수 있는 데라면 느리기는 하더라도 소 또한 갈 수 있다는 것으로, '남이 하는 일이면 저도 노력만 하면 능히 할 수있다'는 의미다.

019 말 타면 경마 잡히고 싶다

[속] 사람의 욕심이란 한이 없다는 말

걸어가는 것보다는 말을 타고 가는 것이 편하고, 말을 타고가더라도 누군가가 경마(남이 탄 말을 몰기 위하여 잡는 고삐)를 잡아 주면 더 편하다. 말에 가만히 앉아 있기만 하면 말고삐를 잡은 사람이 목적지까지 편하게 데려가 줄 것이기 때문이다. 말을 타는 것만 해도 편한데, 거기에 말고삐까지 남에게맡기고 더욱 편하게 가고 싶다는 것이니 욕심이 과하다. 그리하여 "말 타면 경마 잡히고 싶다."에 '사람의 욕심이 끝이 없음'이라는 비유적 의미가 생겨난 것이다. "말 타면 종 두고 싶다."라는 속담과 같은 의미다.

020   맑은 물에 고기 안 논다

[속] 사람이 너무 청렴하거나 깔끔하면 사람이나 재물이 따르지
아니한다는 말

산천어(山川魚)와 같은 물고기는 맑은 물에서만 산다. 그런데
맑은 물에 사는 물고기 종류는 그렇게 많지 않다. 맑은 물에
는 먹을 것이 풍족하지 않아 물고기가 꼬이지 않기 때문이다.
맑은 물에 물고기가 꼬이지 않듯, 너무 깨끗하고 깔끔한 사
람, 너무 청렴한 사람에게는 사람이 모여들지 않는다. 지나치
게 엄격하고 까다로워 불편하기 때문이다. 그러다 보면 부를
축척할 수 있는 기회도 적어진다. 이렇듯 너무 깔끔하고 청렴
하면 사람이나 재물이 따르지 않는 것을 비유하여 "맑은 물에
고기가 안 논다."고 표현한다. "모든 것을 도덕규범의 잣대로
만 재면 곤란하다. 맑은 물에 고기가 안 논다는 것을 알아야
한다."와 같이 쓸 수 있다.

021   모난 돌이 정 맞는다

[속] 두각을 나타내는 사람이 남에게 미움을 받게 된다는 말

둥글둥글한 돌은 정(끝이 뾰족한 쇠로 만든 연장)으로 쫄 필요가
없다. 반면에 모가 난 돌은 정으로 이리저리 쪼아야 쓸모가
있게 된다. 그래서 모난 돌이 쉽게 정을 맞게 된다. 모가 난 돌
은 '두각을 나타내는 사람'과 같고, 정 세례를 받는 것은 '남의
미움을 받는 것'과 같다. 그리하여 "모난 돌이 정 맞는다."에

'두각을 나타내는 사람이 남에게 미움을 받다'라는 비유적 의미가 생겨난 것이다. "네가 아무리 공부를 잘하면 무엇하냐? 모난 돌이 정 맞는다고 했지 않니. 좀 겸손한 태도를 보였어야지."와 같이 쓸 수 있다.

022   미역국을 먹다
[관용] 시험에서 떨어지다

1907년 대한제국 군대가 일제에 의해 강제 해산되면서 생겨난 표현으로 추정된다. 당시로서는 일제가 대한제국 군대를 강제 해산시킨 일은 대단히 놀랍고 두려운 일이어서, 그 시절 사람들은 '해산(解散)'이라는 말을 직접 쓰기가 거북했을 것으로 추측된다. 그리하여 '해산(解散)'과 동음 관계에 있는 '해산(解産, 아이를 낳음)'을 떠올려 그것과 밀접히 관련된 "미역국을 먹다."라는 표현으로 '해산(解散)'의 의미를 대신한 것으로 보인다. 말하자면 이 표현이 '해산당하다'의 당시 은어(隱語)였다는 추정이다. 그리하여 처음에는 '군대가 해산되다'라는 의미로 쓰이다가, 점차 '단체가 해산되다', '어디에서 떨려나다'라는 의미로 확대된 것으로 보인다. 지금은 주로 '시험에서 떨어지다'라는 의미로 쓰이는데, 이는 '어디에서 떨려나다'라는 의미에서 파생된 것이다.

023 바가지(를) 긁다

[관용] 생활의 어려움에서 오는 불평과 잔소리를 심하게 하다

옛날에는 쥐통(콜레라)이 돌면 무녀(巫女)를 불러 대청마루에서 굿을 벌였다. 이때 소반 위에 바가지를 올려놓고 득득 긁었는데, 이러한 굿을 '쪽박굿'이라 했다. 옛날 사람들은 바가지 긁는 소리에 놀라서 병귀(病鬼)가 도망가면 병이 낫는다고 믿었다. 바가지를 벅벅 긁는 소리는 요란할 뿐만 아니라 또 짜증스럽기까지 하다. 한마디로 듣기 싫은 소음에 가깝다. 그리하여 "바가지를 긁다."에 '짜증이 나게 듣기 싫은 불평과 잔소리를 하다'라는 비유적 의미가 생겨난다. 주로 부부 사이에서 생활상의 문제로 아내가 남편에게 잔소리를 늘어놓는 것을 이렇게 표현한다. 물론 남편이 아내에게 집안의 소소한 일로 잔소리를 하는 것도 이와 같이 표현할 수 있다.

024 범 없는 골에 토끼가 스승이라

[속] 뛰어난 사람이 없는 곳에서 보잘것없는 사람이 득세함을 비유적으로 이르는 말

큰 산의 골짜기에는 여러 동물이 모여 산다. 범도 있고, 곰도 있고, 여우도 있고, 멧돼지도 있고, 토끼도 있다. 이 가운데 산중의 왕은 단연 범이다. 범보다 힘이 세고 위협적인 상위 포식자는 없다. 그런데 최강자인 범이 사라지면 너도나도 범의 자리에 오르려 한다. 심지어 가장 연약한 토끼마저도 그 자리

를 넘본다. 가장 힘센 범이 사라진 골짜기에서 가장 연약한 토끼가 스승 노릇을 하듯, 뛰어난 사람이 없는 곳에서 형편없는 사람이 대장 노릇을 하는 것을 비유하여 "범 없는 골에 토끼가 스승이라."고 한다. "호랑이 없는 골에 토끼가 왕 노릇 한다."와 같이 표현하기도 한다.

025　변죽(邊-)을 울리다
[관용] 바로 집어 말을 하지 않고 둘러서 말을 하다

'변죽(邊-)'은 '그릇이나 세간, 과녁 따위의 가장자리'를 가리킨다. 이 변죽을 쳐서 소리가 나게 하는 것이 "변죽을 울리다."다. 복판을 치지 않고 가장자리만 쳐도 울림이 퍼져 복판까지 가므로, 가장자리를 쳐서 복판까지 울리게 하는 것이다. 가장자리를 쳐서 복판까지 울리게 하듯, '바로 집어 말하지 않고 둘러서 말을 함으로써 간접적으로 알아차리게 하는 것'을 빗대어 그렇게 표현한다. "변죽을 치다."와 같은 의미다.

026　복장(이) 터지다
[관용] 몹시 마음이 답답함을 느끼다

'복장'은 '가슴의 한복판'을 가리킨다. '복장'을 한자어 '腹臟(배와 내장, 가슴과 내장)'으로 보기도 하나, 이는 취음자(取音字, 음만 취한 글자)일 가능성이 있다. '복장'의 '복'은 '복판, 빗복('배꼽'의 중세국어)' 등의 그것과 같이 '가운데'의 뜻이다. '장'의 어원은 밝히기 어렵다. '복장'의 의미를 고려하면 "복장(이) 터지다."의 표면적 의미는 '가슴의 한복판이 터지다'다. 가슴 한복판이 터질 듯한 것은 마음이 무척 답답하기 때문일 것이다. 그리하여 이것에 '몹시 마음이 답답함을 느끼다'와 같은 비유적 의미가 생겨난다.

027 빈대 잡으려고 초가삼간(草家三間) 태운다

[속] 손해를 크게 볼 것을 생각지 아니하고 자기에게 마땅치 아니한 것을 없애려고 그저 덤비기만 하는 경우를 비유적으로 이르는 말

빈대는 긴 주둥이로 사람의 피를 빨아 먹는다. 이로 인해 불쾌한 가려움증이 생기며 잘 낫지도 않는다. 이렇듯 빈대는 사람에게 극히 해로운 곤충이다. 그런데 빈대는 잘 잡히지도 않고 또 쉽게 죽지도 않는다. 오죽하면 살고 있는 집을 태워 그 하찮은 빈대를 잡으려고 했을까. 이래서 생긴 속담이 "빈대 잡으려고 초가삼간 태운다."다. 그러나 아무리 빈대가 성가시다고 하여 집에다 불을 놓아 태워 죽일 수는 없다. 이는 너무나 무모한 짓이다. 빈대를 잡으려고 무모한 짓을 하듯, 손해를 생각지 않고 마땅치 않은 것을 없애려고 마구 덤비기만 하는 경우를 빗대어 이로써 표현한다.

028　빛 좋은 개살구

[관용] 겉보기에는 먹음직스러운 빛깔을 띠고 있지만 맛은
없는 개살구라는 뜻으로, 겉만 그럴듯하고 실속이 없는 경우를
비유적으로 이르는 말

개살구는 개살구나무의 열매다. 이는 '살구'에 접두사 '개-'를
덧붙인 어형으로, '보통의 살구에 비해 질이 떨어지는 살구'라
는 뜻이다. '살구'와 '개살구'는 '나리'와 '개나리', '비름'과 '개
비름'의 관계와 같다. 실제로 개살구는 빛깔은 그럴듯해 보여
도, 보통의 살구보다 맛이 시고 떫다. 개살구처럼 겉보기에는
그럴듯하나 실속이 없는 것을 비유하여 "빛 좋은 개살구"라
표현한다.

029　산 개 새끼가 죽은 정승(政丞)보다 낫다

[속] 아무리 천하더라도 살아 있는 것이 죽은 것보다는 낫다는
뜻으로, 세상을 비관하지 말고 살아가라는 말

세상살이가 힘들고 벅차다고 목숨을 함부로 끊어서는 안 된
다. 생명은 무엇과도 바꿀 수 없는 아주 소중한 것이기 때문
이다. 아무리 삶이 힘들더라도 생명이 붙어 있다는 것은 축복
이며, 이는 분명 죽음보다는 훨씬 나은 것이다. 아무리 미천한
개의 새끼일지라도 살아 있는 것만으로도, 온갖 부와 명예를
누리다 죽은 정승보다 낫다는 것이 이 속담의 표면적 의미다.
죽으면 살아 있을 때 누리던 부와 명예가 아무 소용이 없다.

그러니 당장 세상 살기가 어렵다고 해서 세상을 비관할 것이 아니라, 살아 있음에 감사하며 적극적으로 살아야 한다. 그리하여 이 속담에는 '세상을 비관하지 말고 당당히 살아가라'라는 교훈이 담겨 있다. "죽은 정승이 산 개만 못하다."와 같이 표현하기도 한다.

030　선무당이 사람 잡는다

[속] 의술에 서투른 사람이 치료해 준다고 하다가 사람을 죽이기까지 한다는 뜻으로, 능력이 없어 제구실을 못하면서 함부로 하다가 큰일을 저지르게 됨을 비유적으로 이르는 말

옛날에는 집안에 흉사(凶事)가 있거나 큰 병이 들거나 하면 무당을 불러서 굿을 했다. 굿을 한다고 하여 나쁜 일이 좋은 일로 바뀌거나 병이 금방 낫는 것은 아니지만, 다른 뾰족한 방법이 없으니 무당을 믿고 따를 수밖에 없었다. 무당이 신통력을 발휘해서인지는 몰라도 간혹 굿을 한 뒤에 좋은 결과가 생기고, 또 병이 낫기도 했다. 그런데 무당 가운데는 신통력이 있는 무당이 있는가 하면, 서투른 무당도 있다. 서투르고 미숙하여 굿을 제대로 하지 못하는 무당을 '선무당'이라 한다. 선무당이 하라는 대로 했다가는 아픈 사람이 더 아플 수 있고, 심지어 목숨까지 잃을 수 있다. 그래서 생겨난 표현이 "선무당이 사람 잡는다."다. 선무당이 함부로 나서 환자의 목숨을 위태롭게까지 하듯, 능력이 없는 사람이 마구 덤비다가 큰일

을 저지르게 되는 것을 비유하여 그렇게 표현한다.

031 소 잃고 외양간(--間) 고친다

[속] 소를 도둑맞은 다음에서야 빈 외양간의 허물어진 데를
고치느라 수선을 떤다는 뜻으로, 일이 이미 잘못된 뒤에는 손을
써도 소용이 없음을 비꼬는 말

예전 농가에서 소는 아주 소중한 짐승이었다. 농사일에 노동
력을 제공하고 또 재산을 불려주었기 때문이다. 소가 유용하
고 무엇보다 돈이 되는 짐승이니 소를 훔쳐다 파는 소도둑이
극성을 부렸다. 요즘에는 아예 차를 대놓고 훔쳐가기도 한다.
예전이나 지금이나 소를 지키기 위해서는 무엇보다 외양간을
튼튼히 지어야 한다. 허술한 데가 있으면 소도둑의 표적이 되
니 허물어진 데는 없나 늘 신경을 써야 한다. 외양간이 허술
하여 소를 잃어버린 뒤에 수선을 떨며 외양간을 고쳐본들 아
무 소용이 없듯, 일이 이미 잘못된 뒤에 손을 써 보아도 아무
소용이 없는 것을 비꼬아 "소 잃고 외양간 고친다."고 표현한
다. 이와 같은 의미의 속담에 "말 잃고 외양간 고친다.", "도둑
맞고 사립(빈지) 고친다." 등도 있다.

032   손바닥에 장(醬)을 지지겠다

[속] 상대편이 어떤 일을 하는 것에 대하여 도저히 할 수가 없을
것이라고 장담할 때 하는 말

여기서 '장(醬)'은 구체적으로 '간장(-醬)'을 가리킨다. 그러
므로 이 속담의 표면적 의미는 '손바닥에 간장을 붓고 손바
닥 밑에 불을 때어 간장을 끓이다'가 된다. 그런데 과연 손바
닥 안에 있는 간장을 손바닥 밑에 불을 지펴 끓일 수 있겠는
가. 이는 전혀 불가능한 일이며, 고통만 따를 뿐이다. 그럼에
도 불구하고 그렇게 하겠다는 것은 그에 따르는 고통을 온전
히 감내하겠다는 의지에 지나지 않는다. 이러한 의지는 자신
의 생각이나 주장에 굳은 믿음이 없으면 나올 수 없다. 그리
하여 "손바닥에 장을 지지겠다."는 자기 확신을 강조하는 비
유적 표현으로 쓰일 수 있다. 이는 "손가락에 장을 지지겠다.",
"손톱에 장을 지지겠다."로 변형되어 쓰이기도 한다. 이와 같
은 의미의 속담에 "손가락에 불을 지르고 하늘에 오른다."가
있다.

033   손이 걸다

[관용] 씀씀이가 후하다

돈이나 물건 등을 쓰는 형편을 보면 그 사람의 도량(度量)을
짐작할 수 있다. 쩨쩨한 사람인지 후한 사람인지가 씀씀이를
통해 드러나는 것이다. 물건이나 재물의 씀씀이가 깐깐하고

작은 것을 "손이 작다."라 표현하고, 그 반대로 씀씀이가 후하고 큰 것을 "손이 크다."라 표현한다. "손이 크다."와 비슷한 의미의 관용구가 "손이 걸다."다. '손'이 그것을 이용하는 행위의 형편을 지시하고 '걸다'가 '푸짐하다'의 뜻이므로, "손이 걸다."는 '씀씀이가 후하다'와 같은 비유적 의미를 띨 수 있다. 또한 '이 일 저 일 두루 일솜씨가 날쌔거나 좋다'라는 의미도 갖는다. "내가 워낙 손이 걸거든. 동네 집에서 죽었다고 내다버린 화초도 내가 주워다 며칠만 물을 주면 살아나곤 했댔으니까."(박완서, 오만과 편견)에 쓰인 "손이 걸다."가 그러한 것이다.

034　시치미를 떼다

[관용] 자기가 하고도 하지 아니한 체하거나 알고 있으면서도 모르는 체하다

매사냥은 백제 시대까지 거슬러 올라갈 정도로 역사가 깊은 취미 활동이다. 매사냥은 그야말로 매를 이용해 하는 사냥이다. 매사냥이 유행하다 보니 사냥매도 많아졌을 것이고, 그러다 보니 주인 잃은 매도 생겨났을 것이다. 그래서 매의 관리가 필요하게 되었는데, 관리 차원에서 매의 주인을 적은 일종의 이름표를 매의 꽁지에 달았다. 이것이 '시치미'다. 시치미만 보면 그 매가 누구의 소유인지 금방 알 수 있었다. 매를 잡으러 다니는 사람이나 매를 데리고 사냥을 다니는 사냥꾼이어쩌다가 주인 잃은 매를 잡으면, 시치미를 보고 그 매를 주

인에게 돌려줄 수 있었다. 그런데 매를 잡은 사람이 욕심이 생기면, 시치미를 얼른 떼어 버리고 마치 자기 매인 것처럼 꾸며대기도 했고, 심지어 자기 이름을 적은 시치미를 달아 자신의 매인 양 위장하기도 했다. 여기서 생긴 말이 "시치미를 떼다."다. 남의 매에서 시치미를 떼어 자기 매인 것처럼 꾸며대듯, 자기가 하고도 하지 않은 척하거나 알고 있으면서도 모르는 척하는 것을 비유하여 그렇게 표현한다.

035   싼 것이 비지떡

[속] 값이 싼 물건은 그만큼 품질도 떨어짐을 비유적으로 이르는 말

품질이 좋으면 좀 비싸고, 품질이 떨어지면 좀 싸다. 그래서 싸다고 무턱대고 물건을 샀다가는 후회할 수가 있다. 사지 않은 것만 못한 경우가 있기 때문이다. 값이 싼 물건은 그만큼 품질이 떨어진다는 것을 비유하여 "싼 것이 비지떡"이라 한다. '비지떡'은 비지(두부를 만들고 남은 찌꺼기)에 쌀가루나 밀가루를 넣고 반죽해 둥글넓적하게 부친 떡인데, 떡이라고 하기에는 너무 초라하다. 그래서 '아주 보잘것없는 것'을 '비지떡'이라 한다.

036   씨알머리 없다

[관용] 실속이 없거나 하찮다

'씨알'은 '새끼를 까기 위하여 쓰는 알' 또는 '곡식의 종자로 쓰는 낟알'을 가리킨다. 곧 동물이든 식물이든 '씨'가 될 수 있는 알이 '씨알'이다. 그런데 '씨알'에 접미사 '-머리'가 붙은 '씨알머리'는 '남의 혈통'을 속되게 이르는 말로 쓰인다. "이가라고 고운 털이 박히고 장가의 씨알머리라고 미운털이 박히겠니?"에 쓰인 '씨알머리'가 그러한 것이다. 혈통은 그 집안의 근본, 정신, 줏대 등을 상징한다. 그리하여 "씨알머리 없다."는 '생각이나 줏대가 없다'라는 비유적 의미를 띨 수 있다. 생각이나 줏대가 없으면 속이 비고 하찮기 그지없다. 그리하여 "씨알머리 없다."에 '실속이 없고 하찮다'와 같은 의미가 생겨난다. "씨알머리 없는 농담을 주고받을 상대가 있다는 게 얼마나 다행한 일인지 모르겠다는 마음이 일었다."(이병주, 행복어 사전)와 같이 쓸 수 있다.

037   아랫돌 빼서 윗돌 괴고 윗돌 빼서 아랫돌 괴기

[속] 일이 몹시 급하여 임시변통으로 이리저리 둘러맞추어 일함을 비유적으로 이르는 말

우리나라에는 유달리 돌로 쌓은 성, 곧 석성(石城)이 많다. 돌로 성을 쌓을 때에는 돌을 아래에서부터 차근차근 놓아야 한다. 그래야 성이 무너지지 않는다. 성을 웬만큼 쌓았는데 윗

부분이 허술하다고 아랫돌을 빼서 괴거나, 아랫부분이 허술하다고 윗돌을 빼서 괴거나 하면 성이 잠깐은 버틸 수 있을지 모르지만 결국에는 허물어진다. 이처럼 성을 쌓을 때 아랫돌, 윗돌을 빼서 임시로 조치를 취하듯, 어떤 일을 할 때 몹시 다급하여 임시변통으로 이리저리 둘러맞추는 것을 비유하여 "아랫돌 빼서 윗돌 괴고 윗돌 빼서 아랫돌 괴기"라고 표현한다. 순서를 바꾸어 "윗돌 빼서 아랫돌 괴고 아랫돌 빼서 윗돌 괴기"로 표현하기도 한다.

038 앉은 자리에 풀도 안 나겠다

[속] 사람이 매우 쌀쌀하고 냉정한 경우를 비유적으로 이르는 말

풀씨가 바람에 날려 떨어지면 그 자리에는 예외 없이 풀이 난다. 웬만한 땅이면 풀이 나지 않는 곳이 없다. 풀은 그만큼 생명력이 강하다. 제초제를 뿌려도 잘 제거되지 않는다. 이러한 풀도 독한 기운이 올라오는 땅에서는 자라지 못한다. 또한 쌀쌀맞고 냉정한 기질의 사람이 앉은 자리에도 나지 않는다. 그 자리 또한 독한 기운을 받은 곳이기 때문이다. 앉은 자리에 풀이 나지 않을 정도로 기운이 독하듯이, 너무 깔끔하고 매서울 만큼 냉정한 것을 비유하여 "앉은 자리에 풀도 안 나겠다."고 표현한다.

039 오금을 떼다

[관용] 걸음을 옮기다

기어 다니던 어린아이가 다리에 힘이 생기면 막 일어서려 한다. 그렇다고 곧바로 일어서지는 못한다. 일어섰다가 넘어지는 과정을 수차례 반복하고서야 비로소 서게 된다. 어린아이가 일어서는 것을 도와주기 위해 어른들은 '섬마섬마'를 연발한다. 그런데 일어섰다고 하여 바로 움직이는 것도 아니다. 한 발 한 발 떼는 데도 상당한 시간과 노력이 든다. 어린아이가 발을 뗄 때 보면 '무릎의 구부러지는 오목한 안쪽 부분'인 '오금'을 펴고 움직인다. 오금이 붙으면 움직일 수가 없다. 그리하여 "오금을 떼다."에 '걸음을 옮기다'와 같은 비유적 의미가 생겨난다. "홍이는 뭐라 말을 하려 했으나 입이 붙어 떨어지지 않았다. 발도 붙어 버린 듯 오금을 떼어 놓을 수가 없다."(박경리, 토지)와 같이 쓸 수 있다.

040 우물에 가 숭늉 찾는다

[속] 모든 일에는 질서와 차례가 있는 법인데, 일의 순서도 모르고 성급하게 덤빔을 비유적으로 이르는 말

우물에는 냉수는 있어도 숭늉은 없다. 우물에 가서 숭늉을 찾는 일은 아주 엉뚱하다. 얼마나 성미가 급하고 일머리를 모르면 우물에 가서 숭늉을 찾는 바보짓을 하겠는가. 우물에 가서 엉뚱하게 숭늉을 찾듯, 일의 순서를 망각한 채 성급하게 덤비

는 것을 비유하여 "우물에 가 숭늉 찾는다."고 한다. "보리밭에 가 숭늉 찾는다."와 같은 뜻이다.

041 울며 겨자 먹기

[속] 맵다고 울면서 겨자를 먹는다는 뜻으로, 싫은 일을 억지로 마지못해 함을 비유적으로 이르는 말

'겨자'는 겨자씨로 만든 양념이다. 겨자씨를 물에 불려 매(곡식을 가는 데 쓰는 기구)에 갈아서 꿀이나 설탕, 소금과 초를 치고 더운 김을 들이면서 자꾸 저어 만든다. 겨자는 몹시 매운 것이 특징이다. 맵다고 울면서도 어쩔 수 없이 겨자를 먹는 것이 "울며 겨자 먹기"다. 매운 겨자를 울면서 억지로 먹듯, 싫은 일을 억지로 마지못해 하는 것을 비유하여 그렇게 표현한다. "눈물 흘리면서 겨자 먹기"라 표현하기도 한다.

042 입이 짧다

[관용] 음식을 가려 먹거나 또는 적게 먹는 습관이 있다

식성이 까다로운 사람은 음식 타박이 심하다. 짜고 맵다느니 싱겁고 밋밋하다느니 등과 같은 맛 타령에서, 쇠고기가 없다느니 생선이 없다느니 등과 같은 고기 타령까지 별별 이유가 많다. 이런 사람들은 아무 음식이나 먹지 않고 음식을 가려 먹는다. 이른바 편식(偏食)을 하는 것이다. 가려 먹다 보니 음식을 적게 먹게 된다. 이렇게 음식을 가려 먹거나 적게 먹는

습관이 있는 것을 "입이 짧다."라고 표현한다. 음식을 입에 잘 갖다 대지 않는 것을 비유한 것으로 볼 수 있다. "정 회장 댁의 말인즉 바깥주인은 입이 짧아 아무나 담가 놓은 김치는 들지 못하니 안 된다 하였다."(박태순, 울력·2)와 같이 쓸 수 있다. "입이 밭다."와 같은 의미다.

043 자라 보고 놀란 가슴 솥뚜껑(소댕) 보고 놀란다

[속] 어떤 사물에 몹시 놀란 사람은 비슷한 사물만 보아도 겁을 냄을 이르는 말

자라는 사람에게 그렇게 호감을 주는 동물은 아니다. 우선 딱 딱한 등딱지를 가진 모양새가 거부감을 주고, 잔뜩 움츠리고 있는 목이 두려움을 준다. 특히 물리면 크게 다칠 수 있다는 점이 자라를 멀리하게 한다. 그래서 민물에서 투망질을 하다가 자라가 잡히면 얼른 놓아주고 만다. 자라의 등은 솥뚜껑과 흡사하다. 그리하여 솥뚜껑을 보면 자라가 연상되어 자라를 만난 것처럼 놀랄 수가 있다. 그래서 어떤 사물에 몹시 놀란 사람이 그것과 비슷한 사물만 보아도 겁을 내는 것을 비유하여 "자라 보고 놀란 가슴 솥뚜껑 보고 놀란다."와 같이 표현한다. '솥뚜껑'을 그것과 의미가 같은 '소댕'으로 바꾸어 표현하기도 한다. 이와 같은 의미의 속담에 "불에 놀란 놈이 부지깽이만 보아도 놀란다.", "뜨거운 물에 덴 놈 숭늉 보고 놀란다."가 있다.

044 진(津)이 빠지다(떨어지다)

[관용] 힘을 다 써서 기진맥진하다

'진(津)'은 '풀이나 나무의 껍질 따위에서 분비되는 끈끈한 물질'이다. 풀이나 나무에서 진이 다 빠져나가면 말라 죽게 된다. 그래서 사람이 힘을 다 써버려 기진맥진하게 되는 것을 비유하여 "진이 빠지다."라고 한다. 사람이 기진맥진하면 절망하여 의욕을 상실하게 된다. 이렇듯 더 이상 무엇을 할 의욕을 잃는 것도 "진이 빠지다."로 표현한다. '빠지다'를 '떨어지다'로 대체하여 "진이 떨어지다."로 표현하기도 한다. 한편 남에게 몹시 졸리고 시달려 맞설 기운이 없게 힘이 빠지는 것은 "진이 나다."라고 한다.

045 집에서 새는 바가지는 들에 가도 샌다

[속] 본바탕이 좋지 아니한 사람은 어디를 가나 그 본색을 드러내고야 만다는 뜻

깨진 바가지나 구멍이 난 바가지로 물을 뜨면 물이 샌다. 깨진 부분을 꿰매거나 구멍을 막아서 쓰지 않는 한 어느 곳에 가서 쓰든 물이 새게 마련이다. 집에서 새는 바가지는 들에 가서도 새고, 들에서 새는 바가지는 집에서도 새는 것이다. 바가지 자체에 흠이 있는데 장소를 바꾸어 쓴다고 해서 달라지지는 않는다. 새는 바가지는 어디에 가서 쓰더라도 새는 것처럼, 본바탕이 좋지 않은 사람은 어디를 가나 그 본바탕을 버

릴 수 없다는 것을 비유하여 "집에서 새는 바가지는 들에 가도 샌다."라고 표현한다. '바가지'를 '쪽박'으로 바꾸어 "집에서 새는 쪽박 들에서도 샌다."로 표현하기도 한다.

046 쪽박을 차다

[관용] 거지가 되다. 또는 거덜이 나다

지금이야 거리를 떠돌며 구걸하는 거지들이 없지만, 몇 십 년 전만 해도 먹을 것을 구하기 위해 이곳저곳 떠도는 거지들이 많았다. 이들은 쪽박 아니면 깡통을 허리에 차고 다니면서, 그것을 수시로 내밀며 돈과 먹을 것을 요구했다. 특히 쪽박은 동냥밥을 담는 밥그릇으로 이용되었다. 거지가 되면 쪽박을 차고 다니며 구걸하였기에 "쪽박을 차다."에 '거지가 되다'라는 비유적 의미가 생겨났다. 이는 "바가지를 차다."와 같은 의미다. 그런데 요즘은 "쪽박을 차다."나 "바가지를 차다."가 '경제적으로 거덜이 나다'라는 의미로도 쓰인다. 사업에 실패하거나 직장에서 떨려나면 거지 신세가 된다는 점에서 이들 관용구의 의미 변화는 자연스럽다.

047 창자가 끊어지다

[관용] 슬픔이나 분노 따위가 너무 커서 참기 어렵다

슬픈 일이나 괴로운 일로 속을 썩이면 장(腸, 큰창자와 작은창자)이 제대로 운동을 하지 못한다. 심하면 장이 끊어지는 듯한 통증이 생기기도 한다. 이러한 통증은 정말 참기 어렵다. 그리하여 슬픔이나 분노 따위가 너무 커서 참기 어려운 것을 비유하여 "창자가 끊어지다."라고 한다. 예전에는 '창자'를 '애'라고 했으므로 "애가 끊어지다."라고도 한다. "창자(애)가 끊어지는 듯한 슬픔"과 같이 쓸 수 있다. "간장이 끊어지다."로 표현하기도 한다.

048 천길만길(千-萬-) 뛰다

[관용] 몹시 성나거나 기겁하여 펄쩍 뛰다

'천길만길'은 '천(千) 길'과 '만(萬) 길'이 합쳐져 단어화한 것이다. 여기서의 '길'은 길이의 단위로, 한 길은 여덟 자 또는 열자, 곧 약 2.4미터 내지 3미터가 된다. 이에 따르면 '천 길'은 약 3천 미터, '만 길'은 약 3만 미터가 된다. 그러니 '천길만길' 뛰는 것은 얼마나 높게 뛰는 것이겠는가. 사람이 몹시 화가 나거나 놀라면 자신도 모르게 펄쩍펄쩍 높게 뛰게 되는데, 이를 비유하여 "천길만길 뛰다."라고 표현한다.

049 천(千) 길 물속은 알아도 한 길 사람의 속은 모른다

[속] 사람의 속마음을 알기란 매우 힘듦을 비유적으로 이르는 말

'길'은 길이의 단위로, 한 길은 약 2.4미터 내지 3미터다. 그러

므로 '천(千) 길' 물속은 아주 깊은 곳이다. 물속은 아무리 깊어도 잠수를 하거나 기계를 이용해 들어가 볼 수 있다. 그러나 한 길밖에 되지 않는 사람의 마음속은 어떤 방법을 써도들어가 볼 수 없다. 그래서 사람의 속내는 알기 어렵다고 한다. 이를 비유하여 "천 길 물속은 알아도 한 길 사람의 속은 모른다."고 표현한다. '천 길'을 '열 길'로 바꾸어 "열 길 물속은알아도 한 길 사람의 속은 모른다."로 표현하기도 하고, '한 길사람의 속은 모른다'를 '여자 마음속은 모른다'로 바꾸어 "천길 물속은 알아도 여자 마음속은 모른다."로 표현하기도 한다. 또 "사람 속은 천 길 물속이라."로 표현하기도 한다.

050 출사표(出師表)를 내다

[관용] 경기, 경쟁 따위에 참가 의사를 밝히다

정치의 계절이 돌아오면 가장 많이 듣게 되는 말이 '출사표(出師表)'다. 어떤 인물이 선거에 후보로 나설 때 언론이나 주변에서 "출사표를 냈다." 또는 "출사표를 던졌다."라고 표현한다. '출사표'는 본래 중국 촉나라 제갈량이 위나라를 토벌하기위한 출정에 앞서 황제 유선에게 적어 올린 글이다. 우국충정(憂國衷情)의 내용이 담긴 명문장으로 유명하다. '출사(出師)'가 '군대를 싸움터에 내보내는 일', 곧 '출병(出兵), 출군(出軍)'과 같은 뜻이고, '표(表)'가 '마음에 품은 생각을 적어서 임금에게 올리는 글'을 뜻하므로, '출사표'는 '출병에 앞서 자신의 생각을 적어 임금에게 올리는 글'이다. 그리고 이러한 출사표를 임금에게 올리는 행위가 "출사표를 내다."다. 출군에 앞서 자신의 비장한 각오를 적은 글을 임금에게 올리듯, 무슨 일에 임하여 참가 의사를 분명히 밝히는 것을 비유하여 "출사표를 내다."라고 한다. "출사표를 던지다."로 표현하기도 하나, 출사표는 내는 것이지 던지는 것은 아니어서 이러한 표현은 잘못된 것이다. 참가 의사를 분명히 밝힌다는 점을 강조하기 위해 '던지다'를 쓴 것이겠지만, 던지는 행위는 출사표와 어울리지 않는다.

051 칙사(勅使) 대접

[관용] 극진하고 융숭한 대접을 이르는 말

'칙사(勅使)'는 '임금의 명령을 전달하는 사신'이다. 지금으로 치면 대통령의 친서를 전달하는 특사와 같다. 어느 나라든 다른 나라의 칙사가 당도하면 최고의 예로 대접했다. 마치 그 나라의 임금이 온 것과 같이 대접한 것이다. 칙사가 받는 성대한 대접처럼, 극진하고 융숭한 대접을 비유하여 "칙사 대접"이라 한다. 누구의 집에 가서 좋은 음식으로 환대를 받았으면 "나 오늘 칙사 대접을 받았어."라고 표현할 수 있다.

052 콧방귀를 뀌다

[관용] 아니꼽거나 못마땅하여 남의 말을 들은 체 만 체 말대꾸를 아니하다

'콧방귀'는 '코로 내는 방귀'라는 뜻이다. 코로 나오는 숨을 일순 막았다가 갑자기 터뜨리면서 불어내는 '흥' 하는 소리다. 상대가 몹시 아니꼽거나 못마땅할 때 '흥' 하는 콧방귀를 뀌며 상대를 싹 무시한다. 이렇듯 아니꼽거나 못마땅하여 남의 말을 들은 체 만 체 말대꾸를 하지 않는 것을 비유하여 "콧방귀를 뀌다."라고 표현한다.

053 콩 심은 데 콩 나고 팥 심은 데 팥 난다

[속] 모든 일은 근본에 따라 거기에 걸맞은 결과가 나타나는 것임을 비유적으로 이르는 말

콩을 심으면 반드시 그 자리에 콩이 나고, 팥을 심으면 그 자리에 반드시 팥이 난다. 콩을 심은 데 팥이 나거나, 팥을 심은 데 콩이 나지는 않는다. 이렇듯 모든 일은 원인에 따라 결과가 나타나는 것이지, 원인과 관계없이 결과가 나타나는 것이 아니다. 모든 일이 근본에 따라 거기에 알맞은 결과가 나타나는 것을 비유하여 "콩 심은 데 콩 나고 팥 심은 데 팥 난다."라고 한다. 이와 같은 의미의 속담에 "대 끝에서 대가 나고 싸리 끝에서 싸리가 난다.", "배나무에서 배 열리지 감 안 열린다."가 있다.

054 탕약(湯藥)에 감초(甘草) 빠질까

[속] 여기저기 아무 데나 끼어들어 빠지는 일이 없는 것을
놀림조로 이르는 말

'탕약(湯藥)'은 '달여서 마시는 한약'이다. 탕약을 지을 때에는
특정 질병을 다스리는 여러 약재가 들어간다. 그런데 어떤 질
병이든 탕약에 빠지지 않고 들어가는 약재가 있다. 바로 '감초
(甘草)'다. 감초는 비위(脾胃, 지라와 위)를 돕고 다른 약재의 작
용을 순하게 하는 기능이 있다. 감초가 모든 약 첩에 빠지지
않고 들어가듯, 어떤 일이든 빠지지 않고 한몫 끼는 것을 빗
대어 "탕약에 감초 빠질까."라고 표현한다.

055 태풍(颱風)의 눈

[관용] 어떤 사물에 큰 영향을 주는 근본이 되는 것을
비유적으로 이르는 말

'태풍(颱風)'은 북태평양 남서부에서 발생하여 아시아 대륙 동
부로 불어오는, 폭풍우를 수반한 맹렬한 열대성 저기압이다.
이 태풍의 중심부에서 10여 킬로미터 이내의 지역을 '태풍의
눈'이라 한다. 바람이 약하고 푸른 하늘이 보이는 지역으로, 거
대한 태풍이 발생하는 근원지다. '태풍의 눈'이 지니는 '근원
지'라는 자질이 매개가 되어, '어떤 사물에 큰 영향을 주는 근
본이 되는 것'이라는 비유적 의미로 발전한다. "이번 비리 사건
은 다음 선거에서 태풍의 눈이 될 것이다."와 같이 쓸 수 있다.

056 퇴짜를 놓다

[관용] 물건이나 의견 따위를 받아들이지 아니하고 물리치다

'퇴짜'는 한자어 '퇴자(退字)'에서 온 말이다. '퇴자'는 예전에 관청에 상납한 포목(布木, 베와 무명)의 품질이 낮은 경우에, 이를 물리친다는 뜻으로 그 귀퉁이에 '退' 자를 찍던 일이나 또는 그런 글자를 가리킨다. '退' 자가 찍힌 포목은 받지 않고 물리치겠다는 뜻을 담고 있다. 품질이 좋지 않은 포목을 물리치듯, 마음에 들지 않는 물건이나 의견 따위를 받아들이지 않고 물리치는 일을 비유하여 "퇴짜를 놓다."라고 한다. "퇴박을 놓다.", "퇴를 놓다."와 같은 뜻이다.

057 티끌 모아 태산(泰山)

[속] 아무리 작은 것이라도 모이고 모이면 나중에 큰 덩어리가 됨을 비유적으로 이르는 말

'티끌'은 '티'와 '먼지'를 통틀어 이르는 말이다. 티와 먼지는 너무 작아서 눈에 잘 띄지 않는다. 그리하여 아주 작고 적은 것을 비유하여 '티끌'이라 한다. '태산(泰山)'은 '높고 큰 산'이라는 뜻이다. 그래서 크고 높음을 비유할 때 '태산'이라는 말을 흔히 쓴다. 아주 작고 적은 티끌이 모여 크고 높은 태산이 되듯, 아무리 작은 것이라도 모이고 모이면 나중에는 큰 덩어리가 되는 것을 비유하여 "티끌 모아 태산"이라 표현한다. 저축을 강조하던 시절에 많이 듣던 속담이다. "모래알도 모이면 큰

산이 된다.", "실도랑이 모여 대동강 된다." 등과 같은 의미다.

058   파김치가 되다

[관용] 몹시 지쳐서 기운이 아주 느른하게 되다

김치는 담그는 재료가 무엇이냐에 따라 무김치, 배추김치, 파김치 등으로 나뉜다. 무김치는 무로 담근 김치, 배추김치는 배추로 담근 김치, 파김치는 파로 담근 김치다. 파로 김치를 담글 적에는 파를 잘 씻어 다듬은 다음 이것을 마늘, 생강, 젓갈 등의 양념에 잘 버무린다. 파를 갖은양념에 버무리면 파에 양념이 배어 들어가 파 본래의 생기를 잃고 축 늘어진다. 이처럼 양념에 버무려진 파가 축 처지듯, 몹시 지쳐서 기운이 아주 느른하게 되는 것을 비유하여 "파김치가 되다."라고 한다. 일이 고되어 몸이 느른해진 상황을 표현하는 데 알맞은 표현이다.

059   파리를 날리다

[관용] 영업이나 사업 따위가 잘 안되어 한가하다

파리는 생명이 아주 질긴 해충이다. 웬만한 파리약으로는 박멸되지 않아 사람과 함께 동거하다시피 한다. 요즘에는 추운 겨울에도 아파트에 파리가 있는 것을 보면, 파리가 계절을 가리지 않고 번식하고 있음을 알 수 있다. 먹을 것이 있는 곳이면 으레 파리가 꼬인다. 먹을거리가 지천인 식당에 파리가 많은 것은 그러한 까닭이다. 파리가 많은 식당의 주인은 시간이 날 때마다 파리채를 들고 파리를 잡는다. 손님이 없는 경우에는 할 일이 없어 공연히 파리채만 휘두르며 시간을 죽인다. 주인이 파리채를 들면 파리가 눈치를 채고 얼른 다른 곳으로 날아간다. 어찌 보면 주인이 아무 까닭 없이 파리를 날리고 있는 꼴이 된다. 장사가 잘 안되어 파리채를 들고 파리나 날리고 있듯, 영업이나 사업 따위가 잘 안되어 무심히 시간만 보내는 것을 비유하여 "파리를 날리다."라고 한다.

060 팥으로 메주를 쑨대도 곧이듣는다

[속] 지나치게 남의 말을 무조건 믿는 사람을 놀림조로 이르는 말

팥으로 쑤는 것은 팥죽이고, 콩으로 쑤는 것은 메주다. 그러므로 팥으로 메주를 쑬 수 없는 것이고, 콩으로 팥죽을 쑬 수 없는 것이다. 그런데도 누가 팥으로 메주를 쑨다고 했을 때 그런가 보다 하고 아무 의심 없이 받아들이듯, 앞뒤 가리지 않고 남의 말을 무조건 믿는 것을 비유하여 "팥으로 메주를 쑨대도 곧이듣는다."라고 한다. "팥을 콩이라 해도 곧이듣는다."와 같은 의미다.

평택(平澤)이 무너지나 아산(牙山)이 깨어지나

[속] 양쪽의 힘과 기세가 서로 비슷함을 비유적으로 이르는 말

청일전쟁(淸日戰爭, 1894)을 배경으로 한 속담이다. 조선 정부가 동학혁명을 진압하기 위해 청나라에 원병을 요청하자, 조선에서 청·일 양국의 세력 균형을 요구하던 일본도 조선에 군대를 파견했다. 조선의 요청을 받은 청군은 아산만(牙山灣)에 상륙해 경기도 성환(成歡, 평택 아래에 위치)으로 북상했고, 일본군은 서울에서 내려오다 성환에 이르렀다. 이곳 성환(정확히는 성환과 평택 사이의 소사리)에서 조선에 대한 지배권을 놓고 두 나라 사이에 일대 격전이 벌어졌다. 이 속담에서 '평택'은 '일본군 진영'을, '아산'은 '청군 진영'을 가리킨다. 청군과 일본군이 한 치의 양보 없이 치열하게 싸웠기에, '청군과 일본군 중 누가 무너지고 깨어지나 끝까지 해 보자'는 식의 속담이 생겨난 것이다. 청군과 일본군이 조선의 지배권을 놓고 치열하게 싸우듯, 무슨 일이 결판이 날 때까지 끝까지 싸우자고 벼르는 것을 빗대어 "평택이 무너지나 아산이 깨어지나."라고 표현한다. 또한 청군과 일본군의 군사력이 비등하여 전투가 팽팽하게 전개되었기에 '양쪽이 힘과 기세가 비슷함'을 표현할 때에도 이로써 비유한다. 이 속담은 "아산이 깨어지나 평택이 무너지나.", "평택이 깨지든지 과천이 무너지든지.", "평택이 이기나 아산이 무너지나." 등으로 다양하게 변형되어 쓰인다. 현대국어 사전에는 "평택이 무너지나 아산이 깨어지나."만 올라 있다.

폐부(肺腑)를 찌르다

[관용] 깊은 감명을 주다

'폐부(肺腑)'는 다름 아닌 '허파'다. 허파는 인체의 아주 깊숙한 곳에 있는 장기(臟器)다. 그리하여 '마음의 깊은 속'을 상징하기도 한다. "그의 눈은 사람의 폐부를 꿰뚫듯 예리했다."에 쓰인 '폐부'가 그러한 것이다. '마음의 깊은 속'을 찌르는 것은 결국 마음속을 세게 자극하는 것과 같다. 그리하여 "폐부를 찌르다."는 마음의 깊은 속을 세게 자극하여 '깊은 감명을 주다'라는 의미를 띤다.

포문(砲門)을 열다

[관용] 상대편을 공격하는 발언을 시작하다

전쟁에서 포격(砲擊)은 아주 효과적인 전술이다. 아주 멀리서도 여러 적을 한꺼번에 섬멸할 수 있기 때문이다. 포를 쏠 때에는 먼저 포문(砲門)을 열어야 한다. '포문'은 '대포의 탄알이 나가는 구멍'이고, 포문을 여는 것은 곧 대포를 쏘기 위한 선제 동작이므로, "포문을 열다."에 '대포를 쏘다'와 같은 의미가 생겨난다. 포문을 열어 대포를 쏘기 시작하듯, 입을 열어 상대편을 공격하기 시작하는 것을 빗대어 그렇게 표현한다.

064　풀이 죽다

[관용] 활기나 기세가 꺾여 활발하지 못하게 되다

'풀'은 '쌀이나 밀가루 따위의 전분질에서 빼낸 끈끈한 물질'이다. 이 풀이 지니는 끈끈하고 차진 성질을 '풀기(-氣)'라고 하는데, 풀기가 있어야 풀이 제 역할을 할 수 있다. 풀기가 빠져서 흐물흐물해지는 것을 "풀이 죽다."라고 한다. 또한 풀기가 빠져 흐느적거리는 것처럼 활기나 기세가 꺾여 활발하지 못한 것을 비유하여 그렇게 표현한다. 이는 "기가 죽다."와 비슷한 의미다. 관용구의 의미로부터 거기에 쓰인 '풀'은 '세찬 기세나 활발한 기운'이라는 새로운 의미를 얻는다. "이 참판은 정숙을 생각하고 풀이 없이 우두커니 앉았다가…."(김교제, 모란화)에 쓰인 '풀'이 그러한 것이다.

065　호미로 막을 것을 가래로 막는다

[속] 적은 힘으로 충분히 처리할 수 있는 일에 쓸데없이 많은 힘을 들이는 경우를 비유적으로 이르는 말

제방 둑에 틈이 생겨 물이 조금씩 새고 있다고 해 보자. 그냥 두면 틈이 점점 벌어져 둑이 무너질 판이다. 물이 조금 샐 때에는 얼른 흙으로 틈을 막으면 큰 화를 면할 수 있다. 이런 경우에는 작은 농기구인 호미를 이용해도 된다. 그런데 물이 새는 것을 방치하면 제방 둑이 점점 훼손되어 물이 제법 세게 흘러내리게 된다. 이런 경우에는 호미보다 훨씬 큰 농기구인

가래(흙을 파헤치거나 떠서 던지는 기구)를 이용해야만 겨우 터진 공간을 메울 수 있다. 가래로도 막지 못하면 결국 제방이 터지게 된다. 이처럼 호미로도 막을 수 있는 것을 방치하여 가래로 겨우 막듯, 적은 힘으로 충분히 처리할 수 있는 일에 쓸데없이 많은 힘을 들이는 것을 비유하여 "호미로 막을 것을 가래로 막는다."라고 한다.

066 황천(黃泉)으로 보내다

[관용] 사람을 죽이다

사람이 미우면 죽여 버리고 싶은 극단적인 생각이 들 수 있다. 이런 마음이 들면, 그에 따라 "골로 보내겠어.", "한 방에 보내겠어.", "황천으로 보내겠어." 등과 같은 과격하고 저속한 표현을 쓰게 된다. '황천(黃泉)'은 '물빛이 노란 샘'이라는 뜻으로, '죽어서 가는 곳', 곧 '저승'을 뜻한다. '죽여서 저승으로 보내다'가 다름 아닌 "황천으로 보내다."다. 한편 "황천으로 가다."는 '사람이 죽다'라는 뜻이다.

067 훈장(訓長) 똥은 개도 안 먹는다

[속] 애탄 사람의 똥은 매우 쓰다는 데에서, 선생 노릇이 매우 힘들다는 말

'훈장(訓長)'은 예전에 서당에서 아이들을 가르치던 사람이다. 지금으로 말하면 학교 선생님이다. 지금과 마찬가지로 예

전에도 아이들 교육은 대단히 어려운 일이었다. 그래서 그 제 일선에 서서 아이를 훈육하는 훈장님의 속은 썩고 또 썩었다. 애(창자)가 타 들어간 것이다. 애가 탄 사람의 똥은 매우 쓰다고 한다. 그래서 똥을 좋아하는 개도 아이들 가르치느라 애를 태운 훈장의 똥은 먹지 않는다는 속설이 생긴 것이다. 애를 하도 태워 쓴 똥을 눌 정도로 선생 노릇 하기 어렵다는 것을 비유하여 "훈장 똥은 개도 안 먹는다."라고 표현한다. 교권이 무너진 요즘 선생님들의 딱한 처지에 딱 들어맞는 속담이다.

068　흉물(凶物)을 떨다

[관용] 음흉한 속셈으로 짐짓 의뭉한 짓을 하다

'흉물(凶物)'은 본래 '모양이 흉하게 생긴 사람이나 사물'이라는 뜻이다. 사람의 성질에 적용되어 '성질이 음흉한 사람'을 뜻하기도 한다. 그런데 '흉물'은 '떨다'와 어울려 '음흉한 속셈으로 짐짓 의뭉한 짓을 하다'라는 의미를 띤다. '떨다'가 "주책을 떨다.", "능청을 떨다." 등에서 보듯 '어떤 행동을 경망스럽게 자꾸 하다'를 뜻하므로, "흉물을 떨다."에서의 '흉물'은 '의뭉한 짓'이라는 의미를 띠는 것으로 이해된다.

2

같거나 비슷한 의미를 지닌 단어들

동의어·유의어는
표현의 폭을 넓힌다

069 갈음하다·대신하다(代身--)

갈음하다 [동] 다른 것으로 바꾸어 대신하다

연설문 말미에 상투적으로 쓰는 표현 가운데, "이것으로 인사말을 갈음하겠다."가 있다. 여기서 '갈음하다'는 한자어 '대신하다(代身--)'로 대체해도 무방하다. '갈음하다'가 '다른 것으로 바꾸어 대신하다'의 뜻을 지니기 때문이다. "지난번 출석 때 제출한 진술서로 답변을 갈음하겠다."와 같이 쓸 수 있다. 요즘 이 단어는 한자어 '대신하다'에 밀려나 잘 쓰이지 않지만, 아주 오래전부터 써오던 우리 고유어. '갈음하다'가 15세기 문헌에 'ᄀᆞᄅᆞᆷᄒᆞ다'로 나오는데, 명사 'ᄀᆞᄅᆞᆷ'에 접미사 '-ᄒᆞ다'가 결합된 어형이다. 'ᄀᆞᄅᆞᆷ'은 'ᄀᆞᆯ다(교체하다)'에서 파생된 명사로 '대신, 대체'의 뜻이다. 중세국어 'ᄀᆞᄅᆞᆷ'은 '가름'으로, 'ᄀᆞᄅᆞᆷᄒᆞ다'는 '가름하다'로 변하여 현재에 이른다. '갈음'

이 '대체, 대신'의 뜻이므로 '갈음옷'이라 하면 '갈아입는 깨끗한 옷'을 뜻한다. 여기서 주의할 점은 '갈음'을 '가름'과 혼동해서는 안 된다는 것이다. '가름'은 '가르다'에서 파생된 명사여서 '나누는 것'이라는 뜻이다. '갈음'과는 전혀 다르다.

○七○　갓밝이·새벽녘·샐녘·여명(黎明)

갓밝이 [명] 날이 막 밝을 무렵

소설가 김성종이 쓴 〈여명의 눈동자〉(1975~1981)라는 유명한 소설이 있다. 이 소설은 극화되어 더욱 유명해졌다. 드라마가 인기를 끌면서 '여명(黎明)'이라는 어려운 한자어도 덩달아 익숙해졌다. 이에 대한 우리 고유어는 '갓밝이'다. '갓밝이'는 15세기 문헌에 '갓불기'로 나온다. 그런데 현재 '갓밝이'는 한자어 '여명'에 밀려나 잘 쓰이지 않는다. '갓불기'의 '갓'은 '이제 막'이라는 의미의 부사이고, '불기'는 형용사 어간 '붉-[明]'에 접미사 '-이'가 결합된 어형이다. 그러므로 '갓불기', 곧 '갓밝이'는 '이제 막 밝아 오는 무렵'이라는 뜻이다. 해가 막 솟아오르는 '해돋이'를 지나면 '갓밝이'가 시작된다. '새벽녘, 샐녘'과 의미가 비슷하다.

071   강샘·강짜·강짜샘·질투(嫉妬)·투기(妬忌)

강샘 [명] 부부 사이나 사랑하는 이성(異性) 사이에서 상대되는
이성이 다른 이성을 좋아할 경우에 지나치게 시기함

만약 사랑하는 사람이 변심해 다른 이성을 좋아한다면 얄미
운 마음이 북받치고, 남편이나 아내가 외간 여자나 남자와 놀
아난다면 투기하는 마음이 불같이 일어난다. 이렇듯 사랑하
는 이성 사이나 부부 사이에서 상대되는 이성이 다른 이성을
좋아하는 경우에 지나치게 시기하고 질투하는 마음을 '강샘'
이라 한다. '강샘'은 '샘(남의 처지나 물건을 탐내거나, 자기보다 나
은 처지에 있는 사람이나 적수를 미워함. 또는 그런 마음)'에 접두사
'강-'이 결합된 어형이다. '강-'이 '강추위, 강행군' 등에서 보
듯 '매우 센, 호된'의 뜻을 더하므로 '강샘'은 '매우 심한 샘'이
라는 뜻이다. 한자어 '질투(嫉妬), 투기(妬忌)'와 의미가 같다.
'강샘'을 속되게 일러 '강짜, 강짜샘'이라 한다. 북한에서는 '강
짜'를 '생짜'라고 한다. '강짜'는 주로 '나다, 부리다'와 어울려
"강짜가 나다.", "강짜를 부리다."와 같이 쓰인다.

072   거마비(車馬費)·교통비(交通費)

거마비 [명] '교통비'를 달리 이르는 말

옛날에는 수레와 말이 중요한 교통수단이었다. '수레'와 '말'
이 다름 아닌 '거마(車馬)'다. 거마를 이용하려면 돈을 내야 했
는데, 이 돈이 바로 '거마비(車馬費)'다. 거마가 대표적인 교통

수단이었기에 거마비는 교통비와 같다. "다른 뜻이 있는 것은 아니고 거마비니 사양하지 마시고 받으십시오."와 같이 쓸 수 있다. 그런데 요즘 '거마비'는 단순한 '교통비'라는 의미로만 쓰이지 않는다. '강연을 하고 주는 사례비나 도움을 받은 대가로 주는 수고비'도 '거마비'라 한다. '거마비'의 의미가 크게 확장된 것이다.

073 고수련하다·병구완하다·병시중하다· 간병하다(看病--)

고수련하다 [동] 앓는 사람의 시중을 들어주다

환자를 돌본다는 것은 쉬운 일이 아니다. 오죽하면 환자를 돌보다 보호자가 병이 난다고 하겠는가. 그러나 환자에게는 보호자의 수발이 절대적이다. 앓는 사람의 시중을 들어주는 것을 '고수련'이라 한다. '병구완, 병수발, 병시중, 간병(看病)'과 같은 의미라고 볼 수 있다. 명사 '고수련'에 접미사 '-하다'가 결합된 동사 '고수련하다'는, 특히 앓아누워 있는 사람에게 모든 편의를 제공하고 돌보는 것을 뜻한다. "병들어 누워 있는 사람을 고수련하다."와 같이 쓸 수 있다.

074 괭이잠·토끼잠·노루잠

괭이잠 [명] 깊이 들지 못하고 자주 깨면서 자는 잠

'괭이'는 '고양이'의 준말이다. '괭이갈매기, 괭이벼룩, 괭이상어' 등의 '괭이'도 그러한 것이다. '살괭이'에서도 '괭이'의 흔적을 찾을 수 있다. '괭이'가 '고양이'의 뜻이므로 '괭이잠'은 '고양이의 잠'이라는 뜻이다. 고양이는 잔뜩 웅크린 채 얕은 잠을 자다가 이내 깨고 또 자는 동작을 되풀이한다. 경계심이 강해 깊은 잠을 자지 못하는 것이다. 그리하여 '고양이의 잠', 곧 '괭이잠'은 '깊이 들지 못하고 자주 깨면서 자는 잠'을 뜻한다. '토끼잠, 노루잠'과 의미가 비슷하다. '토끼잠'과 '노루잠'은 잠깐 눈을 붙였다가도 작은 소리에 놀라 자주 깨는 잠이다. 모두 '자주 깬다'는 공통점이 있다.

075 그러께·재작년(再昨年)·지지난해·
     전전년(前前年)
     그러께 [명] 지난해의 바로 전 해

'올해'를 기준으로 그 이전 해를 '지난해'라 하고, '지난해'의 이전 해를 '지지난해'라 한다. '지난해'에 '지'를 하나 덧붙여 그 일 년 전을 표시한 것이다. '그제'에 '그'를 덧붙여 그 하루 전날인 '그끄제'를 만드는 방법과 같다. 그런데 '지난해'의 이전 해를 '지지난해'로만 표현하지 않는다. '그러께'라는 고유어나 '재작년(再昨年), 전전년(前前年)'과 같은 한자어를 쓰기도 한다. 그런데 현재 '그러께'는 '재작년'이라는 한자어에 밀려나 잘 쓰이지 않는다. '그러께'에 좀 더 힘을 보태야 할 듯하다.

기우(杞憂)·군걱정·헛걱정

기우 [명] 앞일에 대해 쓸데없는 걱정을 함. 또는 그 걱정

'기우(杞憂)'는 옛날 중국의 기(杞) 나라에 살던 한 사람이 '만일 하늘이 무너지면 죽을 것이니, 어디로 피하면 좋을 것인가' 하고 침식을 잊고 근심했다는 고사(故事)에서 나온 말이다. 하늘이 무너질 리 없고 또 무너지면 피할 데도 없는데, 그것을 근심하고 걱정하고 있으니 이 얼마나 헛된 일인가. 그리하여 '기우'에 '앞일에 대한 쓸데없는 걱정'이라는 의미가 생겨난 것이다. 이는 아주 무익한 걱정이다. '군걱정, 헛걱정'과 같은 의미다. '군-'은 '군말, 군침' 등에서 보듯 '쓸데없는'의 뜻을 더하는 접두사여서, '군걱정'이 '쓸데없는 걱정'임이 드러난다. '헛걱정'은 '헛된 걱정'이라는 뜻이다.

077 **남새·채소(菜蔬)·야채(野菜)·나물·푸성귀**

남새 [명] 밭에서 기르는 농작물

'육식(肉食)'에 상대되는 말은 '채식(菜食)'이다. 육식이 고기를 위주로 하는 식사라면, 채식은 채소를 위주로 하는 식사라고 할 수 있다. 그런데 실제로 채식은 채소뿐만 아니라 과일, 해초 등을 포함하는 식물성 음식을 먹는 식사까지 아우른다. 채식의 개념을 이렇게 넓게 잡아도 좀 의아스러운 부분이 있다. 채소는 물론이고 야채, 나물 등을 먹는 것도 채식에 포함되기 때문이다. '채식'의 정의가 이렇게 모호하게 된 것은, '채

소, 야채, 나물' 등의 의미가 조금씩 다르다 보니 이들을 모두 아우를 수 있는 상위 개념어가 부재하기 때문이다. 사전적 정의에 따르면, '채소(菜蔬)'는 '밭에서 기르는 농작물'로 한정된다. 이는 오래된 고유어인 '남새'와 같은 의미다. 물론 밭에서 기르지만 보리나 밀 따위와 같은 곡류는 채소가 아니다. 엄밀히 말하면, 밭에서 기르는 농작물 가운데 잎이나 줄기, 뿌리, 열매를 바로 먹을 수 있는 초본식물이 채소다. 무, 배추, 시금치, 아스파라거스, 죽순 등이 대표적인 채소에 속한다. 이들을 먹는 부위에 따라 세분할 때에는 '잎채소, 줄기채소, 뿌리채소, 열매채소'라고 한다. 북한에서는 이들을 '잎남새, 줄기남새, 뿌리남새, 열매남새'라고 하니, 이로써도 '채소'와 '남새'가 같은 뜻의 단어라는 사실을 알 수 있다. 한편 '야채(野菜)'는 한자 뜻 그대로 '들에서 자라는 나물'이다. 《세종실록》에도 나올 정도로 오래된 한자어다. 들에서 자라는 나물을 보통 '들나물'이라 한다. 그러므로 '야채'는 '들나물'과 동의어다. 들나물의 대표적인 것이 냉이, 쑥 등이다. 고사리, 도라지 등은 '산나물'이라 하여 들나물과 구분한다. 그런데 현재 '야채'는 '들에서 자라는 나물'이라는 의미로는 잘 쓰이지 않고, 주로 '채소'와 같은 의미로 쓰이고 있다. 사전에서는 '야채'의 의미를 「채소」를 일상적으로 이르는 말'이라고 기술하여 '채소'보다 더 일반적인 말로 보고 있다. "신선한 채소"와 "신선한 야채", "채소 장수"와 "야채 장수"가 의미상 큰 차이가 없어 보이고, 오히려 "신선한 야채"와 "야채 장수"가 더 자연스럽게 받아들여지는 느낌이어서 사전의 뜻풀이가 무리는 아니라고 본다. 그런데 '잎야채, 줄기야채, 뿌리야채, 열매야채'라는 말이 불가능한 것을 보면, '야채'가 아직 '채소'의 영역으로 완전히 들어온 것이 아님을 알 수 있다. 이런 사실을 강조하여 '채소'를 쓸 자리에 '야채'를 쓰는 것은 잘못이라 지적하기도 한다. 더군다나 '채소'를 뜻하는 '야채'가 일본에서 들어온 한자어라 써서는 안 된다고 주장하기도 한다. 그러나 '채소'와 '야채'는 거부감 없이 넘나들며 쓰이는 것이 현실이다. 한편 '나물'은 '사람이 먹을 수 있는 풀이나 나뭇잎 따위를 통틀어 이르는 말'이다. 주로 잎을 먹지만 줄기나 열매를 먹기도 한다. 고추나물의 경우는 열매가 나물이 되는 예다. '나물'은 들과 산에서 저절로 나는 것이어서 밭에서 직접 길러 먹는 '채소'와 차이를 보이고, 들뿐만 아니라 산에서 나는 나물도 포함하는 것이어서 '야채(들나물)'와도 차이를 보인다. 냉이, 쑥, 도라지, 두릅 등이 모두 '나물'인 것이다. 물론 콩나물에서 보듯 집에서 기른 것도 '나물' 축에 든다. '나물'은 보통 생것을 지시하지만, 삶거나 볶거나 양념한 것을 가리키기도 한다. 가지나물, 감초나물, 노각나물 등은 조리 과정을 거쳐 식품화한 것이다. 삶거나 볶거나 양념을 하면 '채소' 또는 '야채'라 하지 않으므로, '나물'은 이런 점에서도 이들과 차이를 보인다. '채소'나 '야채'를 삶거나 볶거나 양념을 하면 '나물'이 된다고 볼 수 있다. 한편 '푸성귀'는 '사람이 가꾼 채소나 저절로 난 나물을 통틀어 이르는 말'이다. 곧 '채소'와 '나물'을 아울러 이르는, 지시 의미 영역이 아주 넓은 단어다. 그런데 '푸성귀'는 "집 근처 밭에 푸성귀를 심어 먹었다."와 같이 주로 '채소'의 의미로 쓰인다. 이 경우 '푸성귀'는 '채소'는 물론이고 '야채'로 바꾸어 쓸 수 있다. 이렇게 보면, '야채'는 나물의 일종이라는 점에서 '나물'에 포함되고, '나물'은 들이나 산에서 자생한다는 점에서 밭에서 나는 '채소'와 차별된다. 본래 '야채'는 나물의 일종이니, '나물'과 차별되는 '채소'와 다른 것으로 볼 수 있다. '푸성귀'는 '채소'와 '나물'을 아우른다는 점에서 '채소'이기도 하고 '나물'이기도 하다.

078 눈엣가시 · 첩(妾) · 시앗

눈엣가시 [명] ① 몹시 밉거나 싫어 눈에 거슬리는 사람 ② 남편의 첩을 이르는 말

자칫 부주의하면 눈에 크고 작은 이물(異物)이 들어갈 수 있다. 때로는 가시가 눈에 들어갈 수도 있는데, 이것이 바로 '눈엣가시'다. 다른 이물질도 아니고 뾰족한 가시가 들어갔으니 눈이 얼마나 아프고 또 성가시겠는가. 눈에 들어간 가시처럼 성가시고 거슬리는 사람을 비유하여 '눈엣가시'라고 한다. '눈엣가시'에는 '남편의 첩'이라는 의미도 있다. 본처에게 남편의 첩은 가시처럼 성가시고 거슬리는 존재이기에 '눈엣가시'로

비유한 것이다. '첩(妾)'을 뜻하는 고유어에 '시앗'이 있다. 이는 '싀갓'에서 변한 어형인데, '싀'는 '관계가 직접적이지 않은'이라는 의미이며, '갓'은 '아내'를 뜻한다. 그러므로 '시앗'은 '관계가 직접적이지 않은 처'다. 남편에게 첩은 아무래도 본처에 비해 심리적인 거리가 있는 여자이니, 이러한 사실이 단어 만들기에 반영된 것이다. 현대는 공식적으로 첩을 둘 수 있는 시대가 아니므로 '시앗'이니 '첩'이니 하는 말은 생경하게 들린다. '시앗'은 "시앗 싸움에 요강 장수", "시앗이 시앗 꼴을 못 본다." 등과 같은 속담 속에서나 만나볼 수 있다.

079 늙마·늘그막

늙마 [명] 늙어 가는 무렵

사람이 나이가 들어 늙기 시작하면 신체나 정신에 이상이 생긴다. 눈이 침침해지고, 어깨가 결리고, 뼈가 물러지는 등 몸에 이상이 오기도 하며, 기억력이 감퇴하고 마음이 약해지는 등 정신에 이상이 오기도 한다. 바로 이러한 증상이 늙는다는 징조다. 노화(老化)에 특별히 관심을 가져서인지 몰라도 '늙어 가는 무렵'을 지시하는 단어까지 마련되어 있어 흥미롭다. '늙마' 또는 '늘그막'이 바로 그것이다. 사전에 따라서는 '늙마'를 '늘그막'의 준말로 설명하기도 하지만 꼭 그렇다고 보기는 어렵다. '마' 자체가 '들마(가게 문을 닫을 무렵)'에서 보듯 '무렵'의 뜻으로 쓰이기 때문이다. 제주 방언에 '매'로 남아 있다.

o8o 늦마·늦장마

늦마 [명] 제철이 지난 뒤에 지는 장마

한여름이 지나면 대체로 태풍이나 장마도 뜸해진다. 그러다
가 느닷없이 태풍이나 장마가 들이닥치기도 한다. 제철이 지
난 뒤에 지는 장마를 '늦마'라고 한다. 이제 장마는 다 지나갔
겠지 하며 방심하고 있을 때 허를 찌르는 장마다. 형용사 어
간 '늦-'과 '장마'를 뜻하는 '마'가 결합된 어형이어서 '늦게 지
는 장마'라는 뜻이 분명하게 드러난다. '늦장마'와 같은 의미
다. 한편 '늦물'은 '제철보다 늦게 지는 홍수(洪水)'를 뜻하여
'늦마'와 의미가 다르다.

o8I 다반사(茶飯事)·항다반사(恒茶飯事)·
항다반(恒茶飯)·다반(茶飯)·예삿일

다반사 [명] 차를 마시고 밥을 먹는 일이라는 뜻으로, 보통 있는
예사로운 일을 이르는 말

'다반사(茶飯事)'는 '항다반사(恒茶飯事)'에서 '항(恒)'이 생략된
말이고, '항다반사'는 '항다반(恒茶飯)'에 '사(事)'가 결합된 말
이다. '항다반'은 본래 '항상 있는 차와 밥'이라는 뜻이다. 이러
한 의미에서 '항상 있어서 이상하거나 신통할 것이 없음'이라
는 비유적 의미로 변한다. 이에 따라 '항다반사'는 '항상 차를
마시고 밥을 먹는 일'이라는 의미와 함께 '항상 있어서 이상
하거나 신통할 것이 없는 일', 곧 '보통 있는 예사로운 일'이라

는 비유적 의미를 띠게 된다. 아울러 '항다반사'에서 '항'이 생략된 '다반사', '다반'이 생략된 '항사', '사'가 생략된 '항다반', 그리고 '항다반'에서 '항'이 생략된 '다반'도 '보통 있는 예사로운 일'이라는 의미를 띤다. 그리하여 '항다반사, 다반사, 항사, 항다반, 다반'이 동의어로 묶인다. 이들을 '예삿일, 흔한 일'로 바꾸어 표현할 수 있다.

082   대궁·대궁밥·잔반(殘飯)
대궁 [명] 먹다가 그릇에 남긴 밥

요즘 대중음식점에서 "잔반 남기지 않기"라는 표어를 흔하게 보게 된다. '잔반(殘飯)'은 한자 뜻 그대로 '먹다가 남긴 밥'이라는 뜻이다. 이 잔반 때문에 음식 쓰레기가 넘쳐나자 이를 줄이기 위한 고육책(苦肉策)에서 이러한 표어까지 만들어 붙인 것이다. '잔반'과 같은 의미의 단어에 '대궁밥' 또는 '대궁'이 있다. 먹을 것이 귀했던 시절에는 아랫사람을 위해 그릇에 담긴 밥을 다 먹지 않고 조금 남기곤 하였는데, 이런 밥을 '대궁밥' 또는 '대궁'이라 했다. 곧 '먹다가 그릇에 남긴 밥'이 '대궁밥'이고, '대궁밥'에서 '밥'을 생략한 말이 '대궁'이다. 이제 "잔반 남기지 않기"라는 표어를 "대궁(밥) 남기지 않기"로 바꾸어 붙이면 어떨까. 한편 '손대지 아니한 깨끗한 밥'은 '숫밥'이라 한다. '숫밥'의 '숫-'은 '숫눈(눈이 와서 쌓인 상태 그대로의 깨끗한 눈), 숫사람(거짓이 없고 순진하여 어수룩한 사람)' 등의 그것과 같이 '더

렵혀지지 않아 깨끗한'의 의미를 더하는 접두사다.

083 대단원(大團圓)·대미(大尾)
대단원 [명] 어떤 일의 맨 마지막

연극에서 사건의 엉킨 실마리를 풀어 결말을 짓는 마지막 장면이 '대단원(大團圓)'이다. 그래서 연극이 모두 끝나는 것을 "대단원의 막이 내리다."라고 표현한다. 이러한 표현이 갖는 '끝남'이라는 자질이 매개가 되어 '어떤 일이 끝이 나다'라는 비유적 의미로 변한다. 그리하여 "월드컵 대회가 마침내 대단원의 막을 내렸다."와 같이 쓸 수 있다. 그런데 이를 "대단원의 막을 올리다."와 같이 잘못 쓰기도 하여 주의해야 한다. "올림픽 경기장에서 대통령의 개회 선언으로 대단원의 막이 올랐다."와 같이 쓰는 것이다. '대단원의 막'은 '마지막 장면'이라는 점에서 '시작'을 알리는 '올리다'와 어울려 쓰일 수 없다. '끝'이나 '마지막'을 알리는 '내리다'와 어울려 쓰이는 것이 자연스럽다. '대단원'과 같은 의미의 단어로 '대미(大尾)'가 있다. '대미'는 주로 '장식하다'와 어울려 "대미를 장식하다."와 같은 형식을 취한다. 이는 '대단원의 막을 내리다'와 같은 의미다.

084 더펄이·덜렁이·덜렁쇠
더펄이 [명] 성미가 침착하지 못하고 덜렁대는 사람

더부룩한 털이나 머리칼 같은 것이 출렁거리듯 바람결에 흔

들리는 모양을 '더펄더펄'이라 한다. "더펄더펄 흔들리는 긴
머리"와 같이 표현할 수 있다. 또한 더부룩한 물건 따위가 바
람에 흔들리듯 마음이 들떠서 경솔하게 행동하는 모양도 '더
펄더펄'이라 한다. "그 애는 더펄더펄 선머슴처럼 굴었다."에
쓰인 '더펄더펄'이 그러한 것이다. 바로 후자와 같은 '더펄더
펄'의 '더펄'에 접미사 '-이'가 결합된 어형이 '더펄이'다. '더
펄이'는 '성미가 침착하지 못하고 덜렁대는 사람'을 뜻한다.
'덜렁이, 덜렁쇠'와 의미가 같다. 물론 '더펄이'에는 '이 사람
저 사람 가리지 않고 잘 사귀는 붙임성 있는 사람'이라는 긍
정적 의미도 있다.

085 데면데면·설면설면·데면데면히·설면설면히

데면데면 [뷔] ① 사람을 대하는 태도가 친밀감이 없이
예사로운 모양 ② 성질이 꼼꼼하지 않아 행동이 신중하거나
조심스럽지 않은 모양

친밀감을 갖고 상냥하게 대해야 상대에게 호감을 줄 수 있다.
만약 상대를 무덤덤하게 대한다면 좋은 관계를 유지하거나
발전시키기가 쉽지 않을 것이다. 이렇듯 사람을 대하는 태도
가 친밀감이 없이 예사로운 모양을 '데면데면'이라 한다. "그
는 누구를 만나도 데면데면 대한다."와 같이 쓸 수 있다. '데면
데면'과 비슷한 의미의 단어로 '설면설면(사이가 정답지 아니하
고 어색하게)'이 있다. 이는 사전에 올라 있지는 않으나, "오라

걷거나 비슷한 의미를 지닌 단어들

비와 이렇게 설면설면 마주 앉았는 것이 열적고 편편치 않기도 하였다."(염상섭, 사랑과 죄)와 같은 실제 문장에서 발견된다. 상대를 무뚝뚝하게 그냥저냥 대하는 것은 상대를 신중하거나 조심스럽게 대하지 않는 태도다. 그리하여 '데면데면'에 '성질이 꼼꼼하지 않아 행동이 신중하거나 조심스럽지 않은 모양'이라는 의미가 생겨난다. "일을 데면데면 하면 꼭 탈이 생기게 마련이다."의 '데면데면'이 그러한 것이다. 또한 '데면데면, 설면설면'에 부사화 접미사 '-히'를 붙인 '데면데면히, 설면설면히'도 같은 의미로 쓰인다.

086   두남두다·역성들다

두남두다 [동] 잘못을 두둔하다

시누이와 며느리가 다투면 시어머니는 십중팔구 시누이 편을 든다. 시누이가 잘못을 저지른 경우에도 거의 그러하다. 이렇듯 잘못된 것을 두둔하며 편을 들어주는 것을 '두남두다'라고 한다. '역성들다'와 같은 의미다. '두남두다'는 "두남을 두다."라는 구(句)에서 어휘화한 것이다. '두남'의 어원은 분명하지 않다. 다만 '두남받다(남다른 도움이나 사랑을 받다)'의 '두남'은 '도움, 사랑'의 뜻을 갖는 것으로 보인다. 또한 '두남두다'에는 '애착을 가지고 돌보다'라는 의미도 있다. "범도 새끼 둔 곳에 두남둔다(누구나 개인의 사사로운 정이 없을 수 없다)."라는 속담의 '두남두다'도 그러한 의미로 쓰인 것이다. 이 경우의 '두남'도

'사랑'의 뜻으로 이해할 수 있다. '역성들다' 역시 "역성을 들다."라는 구(句) 구조에서 어휘화한 것이다. '역성'의 어원은 분명하지 않으나, 사전에서는 이를 '옳고 그름에는 관계없이 무조건 한쪽 편을 들어 주는 일'로 풀이하고 있다. 북한에서는 '역성들다' 대신 '편역들다'라는 단어를 쓰고 있다.

087 뒷갈망·끝갈망·뒷감당·뒷담당

뒷갈망 [명] 일이 벌어진 뒤에 그 뒤끝을 처리하는 일

'뒷갈망'은 '뒤[後]'와 '갈망' 사이에 사이시옷이 개재된 어형이다. 그리고 '갈망'은 옛말 '갊다(수습하다)'에서 파생된 말로, '어떤 일을 감당하여 수습하고 처리함'의 뜻이다. 그러므로 '뒷갈망'은 '일이 벌어진 뒤에 그 뒤끝을 수습하고 처리하는 일'로 해석된다. '일의 뒤끝을 수습하는 일'을 뜻하는 '끝갈망'과 의미가 유사하다. 아울러 '일의 뒤끝을 맡아서 처리함'을 뜻하는 '뒷감당'이나 '뒷담당'과도 의미가 통한다. 자기가 한 말에 대해 뒷갈망을 하는 것을 특별히 '말갈망'이라 한다.

088 드림셈·할부(割賦)

드림셈 [명] 한 번에 하지 않고 여러 번에 나눠서 주고받는 셈

물건을 산 뒤 계산을 할 때, 금액을 한꺼번에 지불하기도 하고 몇 번에 걸쳐서 나누어 지불하기도 한다. 신용카드가 일상화된 요즘은 일시불로 할 것인지, 할부로 할 것인지에 대한

선택이 더욱 자유롭다. 후자와 같이 한 번에 하지 않고 여러 번에 나누어 주고받는 셈을 '드림셈'이라 한다. '드림'은 동사 '드리다(한쪽이 위에 고정된 천이나 줄 따위가 아래로 늘어지다. 또는 그렇게 되게 하다)'에서 파생된 명사로, '길게 늘인 것' 정도의 의미를 띤다. '드림줄(마루에 오르내릴 때 붙잡을 수 있도록 늘어뜨린 줄), 드림장막(--帳幕, 위에서 아래로 드리우는 장막), 드림흥정(물건을 사고팔 때 여러 번에 나누어서 값을 치르기로 하고 하는 흥정), 아얌드림(아얌 뒤에 댕기처럼 길게 늘어뜨린 비단)' 등의 '드림'도 그와 같은 것이다. 이에 따라 '드림셈'은 '길게 늘인 셈'이라는 뜻이다. 한 번에 하지 않고 긴 시간을 두고 여러 번에 나누어 주고받는 셈이다. '드림셈'은 요즘 많이 쓰는 한자어 '할부(割賦)'와 의미가 통한다.

089 들머리·들목

들머리 [명] 들어가는 맨 첫머리

어떤 장소로 진입하기 위해서는 그곳으로 들어가는 첫머리를 통과해야 한다. 그 들어가는 첫머리를 '들머리'라고 한다. "동네 들머리", "골목 들머리"라고 할 때의 '들머리'가 바로 그러한 것이다. 이는 '들목'과 같은 의미다. '들'이 동사 어간 '들-[入]'이고, '머리'가 '앞'을 지시하므로, '들머리'가 '들어가는 초입'임을 쉽게 알 수 있다. 그런데 '들머리'는 '들목'과 달리 공간 개념뿐만 아니라 시간 개념으로도 쓰인다. "겨울 들머리"

라는 표현 속의 '들머리'가 그러한 것이다. 이 경우의 '들머리'는 '겨울이라는 시간 속으로 들어가는 첫머리'라는 뜻이다. 공간 개념어가 시간 개념어로 전용(轉用)된 예다.

090 따리·아부(阿附)·아첨(阿諂)

따리 [명] 알랑거리면서 남의 비위를 맞추는 짓이나 말

남의 비위를 맞추기 위해서는 알랑거리고 아첨해야 한다. 비위를 맞추기 위해 알랑거리는 말과 아첨하는 짓을 '따리'라고 한다. "경우에 따라서는 윗사람에게 따리를 잘해야 성공할 수 있다."와 같이 쓸 수 있다. 한자어 '아부(阿附), 아첨(阿諂)'과 비슷한 말이다. '따리'는 '붙이다'와 어울려 "따리를 붙이다."로 흔히 쓰이는데, 이는 '마음을 사려고 아첨하다'라는 뜻이다. "돈이 있는 것을 어떻게 알았는지 그가 따리를 붙이며 친한 척을 한다."에서 그 의미가 잘 드러난다. 그리고 따리를 잘 붙이는 사람을 '따리꾼'이라 한다. 알랑거리면서 남의 비위를 잘 맞추고 살살 꾀어내기를 잘하는 사람이다.

091 뜨게부부(--夫婦)·동거부부(同居夫婦)

뜨게부부 [명] 정식으로 혼인하지 않고 우연히 만나서 어울려 사는 남녀

요즘 정식 결혼을 하지 않고서도 부부처럼 한집에서 함께 사는 청춘 남녀가 많다고 한다. 이들을 '동거 남녀(同居男女)'라

고 표현한다. 남녀를 따로 말할 때에는 '동거남(同居男), 동거녀(同居女)'라 한다. '동거 남녀' 중에는 오랫동안 사귄 뒤에 신중하게 동거를 결정하는 부류도 있지만, 만나자마자 무작정 동거를 시작하는 부류도 있다. 후자와 같이 오다가다 우연히 만나 바로 어울려 사는 남녀를 정식 부부와 구분하여 '뜨게부부(--夫婦)'라 한다. '뜨게'가 무슨 뜻인지는 분명하지 않지만, '뜨내기'나 '본뜬'과 관련하여 설명하기도 한다. 전자로 보면 '뜨내기 부부'가 되고, 후자로 보면 '정식 부부를 흉내 낸 부부'가 된다. 물론 이런 설명이 만족스럽지는 않다. 여하튼 우연히 만나 잠깐 같이 살다 쉽게 헤어지는 남녀는 영락없는 '뜨게부부'다. 결혼을 전제로 해서 사는 남녀가 아니라는 점에서, 결혼이 예정되어 있는 '예비부부'와 구분된다. '뜨게부부'를 '동거부부(同居夫婦)'라고도 한다.

092 마수걸이·마수·개시(開市)

마수걸이 [명] 맨 처음으로 물건을 파는 일. 또는 거기서 얻은 소득

장사를 하는 사람들은 그날 처음으로 물건을 파는 일에 유난히 신경을 쓴다. 처음 물건을 파는 판세로 그날 하루의 장사 운을 점칠 수 있다고 생각하기 때문이다. 가게 문을 열자마자 물건이 잘 팔린다면 그날의 장사 운은 좋은 것이지만, 가게 문을 연 지 한참이 지났는데도 손님이 들지 않는다면 그날 장

사 운은 기대하기 어렵다고 생각한다. 그래서 상인들은 처음으로 물건이 팔릴 때를 기다리며, "아직 마수걸이도 못했어.", "마수걸이나 할까!"와 같은 말로 초조한 마음을 달랜다. 여기서 말하는 '마수걸이'는 '맨 처음으로 물건을 파는 일'이라는 뜻이다. 줄여서 '마수'라고도 한다. 한자어 '개시(開市)'와 같다. 맨 처음으로 물건을 산 손님을 특별히 '마수손님'이라 한다. 마수손님이 어떤 사람이냐에 따라 장사 운이 결정된다고 보고, 그날 처음 찾아오는 손님에 대해서도 특별히 관심을 둔다. 지금은 그렇지 않겠지만, 마수손님이 안경 쓴 사람이거나 여성이면 재수가 없다고 믿었던 적이 있다.

093 모래톱·사장(沙場)·모래사장(--沙場)

모래톱 [명] 강가나 바닷가의 넓고 큰 모래벌판

강이나 바다에 널려 있는 것이 모래다. 모래가 많은 곳은 넓은 벌판을 이루기도 한다. 강물이 불어나면 모래벌판은 물에 잠기기도 하고, 파도가 밀려오면 물에 쓸리기도 한다. 강이나 바닷가의 넓고 큰 모래벌판을 '모래톱'이라 한다. '톱'은 분명하지는 않지만 '덮여 있는 곳'을 지시하지 않을까 싶다. 그렇다면 모래가 덮여 있는 곳이 '모래톱'이 된다. "산모퉁이를 돌아오는 바람에 잔파도가 일어나서 모래톱을 핥듯이 때려 댔다."와 같이 쓸 수 있다. 한자어 '사장(沙場), 모래사장(--沙場)'과 의미가 일치한다. '모래사장'은 '사장(沙場)'의 '사(沙)'와 의미가 같은 고유어 '모래'를 덧붙인 동의(同義) 중복 형태다.

094 무리꾸럭·빚물이
무리꾸럭 [명] 남의 빚이나 손해를 대신 물어 주는 일

형제나 가까운 사람이 큰 빚을 지거나 사기를 당해 도움을 청하면 거절하기가 쉽지 않다. 결국에는 어쩔 수 없이 금전적으로 도와주어야 하고, 또 잘못하면 빚까지 떠맡아야 한다. 이렇듯 남의 빚이나 손해를 대신 물어 주는 일을 '무리꾸럭'이라 한다. 자기가 진 빚도 아니고 자기 때문에 생긴 손해도 아닌데, 울며 겨자 먹기로 그것을 감당해야 하니 억울하기 짝이 없는 노릇이다. 그러나 어찌하랴, 혈육의 정과 친구 간 의리를 무시할 수 없으니. '무리꾸럭'과 비슷한 의미의 단어로 '빚물이'가 있다. 이는 '남의 빚을 대신 갚아 주는 것'을 뜻하므로, 남의 빚은 물론이고 남의 손해까지 물어 주는 '무리꾸럭'보다는 의미 영역이 좁다.

095 물매·기울기·구배(句配)
물매 [명] 수평을 기준으로 한 경사도

양철 지붕이나 기와지붕은 비스듬히 경사가 져 있다. 지붕에 일정한 경사를 둔 것은 빗물이 잘 흘러내리게 하기 위해서다. 빗물이 경사진 곳을 따라 흘러가는 생김새를 '물매'라고 한다. '물'은 '水(수)'의 뜻이고, '-매'는 '생김새'를 뜻하는 접미사

여서, '물매'가 '물이 흘러내리는 생김새'라는 뜻임이 분명해진다. 좀 더 전문적으로 말하면 '물매'는 '수평을 기준으로 한 경사도'다. 기본 단위(SI)에서는 수평 길이 1미터에 대한 수직 높이로 표시한다. '가파른 것'은 "물매가 싸다." 또는 "물매가 되다."라 표현하고, '가파르지 않은 것'은 "물매가 뜨다."라 표현한다. '물매'와 같은 의미의 한자어에 '구배(句配)'가 있다. 이는 주로 건설 현장에서 쓰인다. '구배' 대신 표준화한 용어 '기울기'를 쓸 것을 권고하고 있으나, 이것보다 '물매'가 더 적합하다.

096 물매·몰매·무릿매·뭇매·모다깃매

물매 [명] 여러 사람이 한꺼번에 덤비어 때리는 매

'왕따'로 몰리면 따돌림만 당하는 것이 아니라 폭행까지 당한다. 그것도 집단적인 구타를 당한다. 이른바 '물매'를 맞는 것이다. '물매'는 '무리'를 뜻하는 옛말 '물[衆]'과 '매'가 결합된 어형이어서 '한꺼번에 떼로 때리는 매'라는 뜻이다. 이와 같은 의미의 단어로 '몰매, 무릿매, 뭇매, 모다깃매'도 있다. '몰매'는 '물매'에서 변한 어형이고, '무릿매'는 '물'에서 파생된 '무리'를 이용한 어형이어서 이들은 '물매'와 의미가 같다. 그리고 '뭇매'는 '물'과 '매' 사이에 사이시옷이 개재된 '뭀매'에서 'ㅅ' 앞의 'ㄹ'이 탈락한 어형이어서 이 또한 '물매'와 의미가 같다. '모다깃매'는 '무더기'를 뜻하는 '모다기'와 '매' 사이에

사이시옷이 개재된 어형으로, '한꺼번에 무더기로 때리는 매'
라는 뜻이다. 이 또한 '한꺼번에 집단적으로 때리는 매', 곧 '물
매'와 다르지 않다.

097 미주알고주알·고주알미주알·밑두리콧두리
미주알고주알 [부] 아주 사소한 일까지 속속들이

'미주알고주알'은 '미주알'과 '고주알'이 결합된 어형이다. '미
주알'은 '항문을 이루는 창자의 끝부분'을 가리킨다. '미주알'
의 '미'는 '항문'을 뜻하는 '밑'의 변형으로 추정된다. '미주알'
과 같은 의미의 '밑살'이 그 가능성을 높인다. 그런데 '주알'의
어원은 분명하지 않다. '미주알'의 방언형인 '밑자발, 미자발'
을 통해 '자발'에서 변한 어형으로 추정할 수 있으나, '자발' 또
한 그 어원을 알 수 없다. 물론 '주알'의 '알'을 중세국어 '술ㅎ
()살'의 변형으로 볼 수는 있다. '배알, 창알' 등에서 보듯 '술
ㅎ'이 변하여 '알'이 될 수 있기 때문이다. 그렇게 보면 '미주
알'의 동의어인 '밑살'과의 관계가 더욱 긴밀해진다. 일견 '고
주알'에는 특별한 의미가 없어 보인다. 그리하여 이를 단순
히 '미주알'에 운(韻)을 맞추기 위해 이용한 첨어 요소로 이해
해 왔다. 그러나 '미주알고주알'과 같은 의미 기능을 보이는
'밑두리콧두리'를 고려하면, '고주알'의 '고'는 중세국어 '고ㅎ
(코)'일 가능성도 있다. '미주알'은 창자의 끝부분이므로 아주
미세하고 하찮은 것이다. 그리하여 '미주알고주알'이 '아주 사

소한 일까지 속속들이'라는 비유적 의미를 띨 수 있다. '미주알고주알'을 순서를 바꾸어 '고주알미주알'이라고도 한다. '미주알고주알, 고주알미주알'과 어형이 유사한 '미주리고주리, 고주리미주리'도 있으나 이들은 표준어가 아니다. 한편 '밑두리콧두리'는 '밑두리'와 '콧두리'가 결합된 어형이다. '밑두리'의 '밑'은 '항문'의 뜻이고, '두리'는 '둘레'의 뜻이어서, '밑두리'는 '항문의 둘레'라는 뜻이다. 그런데 사전에서는 이를 '둘레의 밑부분'으로 풀이하여 좀 이상하다. '밑두리'를 '항문의 둘레'로 보면, '콧두리'는 '코의 둘레'가 된다. 물론 '콧두리'는 특별한 의미 없이 '밑두리'에 대응된 첩어 요소일 수도 있다. '밑두리'와는 달리 '콧두리'는 사전에 올라 있지 않다. 특이한 점은 사전에서 '밑두리콧두리'를, '확실히 알기 위하여 자세히 자꾸 캐어묻는 근본'이라는 의미의 명사로 보고 있는 것이다. 그러나 "미주알고주알 밑두리콧두리 캔다(일의 속사정을 속속들이 자세히 알아보는 경우를 비유적으로 이르는 말)."와 같은 속담에서 보듯, '밑두리콧두리'는 '미주알고주알'과 같은 의미의 부사로서의 기능을 보인다. 사전의 풀이를 수정해야 하는 단어 중의 하나가 아닌가 한다. '미주알고주알'이나 '밑두리콧두리'는 주로 '묻다, 캐다, 캐어묻다' 등과 어울려 쓰인다는 점에서도 공통적이다.

098 민낯·민얼굴·맨얼굴·생얼굴(生--)

민낯 [명] 화장을 하지 않은 얼굴

우리는 특별한 경우에 얼굴에 화장품을 바르거나 문질러 얼굴을 곱게 꾸민다. 이를 '화장(化粧)'이라 한다. 화장을 하지 않은 얼굴을 특별히 '민낯, 민얼굴, 맨얼굴, 생얼굴(生--)'이라 한다. '민낯-'의 '민-'은 '민다래끼(부스럼이 나지 않고 눈시울이 민틋하게 부어오르는 다래끼), 민머리(정수리까지 벗어진 대머리를 이르는 말), 민저고리(깃, 끝동, 고름, 겉마기 따위를 다른 빛깔의 헝겊으로 대지 않은 저고리)' 등의 그것과 같이 '꾸미거나 딸린 것이 없는'이라는 의미를 더하는 접두사다. 그리하여 '민낯, 민얼굴'은 '화장을 하지 않은 얼굴'로 해석된다. '맨얼굴'의 '맨-'은 '다른 것이 없는'의 뜻을 더하고, '생얼굴'의 '생(生)-'은 '있는 그대로'의 뜻을 더하는 접두사여서, '맨얼굴, 생얼굴'도 '민낯, 민얼굴'의 의미와 다르지 않다. 물론 '맨얼굴, 생얼굴'은 얼굴에 손을 대지 않은(성형 수술을 하지 않은) 얼굴을 가리키기도 하여 '민낯, 민얼굴'과 차이를 보이기도 한다. 이런 경우의 '생얼굴'은 '생얼'로 줄여 말하기도 한다. 한편 '민낯'은 '가려져 있던 본질이나 정체'라는 비유적 의미로도 쓰여 '민얼굴, 맨얼굴, 생얼굴'과 차이를 보인다. 이러한 의미는 '민낯'을 화장을 지운 뒤의 본래의 얼굴로 인식하면서 생겨난 것이다. 이 경우의 '민낯'은 "드디어 그의 민낯이 밝혀졌다."에서 보듯 대체로 부정적 의미로 쓰인다.

불목하니·불목한(--漢)·절머슴

불목하니 [명] 절에서 밥을 짓고 물을 긷는 일을 도맡아서 하는
사람

절에는 스님들만 사는 것이 아니다. 수도하는 스님들을 위해
밥 짓고 물 긷는 일을 도맡아서 하는 사람들도 산다. 이들이
없으면 큰절의 살림살이가 제대로 돌아가지 않는다. 바로 이
들 절에서 밥 짓고 물 긷는 등의 온갖 허드렛일을 도맡아 하
는 사람들을 '불목하니'라고 한다. '불목하니'는 '불목한(--
漢)'에 접미사 '-이'가 결합된 어형이고, '불목한'은 '불목'에
접미사 '-한(漢)'이 결합된 어형이다. '불목'의 '불'은 '火(화)'의
뜻이고, '목'은 '아랫목, 윗목' 등에 보이는 '목'과 같이 '통로 가
운데 다른 곳으로 빠져나갈 수 없는 중요하고 좁은 곳'의 뜻
이다. 그러므로 '불목'은 '불길이 잘 드는 길목'으로 해석된다.
온돌방 아랫목의 가장 따듯한 자리가 '불목'인 것이다. 접미사
'-한(漢)'은 '농부한(農夫漢), 사기한(詐欺漢), 파렴치한(破廉恥
漢), 푸주한(--漢)' 등에 보이는 '-한(漢)'과 같이 '그와 관련된
사람'을 지시한다. 그러므로 '불목한'의 본래 의미는 '불목에
다 불을 때는 사람'이 된다. 아울러 이것에 다시 접미사 '-이'
가 붙은 '불목하니'도 그러한 의미를 띤다. '불목한, 불목하니'
를 '절머슴'이라고도 한다. '절에서 머슴살이 하는 사람'이라
는 뜻이다.

불한당(-漢黨) · 명화적(明火賊) · 화적(火賊)

불한당 [명] 떼를 지어 돌아다니며 재물을 마구 빼앗는
사람들의 무리

'불한당'은 《동국신속삼강행실도(東國新續三綱行實圖)》(1617)
에 '블한당'으로 나온다. 한문 원문의 '火賊(화적)'에 대응되어
있다. '화적'은 '명화적(明火賊)'에서 온 말이다. '명화적'의 글
자 뜻 그대로의 의미는 '불을 밝히는 도적'이다. 횃불을 들고
부잣집을 습격해 재물을 약탈해 가는 도적들이어서 그렇게
부른 것이다. 이러한 도적떼 내지 떼강도는 조선 전기부터 나
타났으며, 특히 19세기 후반에 집중적으로 발생했다고 한다.
이들의 큰 특징은 불을 밝힌 채 약탈을 했다는 점이다. 이런
점에서 보면 '火賊'에 대응된 '블한당'의 '블'은 '火'의 뜻인 것
이 분명하다. '블'은 '불'로 변해 현재에 이른다. '한'은 한자 접
미사 '-한(漢)'으로 추정된다. 이는 '농부한(農夫漢), 불목한(--
漢), 사기한(詐欺漢), 파렴치한(破廉恥漢), 푸주한(--漢)' 등의
그것과 같이 '그와 관련된 사람'을 지시한다. 그렇다면 '블한'
은 '불을 들고 도적질을 하는 사람' 정도의 의미를 띤다. '당'은
한자 '黨'이니 이것까지 고려하면 '블한당'은 '불을 들고 도적
질하는 무리'로 해석된다. 곧 '화적 떼'와 같다. '블'이 '불'로 변
함으로써 '블한당'도 '불한당'으로 변한다. 또한 그 의미도 '떼
를 지어 돌아다니며 재물을 마구 빼앗는 사람들의 무리'로 일
반화한다. '명화적'이나 '화적'도 이러한 의미로 변한다. 그런

데 현재 대부분의 국어사전에서는 '불한당'을 '不汗黨'으로
보고 있다. 한자 뜻 그대로의 의미는 '땀을 흘리지 않는 무리'
다. 옛날 공주 고을에 백성을 괴롭히던 불량배 일당이 있었는
데, 이들이 관가에 끌려와서도 조금도 두려워하는 기색이 없
이 태연하게 행동을 할 뿐만 아니라 아무리 심한 고문을 가해
도 끄떡하지 않은 채 땀 한 방울도 흘리지 않았다고 하여 붙
여진 이름으로 설명한다. 그러나 이는 꾸며낸 이야기에 불과
하다. '불한당'의 어원을 잃게 되자 이러한 엉뚱한 어원설이
나오게 된 것이고, 이를 국어사전이 아무 고민 없이 인정한
것이다.

101   생돈(生-)·날돈·군돈·허튼돈
생돈 [명] 쓸데없는 곳에 공연히 쓰는 돈

돈은 꼭 써야 할 곳에 써야 가치가 돋보인다. 그런데 돈을 꼭
써야 할 곳에만 쓰지는 못한다. 남의 술값을 억지로 대신 내
준다거나, 강권에 못 이겨 식사 대접을 한다거나 할 때와 같이
쓸데없는 곳에 공연히 돈을 쓰기도 한다. 이렇듯 들일 필요 없
는 곳에 공연히 쓰는 돈을 '생돈(生-), 날돈, 군돈, 허튼돈'이라
한다. '생(生)-'은 '생떼, 생트집' 등의 그것과 같이 '애매하거나
공연함'의 뜻을 더하는 접두사다. 그러므로 '생돈'이 '쓸데없이
공연히 쓰는 돈'임이 분명해진다. '날돈'의 '날-'은 '생(生)-'에
정확히 대응되므로, '날돈'은 '생돈'과 의미가 일치한다. '군돈'

의 '군-'은 '군말, 군살, 군침' 등의 그것과 같이 '쓸데없는'이라
는 뜻을 더하는 접두사다. 그리하여 '군돈'은 '안 써도 좋은 데
에 쓸데없이 쓰는 돈'이 된다. '허튼돈'도 쓸데없이 쓰는 돈이
라는 점에서 이들과 같은데, 여기에는 '헤프게 쓴다'는 의미
가 더 들어 있다. 이들 가운데 가장 일반적으로 쓰이는 단어는
'생돈'이다. '생돈'은 내키지 않는 억울한 돈이다. 그 억울한 마
음에서 '생돈'을 '쌩돈'이라 되게 발음하기도 한다.

102   생청(生請)·생떼(生-)·염병떼(染病-)

생청 [명] 억지로 쓰는 떼

'생청(生請)'은 '청(請, 어떤 일을 이루기 위하여 남에게 부탁을 함. 또
는 그 부탁)'에 접두사 '생(生)-'이 결합된 어형이다. '생(生)-'은
'생돈, 생트집' 등의 그것과 같이 '억지스러운 또는 공연한'의
뜻을 더한다. 그러므로 '생청'은 '억지로 하는 청'이라는 뜻이
다. 부탁을 하되 억지로 하는 부탁이니 '억지로 하는 떼'라고
볼 수 있다. 곧 '생떼(生-), 염병떼(染病-)'와 의미가 같다. '염
병떼'는 염병(장티푸스)과 같이 지독한 떼라는 뜻이다.

103   승려(僧侶)·승(僧)·중·스님

승려 [명] 불교의 출가 수행자

불교의 출가 수행자를 '승(僧), 승려(僧侶), 중, 스님' 등이라 이
른다. 한국 불교의 역사가 깊은 만큼, 출가 수행자와 관련된

말들의 역사도 꽤나 깊으리라 짐작이 간다. 속세와 인연을 끊고 출가한 수행자를 아주 객관화하여 이를 때 '승, 승려'라 한다. 물론 '승'은 "승이라고는 비구니 하나뿐인 자그마하고 빈한한 암자였다."(전성태, 국화를 안고)에서 보듯 단독으로 쓰이기도 하지만, '승려'에 비해 독자적으로 쓰이는 힘이 약하다. 주로 '어이승(큰 스님), 이판승(속세를 떠나 수도에만 전념하는 승려), 사판승(절의 재물과 사무를 맡아 처리하는 승려)' 등과 같은 합성 구성에서 힘을 발휘한다. '승려'는 '출가 수행자들로 이루어진 군대'를 '승려군'이라 하고, '출가 수행자들이 자신들의 생활과 사상을 기록한 문학'을 '승려문학'이라고 하는 예에서도 보듯, '출가 수행자'를 뜻하는 가치중립적인 단어라고 볼 수 있다. '승려'에 집단적·직업적 의미가 있어서인지, 이에는 존칭 접미사 '-님'의 결합이 허용되지 않는다. 곧 '승려님'은 어색하다. '중' 또한 한때는 '승려'와 같이 '출가 수행자'를 이르는 보편적 의미의 단어였다. 적어도 15세기 문헌에 나오는 '즁()중'은 '승려'로 바꾸어도 의미상 손색이 없다. '즁'에 존칭 접미사 '-님'을 붙인 '즁님'이라는 높임말이 있었던 것만 보아도, '중'이 평칭의 단어였음을 알 수 있다. 그런데 '중'은 언제부터인지는 몰라도 비하하는 말로 전락하고 말았다. 조선 중기 이후 불교의 끝없는 쇠락과 일부 승려의 타락이 '중'이라는 단어의 의미 가치마저 바닥으로 끌어내렸던 것으로 보인다. 급기야 '중놈, 중년'과 같은 극단의 속된 말까지 생겨났다.

'중'이라는 단어의 타락은 오히려 '스님'이라는 단어의 위상을 높여준 듯하다. '스님'은 '승려'를 높여 이르는 말이면서, 승려가 자신의 스승을 이르는 말이기도 하다. 후자를 '사승(師僧)'이라고도 한다. 그런데 특이한 것은 '스님'이라는 말이 중세국어나 근대국어에 전혀 보이지 않는다는 점이다. 20세기를 넘어 신소설 〈쌍옥적〉(1911)에서야 '스님'이 처음 발견되니, 불교의 긴 역사를 생각할 때 참 이상한 일이기도 하다. 그렇다고 '스님'이 20세기 이후부터 쓰인 단어라고 단정할 수는 없다. 구어(口語)를 반영하는 20세기 초의 신소설에 다수 나타나는 것을 보면, 실제 언어생활에서는 20세기 훨씬 이전부터 쓰였을 가능성이 있기 때문이다. 다만 중세국어에 '스님'과 같은 의미의 단어로 '즁님'이 있었다는 점에서 보면, 이는 중세국어 이후에 나타난 단어일 수 있다는 생각이 든다. '스님'은 그 출현 시기뿐만 아니라 출생의 비밀도 묘연하다. 현재 불교학계는 물론이고 국어학계에서도 아직 '스님'의 어원에 대한 명쾌한 답을 내놓지 못하고 있다. '스승님'에서 줄어든 말이라는 설과 '승(僧)님'에서 변한 말이라는 설이 팽팽할 뿐이다. '스님'은 높임말이어서 승려가 자기 자신에게 쓸 수 없다는 제약이 있다. 승려가 스스로를 칭할 때에는 '소승(小僧)'이나 '빈도(貧道)'라는 겸사(謙辭)를 써야 한다. 그런데 간혹 대중 앞에 자주 서는 승려가 자신을 '스님'이라 칭하기도 하여 민망하기 그지없다. 이는 학생들 앞에서 교수가 스스로를 '교수님'이라 칭하는 것과 다르지 않다. 종교인이나 교육자는 스스로를 낮추는 것이 미덕이다.

104 시쳇말(時體-)·유행어(流行語)
시쳇말 [명] 그 시대에 유행하는 말

'시쳇말'은 '시체(時體)'와 '말' 사이에 사이시옷이 개재된 어형이다. '시체'가 '당대의 풍습이나 유행'을 뜻하므로, '시쳇말'은 '그 시대에 새로이 유행하는 말'을 뜻한다. 곧 '유행어(流行語)'와 의미가 같다. '시체'를 屍體로 보아, '시쳇말'을 '죽은 사람의 말'로 엉뚱하게 해석해서는 안 된다. '시쳇말'은 주로 '시쳇말로'와 같은 꼴로 쓰인다. 곧 "시쳇말로 속도위반을 한 것이 아닙니까?"와 같이 쓸 수 있다. 여기서는 '속도위반'이 시쳇말이 된다.

105 앉은벼락·누운벼락·날벼락·생벼락(生--)
앉은벼락 [명] 생각지 아니하게 갑자기 당하는 큰 불행을 비유적으로 이르는 말

천둥소리가 나고 벼락이 치기 시작하면 곧바로 안전지대로 피해야 한다. 벼락이 치는 줄도 모르고 앉아 있다가 맞는 벼락이 '앉은벼락'이고, 누워 있다가 맞는 벼락이 '누운벼락'이다. 앉아서 맞는 벼락이나 누워서 맞는 벼락처럼 생각지 않게 갑자기 당하는 큰 불행을 빗대어 '앉은벼락, 누운벼락'이라 한

다. 이들은 그 본래의 의미로는 쓰이지 않고 비유적인 의미로만 쓰인다. "그 집은 자다가 가스가 폭발하는 바람에 집이 무너지는 앉은벼락을 당했다."와 같이 쓸 수 있다. 이들과 관련된 단어에 '날벼락, 생벼락(生--)'이 있다. '날벼락'은 '벼락'에 접두사 '날-'이 결합된 어형으로, '느닷없이 치는 벼락'이라는 뜻이다. 고유어 접두사 '날-'에 대한 한자 접두사가 '생(生)-'이므로, '생벼락' 또한 '날벼락'과 같은 의미를 띤다. 또한 '날벼락, 생벼락'에는 '뜻밖에 당하는 불행이나 재앙'이라는 비유적 의미도 있다. 이 경우에 '앉은벼락, 누운벼락'과 동의 관계를 이룬다.

106　어금버금하다·어금지금하다·엇비슷하다
어금버금하다 [형] 서로 엇비슷해 정도나 수준에 큰 차이가 없다

'어금'은 '으뜸'이라는 뜻이다. '어금니'의 '어금'도 그러한 것이다. '으뜸'의 바로 아래가 '버금'이다. '버금'은 동사 '벅다(다음가다)'에서 파생된 말이다. 그러므로 '어금버금하다'는 '으뜸인지 버금인지 엇비슷하여 정도나 수준에서 큰 차이가 없다'라는 뜻이다. "장상태하고 비교해서 둘이 서로 어금버금할 정도로 작은 체구였다."(윤흥길, 날개 또는 수갑)와 같이 쓸 수 있다. '어금버금하다'에서 '버금'을 '지금'으로 바꾼 어형이 '어금지금하다'다. 이 또한 '어금버금하다'와 같은 뜻이다. 둘 다 '엇

비슷하다(어지간히 거의 비슷하다)'와 의미가 통한다.

107 윤슬·물비늘

윤슬 [명] 햇빛이나 달빛에 비치어 반짝이는 잔물결

햇살이 좋은 날이나 달빛이 환한 저녁에 호숫가나 바닷가에 나가 물 저편을 바라보라. 햇빛이나 달빛에 비치어 반짝거리는 잔물결에 눈이 부실 것이다. 이렇듯 햇빛이나 달빛에 비치어 반짝이는 잔물결을 '윤슬'이라 한다. "고향 땅의 봄 바다에 반짝이는 윤슬은 참 아름답다."와 같이 쓸 수 있다. 그런데 '윤슬'은 그 어원이 분명하지 않다. 다만 '윤'은 '잔물결'을 뜻하는 한자 '淪', '슬'은 '구슬, 이슬' 등의 '슬'과 어떤 관련성이 있지 않나 추정된다. 이들에 쓰인 '슬'에는 모두 '둥긂'의 자질이 있다. '윤슬'은 '물비늘(햇빛을 받아 수면이 반짝이며 잔잔하게 이는 물결)'과 의미가 통한다. 반짝이는 잔물결이 마치 물에 붙은 비늘처럼 보여서 '물비늘'이라 한 것이다.

108 입치레·군것질·주전부리

입치레 [명] 끼니 외에 과일, 과자 따위의 군음식을 먹는 것

'입치레'는 '입'에 접미사 '-치레'가 결합된 어형이다. '-치레'는 '병치레, 손님치레, 인사치레' 등에서 보듯 '치러내는 일'의 의미를 더한다. 그리하여 '입치레'는 '입으로 치러내는 일', 곧 '끼니를 때우는 일'의 뜻이다. "며칠째 입치레도 못 하고 배만

곯고 있다."와 같이 쓸 수 있다. 또한 '입치레'는 '끼니 외에 과일, 과자 따위의 군음식을 먹는 것'이라는 의미로도 쓰인다. "아들은 밥은 먹지 않고 입치레만 하려 든다."에 보이는 '입치레'가 그러한 것이다. 이러한 '입치레'는 '군것질, 주전부리'와 의미가 비슷하다. '군것질'은 '끼니 외에 먹는 간단한 음식'을 뜻하는 '군것'에 비하의 뜻을 더하는 접미사 '-질'이 결합된 어형이어서, 비하의 의미까지 들어 있다. '주전부리'의 어원은 분명하지 않다. 다만 조선 순조 때 조재삼이 지은《송남잡지(松南雜識)》에 흥미로운 유래설이 실려 있어 참고할 만하다. "술 마시는 사람이 술 마시기 전에 안주를 먹으면 술이 잘 받고 또한 크게 취하지도 않는다. 그런데 세 끼 식사 외에 시도 때도 없이 쉬지 않고 입을 놀려 먹어대는 것을 '주전훼(酒前喙)'라고 한다." 여기서 '훼(喙)'는 '새의 부리'를 가리키는 것이어서 '주전훼'는 결국 '주전부리'를 적은 것이며, '술 먹기 전의 입'이라는 뜻이다.

109 자치동갑(--同甲)·어깨동갑

자치동갑 [명] 한 살 차이가 나는 동갑

'동갑(同甲)'은 '육십갑자(六十甲子)가 같다'는 뜻으로, 같은 나이 또는 나이가 같은 사람을 이른다. '갑장(甲長)'이라고도 한다. 그런데 한 살 차이가 나는 경우도 동갑으로 인정한다. 이러한 동갑을 '자치동갑(--同甲)'이라 한다. '자치'에 대해서는 부사 '자칫'의 변형으로 보기도 하고, 한자어 '차지(差池, 모양이나 시세 따위가 들쭉날쭉하여 일정하지 아니함)'의 변형으로 보기도 하나 분명한 것은 아니다. 전자로 보는 견해에서는 아래위로 한 살밖에 차이가 나지 않으므로 '자칫하면 동갑'이라는 뜻을 담고 있다고 풀이한다. '자치동갑'을 '어깨동갑'이라고도 하는데, 이는 나이 차이가 적은 나머지 키가 서로 엇비슷하여 어깨를 나란히 하는 동갑이라는 뜻이다. 경남 지역에서는 '자치동갑'을 '보리동갑'이라고 한다.

110 작달비·자드락비·장대비(長--)

작달비 [명] 굵고 거세게 좍좍 내리는 비

여름철 장맛비는 굵고 거세다. 굵고 거센 빗방울이 땅바닥을 치면 그 소리가 자못 크게 들린다. 이렇듯 굵고 거세게 좍좍 퍼붓는 비를 '작달비' 또는 '자드락비'라고 한다. '자드락비'가 줄어 '작달비'가 된 것으로 설명하기도 하나 미덥지 않다. '작달'은 '작달막하다(키가 몸피에 비하여 꽤 작다)'의 '작달'과 같다. 그리하여 '작달비'는 '작달막한 비', 곧 '굵게 내리는 비'로 해석된다. 이와 같은 의미의 단어로 '장대비(長--)'가 있다. '장대(長-, 대나무나 나무로 다듬어 만든 긴 막대기)'와 '비'가 결합된 어형이다. 장대는 굵고 긴 것이 특징이어서, '장대비'를 얼마든지 '장대처럼 굵게 내리는 비'로 해석할 수 있다. 장대비가 줄기차게 오래 내리면 집중호우(集中豪雨)가 된다. '집중호우'

는 전문적으로 말하면 시간당 30밀리미터 이상 내리는 비를 말한다. 그러나 '집중호우'는 일본식 한자어여서 이를 우리말 '작달비, 자드락비'나 '장대비'로 표현하는 것이 바람직하다.

III 잔입·마른입

잔입 [명] 자고 일어나서 아무것도 먹지 아니한 입

자고 일어나면 아침밥을 먹는다. 그런데 부득이하여 아침에 아무것도 먹지 못할 때가 있다. 자고 일어나서 아무것도 먹지 아니한 입을 '잔입'이라 한다. 여기서 '잔-'은 '잘다(길이가 있는 물건의 몸피가 가늘고 작다)'의 관형사형 '잔'이 접두사화한 것으로, '가늘고 작은'의 뜻을 더한다. '잔가지, 잔꾀, 잔소리' 등의 '잔-'과 같다. 그리하여 '잔입'은 본래 '가늘고 작은 입'이라는 뜻이다. 음식을 먹으면 입이 커 보이는데, 음식을 먹지 않으면 입이 작아 보여 그렇게 명명한 것이다. 음식을 먹지 않으면 입이 말라 있으므로 '마른입'이라고도 한다. '마른입'에는 '자고 일어나서 아직 아무것도 먹지 아니한 입'이라는 의미 외에 '국이나 물을 먹지 않은 입'이라는 의미도 있다.

II2 재넘이·산바람·산풍(山風)

재넘이 [명] 밤에 산꼭대기에서 평지로 부는 바람

'재넘이'는 '재넘이바람'에서 '바람'이 생략된 말이다. '재'는 '고개'의 뜻이고, '넘이'는 '넘다'에서 파생된 말이다. 그러므로

'재넘이바람'은 '고개를 넘어오는 바람'이라는 뜻이다. 또한 그 생략형 '재넘이'도 그러한 의미를 띤다. 고개는 산의 높은 곳에 있으므로 고개를 넘어오는 바람은 결국 '산꼭대기에서 부는 바람'이라고 볼 수 있다. 밤이 되면 산 중턱이 복사로 인해 차가워져서 산 위쪽에서 아래로 바람이 불게 되는데, 이것이 '재넘이'다. '산바람'과 같은 의미다. '산바람'에 대한 한자어가 '산풍(山風)'이다.

113 주검·시체(屍體)·사체(死體)·시신(屍身)·송장

주검 [명] 죽은 사람의 몸을 이르는 말

생명이 살아 있는 몸이 '신체(身體), 육신(肉身)'이라면, 생명이 없어진 몸은 '주검, 시체(屍體), 사체(死體), 시신(屍身), 송장'이다. 이들은 모두 '죽은 몸'을 지시하기는 하지만, 그 지시 의미는 물론이고 정서적 의미까지 똑같은 것은 아니다. 또한 단어의 성격이 같은 것도 아니다. '주검'은 일단 고유어라는 점에서 다른 단어들과 구별된다. 이는 15세기 문헌에도 나올 정도로 역사가 깊다. '죽다'의 어간 '죽-'에 접미사 '-엄'이 결합된 어형으로, 정확히 '죽은 사람의 몸'을 가리킨다. '죽-'에 접미사 '-음'이 결합된 '죽음'과는 전혀 의미가 다르다. "싸늘한 주검으로 발견되다."와 같이 쓸 수 있다. 이 문장에서 '주검'을 한자어 '시체'로 대체 표현해도 의미상 큰 문제는 없어 보인다. 다만 '주검'이 '시체'보다 더 엄숙한 느낌을 준다는 점에서 차이가 있다. 그래서 그런지 '시체'를 '주검'으로 바꾸어 쓰기 곤란한 경우가 많다. 예를 들어, "시체를 화장하다.", "시체를 바닷속에 수장하다."에 쓰인 '시체'를 '주검'으로 바꾸어 쓰면 어색하다. '두들겨 맞거나 병이 깊어서 거의 다 죽게 된 상태'를 뜻하는 '초주검'도 '초시체'라 바꾸어 말하기 어렵다. 그 이유는 '주검'의 의미 가치가 높기 때문으로 이해된다. '송장'은 '주검, 시체'와 지시 의미가 같다. '떼주검'을 '떼송장'이라 하는 것만 보아도 '송장'이 '주검'과 같은 뜻임을 알 수 있다. '송장'은 "송장 때리고 살인났다.", "송장 먹은 까마귀 소리", "송장 빼 놓고 장사 지낸다." 등과 같은 속담 속에 자주 등장한다. 이로써 이 단어가 한때 일상에서 흔하게 쓰던 말이었음을 짐작할 수 있다. '송장'은 '주검, 시체'와 지시 의미는 같지만 의미 가치가 낮아 이들과 차이를 보인다. 말하자면 '송장'은 '죽은 사람의 몸'을 가리키되 좀 홀하게 이르는 말이다. '시체'가 '죽은 사람의 몸'을 객관화하여 이르는 말이고, '송장'이 그것을 좀 헐하게 이르는 말이라면, '시신(屍身)'은 그것을 점잖게 이르는 말이라는 점에서 차이가 있다. "시신을 안치하다.", "시신을 거두어 장사 지내다." 등에서 보듯 '시신'은 '안치하다, 거두다' 등과 같은 긍정적 가치의 서술어와 어울려 높은 가치를 발휘한다. 한편 '주검, 시체, 송장, 시신' 등이 사람에게만 적용된다면, '사체'는 사람뿐만 아니라 동물에도 적용된다는 점에서 차이가 있다. '사람 또는 동물 따위의 죽은 몸뚱이'

가 '사체'다. "사체 부검", "사체 유기 혐의로 구속 영장을 신청하다." 등에서 보듯 '사체'가 사람에 적용될 때에는 주로 법률 용어로서의 성격을 띤다. '뜻밖의 사고로 죽은 사람의 시체'를 특별히 '변사체(變死體)'라고 한다.

114 주구(走狗)·앞잡이

주구 [명] 남의 사주를 받고 끄나풀 노릇을 하는 사람

'주구(走狗)'는 '사냥감을 좇아 달리는 사냥개'라는 뜻이다. 사냥개는 주인을 앞질러 사냥감을 찾기도 하고 또 쫓기도 하며 주인에게 맹목적으로 충성한다. 주인에 충성하는 사냥개처럼 권세 있는 사람에게 착 달라붙어 그 사주를 받아 나쁜 권력이나 이익을 위해 끄나풀 노릇을 하는 사람을 비유하여 '주구'라고 한다. "주구 노릇을 하다."와 같이 쓸 수 있다. 이러한 의미의 '주구'는 '앞잡이'와 동의 관계를 이룬다. 물론 '앞잡이'에는 "그는 산행에 앞잡이를 섰다."에서 보듯 '앞에서 인도하는 사람'이라는 의미도 있다.

115 주릅·중개인(仲介人)·브로커(broker)

주릅 [명] 흥정을 붙여 주고 보수를 받는 것을 직업으로 하는 사람

'주릅'은 옛 문헌에 '즈름()주름'으로 나온다. '즈름'이 '주름'을 거쳐 '주릅'으로 변한 것이다. '아비'를 붙여 '즈름아비'라고도

했다. 여기서의 '아비'는 '기럭아비, 농사아비, 함진아비' 등의
'아비'와 같이 '남자'라는 의미에 가깝다. '주릅'은 흥정을 붙여
주고 보수를 받는 것을 직업으로 하는 사람이다. 지금으로 치
면 '중개인(仲介人), 브로커(broker)'와 같다. 물론 '브로커'에는
'사기성이 있는 거간꾼'이라는 의미도 있어 차이를 보이기도
한다. 땅, 집, 약(藥)의 매매를 흥정해 주는 사람을 각기 '땅주
릅, 집주릅, 약주릅'이라 하여 달리 부른다.

116 초다짐(初--) · 초요기(初療飢)

초다짐 [명] 정식으로 식사를 하기 전에 요기나 입가심으로
음식을 조금 먹음. 또는 그 음식

'초다짐'은 '다짐'에 접두사 '초(初)-'가 결합된 어형이다. '초-'
는 '처음'이나 '초기'의 뜻을 더하고, '다짐'은 '다지다'에서 파
생된 명사로 '이미 한 일에 틀림이 없음을 단단히 강조하거나
확인함'이라는 뜻이다. 그러므로 '초다짐'은 '초벌로 미리 하
는 다짐'의 뜻이다. "초다짐을 받다."와 같이 쓸 수 있다. 그런
데 '초다짐'은 식사와 관련해서도 쓰인다. 곧 '정식으로 식사
를 하기 전에 초벌로 음식을 조금 먹는 일이나 그때 먹는 음
식'을 뜻한다. 밥을 먹기 전에 요기나 하려고 음료수, 떡, 빵 등
을 간단히 먹는 것이 '초다짐'이다. "식사 전에 초다짐으로 떡
좀 드시지요."와 같이 쓸 수 있다. '초다짐'은 '초요기(初療飢)'
와 의미가 같다. '요기(療飢)'가 '시장기를 겨우 면할 정도로 조

금 먹음'이라는 뜻이므로, 그것에 '초-'가 결합된 '초요기'는 '끼니를 먹기 전에 우선 시장기를 면하기 위해 조금 음식을 먹음'의 뜻이다.

II7 하늬바람·서풍(西風)

하늬바람 [명] 서쪽에서 부는 바람

'동(東), 서(西), 남(南), 북(北)'은 방위를 가리키는 한자어다. 이들에 대한 우리 고유어도 있지만 잘 쓰이지 않는다. '동'은 '새', '서'는 '하늬', '남'은 '마'라고 한다. '북'에 대한 우리 고유어도 있었을 것이나 현재 확인되지 않는다. 이에 따라 동쪽에서 불어오는 바람을 '샛바람', 서쪽에서 불어오는 바람을 '하늬바람', 남쪽에서 불어오는 바람을 '마파람'이라 한다. 북쪽에서 불어오는 바람은 '된바람, 높바람'이라고 하는데, 그렇다고 '된'이나 '높'을 '북'을 가리키는 방위어로 보기는 어렵다. 서쪽에서 불어오는 하늬바람은 여름이 지나 부는데, 이 바람 덕분에 곡식이 여물고 대가 세어진다. 이에 근거해서 "하늬바람에 곡식이 모질어진다(여름이 지나 서풍이 불게 되면 곡식이 여물고 대가 세진다는 말)."와 같은 속담도 생겨났다. 그런데 북한에서는 '하늬바람'을 '서북풍(西北風)'이나 '북풍(北風)'의 뜻으로 쓰고 있다. 속담 "하늬바람에 엿장수 골내듯(하늬바람이 부는 겨울은 엿이 녹지 아니하므로 값이 더 나가는데도 엿장수가 공연히 성을 낸다는 뜻으로, 자기에게 유리한 조건이 이루어지는데도 도리어 못마땅하게 여기고 성을 내는 경우를 비유적으로 이르는 말)"에 나오는 '하늬바람'도 그러한 것이다.

118 한뉘 · 일평생(一平生) · 한평생(-平生)

한뉘 [명] 살아 있는 동안

'한'은 '하나[一]'의 뜻이고, '뉘'는 '누리'에서 축약된 어형으로 '세상'이나 '때'의 뜻이다. 이에 따라 '한뉘'는 '한 세상'이라는 뜻이 된다. '한 세상'은 '살아 있는 동안'과 의미가 같다. 그렇다면 '한뉘'도 '살아 있는 동안'으로 해석된다. 곧 '일평생(一平生), 한평생(-平生)'과 의미가 같다.

119 해거름 · 해름 · 일모(日暮)

해거름 [명] 해가 서쪽으로 넘어가는 일. 또는 그런 때

해는 어김없이 새벽녘에 동쪽에서 떠서 저녁 무렵에 서쪽으로 진다. 해가 뜬다는 것은 해가 수평선 위로 올라온다는 것이고, 해가 진다는 것은 해가 지평선 아래로 넘어간다는 것이다. 해가 지평선 아래로 거의 넘어가는 일 또는 그 무렵을 특별히 '해거름'이라 한다. 해거름이 되면 어둠이 점차 드리우기 시작한다. '거름'이 '걸다(걸쳐 있도록 하다)'에서 파생된 어형이어서, '해거름'이 '해가 걸려 있는 마지막 순간'임을 짐작할 수 있다. '해거름'을 줄여서 '해름'이라고도 한다. 한자어로는 '일모(日暮)'라 한다.

120 험구(險口)·악구(惡口)

험구 [명] 남의 흠을 들추어 헐뜯거나 험상궂은 욕을 함.
또는 그 욕

'험(險)'은 '험하다', '구(口)'는 '입'의 뜻이므로 '험구(險口)'는
본래 '험한 입'의 뜻이다. 험한 입에서 나오는 말은 십중팔구
남을 흠집 내거나 욕하는 말일 것이다. 그리하여 남의 흠을
들추어 헐뜯거나 험한 욕을 하는 것 또는 그러한 욕을 '험구'
라고 한다. '악구(惡口)'와 같은 의미다. "험구를 늘어놓다.",
"험구를 내뱉다."와 같이 쓸 수 있다. 또 험구를 잘하는 사람
을 '험구가(險口家)' 또는 '험객(險客)'이라 한다.

121 혼신(渾身)·온몸·전신(全身)

혼신 [명] 몸 전체

무엇을 이루려고 온몸을 던져 그 일에 매달릴 때 우리는 "혼신
의 힘을 쏟다." 또는 "혼신의 힘을 다하다."라고 한다. '혼신(渾
身)'은 '몸 전체'라는 뜻이다. 그리하여 '온몸, 전신(全身)'과 의
미가 같다. 간혹 '힘을'을 빼고 "혼신을 쏟다."나 "혼신을 다하
다."로 쓰는 경우가 있는데, '혼신'이 '온몸'이라는 뜻이므로 이
것을 '쏟다'나 '다하다'와 직접 연결하여 쓸 수는 없다. 그러므
로 '애를 씀'을 강조할 때에는 반드시 '혼신'을 '힘'과 함께 써
야 한다.

효시(嚆矢)·남상(濫觴)

효시 [명] 어떤 사물이나 현상이 시작되어 나온 맨 처음을
비유적으로 이르는 말

지난날 중국에서는 전쟁을 시작할 때 개전(開戰)의 신호로 '우
는 화살'을 먼저 쏘았다. '우는 소리가 나는 화살'이 바로 '효시
(嚆矢)'다. '효시'가 전쟁의 시작을 알리는 도구이니, 사물이 비
롯된 '맨 처음'이라는 비유적 의미로 확장될 수 있다. "상춘곡
은 가사 문학의 효시다."라고 하면, '상춘곡'이 가사 문학 작품
으로는 맨 처음의 것이라는 뜻이다. 비유적 의미로서의 '효시'
는 '남상(濫觴)'과 의미가 같다. '남(濫)'은 '넘치다', '상(觴)'은
'술잔'의 뜻이어서, '남상'은 본래 '큰 강물도 그 시초는 한 잔
에 넘칠 정도의 물'이라는 뜻이다. 양쯔강과 같이 큰 강도 그
근원은 가늘게 흐르는 시냇물에 불과하다는 뜻을 담고 있다.
한 잔에 넘칠 만큼의 작은 시내, 곧 '남상'이 큰 강의 근원지가
되므로, '남상'은 얼마든지 '사물의 시초'라는 비유적 의미로
변할 수 있다.

3

반대되는
의미를 지닌
단어들

●
●

반의어는 사유의
폭을 높인다

123   곱상(-相)/밉상(-相)

곱상 [명] 곱게 생긴 얼굴. 또는 그런 사람

얼굴에는 고운 얼굴도 있고, 미운 얼굴도 있다. 곱게 생긴 얼굴을 '곱상(-相)'이라 하고, 밉게 생긴 얼굴을 '밉상(-相)'이라 한다. '곱상'은 형용사 '곱다'의 어간 '곱-'에 한자 '상(相)'이 결합된 어형이고, '밉상'은 형용사 '밉다'의 어간 '밉-'에 한자 '상(相)'이 결합된 어형이다. '곱상'은 '곱게 생긴 얼굴'과 함께 '곱게 생긴 얼굴을 가진 사람'을 뜻하기도 하고, '밉상'은 '밉게 생긴 얼굴'과 함께 '밉게 생긴 얼굴을 가진 사람'을 뜻하기도 한다. '밉상'은 여기서 더 나아가 '미운 행동' 또는 '미운 행동을 하는 사람'을 뜻하기도 한다. "그는 가는 곳마다 사고만 치는 밉상이라 모두들 싫어했다."에서의 '밉상'은 '미운 짓을 하는 사람'이라는 뜻으로 쓰인 것이다.

과문(寡聞)/다문(多聞)

과문 [명] 보고 들은 것이 적음

'간접 경험'이란 다름 아닌 '보고 듣는 것'이다. 보고 듣는 것이 많아야 경험 세계가 풍부해진다. 보고 듣는 것이 없거나 적으면 "우물 안 개구리" 신세가 된다. 보고 듣는 것이 적은 것을 '과문(寡聞)'이라 한다. '과(寡)'는 '적다'의 뜻이고, '문(聞)'은 '듣다'의 뜻이므로, '과문'의 한자 뜻 그대로의 의미는 '들은 것이 적음'이 된다. 그런데 실제 '과문'은 보는 것까지 포함하여 '보고 들은 것이 적음'이라는 의미로 쓰인다. '보고 들은 것이 많음'을 뜻하는 '다문(多聞)'과 의미상 대립된다. '과문'은 주로 '소치, 탓' 등과 어울려 "과문의 소치", "과문의 탓" 등과 같이 쓰인다.

군살·군덕살·두부살(豆腐-)/참살

군살 [명] 영양 과잉이나 운동 부족 따위 때문에 찐 군더더기 살

요즘 아이들은 햄버거, 피자 등과 같은 인스턴트식품을 너무 많이 먹고 자란다. 인스턴트식품은 칼로리가 높아 비만의 직접 원인이 된다. 칼로리가 높은 음식을 먹으면 그에 따라 운동을 적절히 해 주어야 하는데, 운동을 게을리 하면 살이 찔 수밖에 없다. 영양 과잉이나 운동 부족 때문에 찐 군더더기 살을 '군살'이라 한다. 이를 '군덕살'이라고도 한다. 두부처럼 무른 살이어서 '두부살(豆腐-)'이라고도 할 수 있다. 한편 군

살 없이 단단하고 통통하게 찐 살을 '참살'이라 한다. 접두사 '참-'은 '참사람, 참뜻' 등에서 보듯 '진짜'라는 의미를 더하므로 '참살'은 '진짜 살'이 된다.

126 귀잠·꽃잠·쇠잠·한잠/수잠·겉잠·여윈잠
귀잠 [명] 아주 깊이 든 잠

잠을 푹 자고 나야 몸이 개운하다. 그만큼 깊은 잠은 건강에 중요하다. 아주 깊이 든 잠을 '귀한 잠', 곧 '귀잠'이라 한다. 깊은 잠을 자야 건강을 지킬 수 있으므로 그러한 잠을 귀하게 여기는 것은 당연하다. '꽃잠'도 이와 같은 의미를 띤다. '꽃잠'은 본래 '꽃과 같이 아름답고 향기로운 잠'이라는 뜻이다. 아름답고 향기로운 잠으로는 신랑 신부가 맞는 첫날밤의 잠에 비견할 만한 잠이 없다. '꽃잠'에 '결혼한 신랑 신부가 처음으로 함께 자는 잠'이라는 의미가 생겨난 이유를 알 만하다. 신랑 신부가 첫날밤의 환희를 맛본 뒤에 자는 잠은 깊이 들 수밖에 없다. 그리하여 '꽃잠'에 '깊이 든 잠'이라는 의미가 생겨난다. 꽃에 취한 듯 깊이 든 잠이다. '귀잠, 꽃잠' 이외에 '쇠잠, 한잠'도 '깊이 든 잠'을 뜻한다. '쇠'는 그 정체가 모호하여 '쇠잠'의 어원은 밝히기 어렵다. '한-'은 '하다[大]'의 관형사형이 접두사화한 것이어서 '한잠'은 '큰 잠'으로 해석된다. '큰 잠'은 '깊은 잠'과 통한다. 이와 반대로 '얕은 잠'은 '수잠, 겉잠, 여윈잠'이라 한다. '수잠'은 16세기 문헌에 '수ᄒᆞᆷ'으로 나오는

데, '수후줌〉수우줌〉수우잠'과 같은 복잡한 과정을 거쳐 나온 어형이다. '수후줌'의 '수후'를 중국 당나라 때의 사람 이름 '순우분(淳于棼)'의 오기(誤記)로 보고, '수후줌'을 '순우분이 잠자는 동안 꿈속에서 잠시 영화를 누렸다는 고사에서 생긴 말'로 설명하기도 하나 미덥지 않다. '겉잠'은 '겉으로만 자는 잠'이라는 뜻이므로 '깊이 들지 않은 잠'과 같다. '여윈잠'은 '여위다'의 관형사형 '여윈'과 '잠'이 결합된 어형이다. '여위다'에는 '건(乾)'의 뜻이 있어 '여윈잠'은 '건성으로 자는 잠'이라는 뜻이다. 이 또한 '깊이 들지 않은 잠'과 같다.

127 깔밋하다/깔밋잖다

깔밋하다 [형] 모양이나 차림새 따위가 아담하고 깔끔하다

키가 훤칠하고 미끈하게 생긴 청년이 정장을 차려입은 모습을 상상해 보라. 아주 깔끔하고 시원스러운 인상이다. 이렇듯 생긴 모양이나 옷차림새가 깔끔하고 시원스레 보이는 것을 '끌밋하다'라고 한다. "끌밋한 생김새가 싱그럽다."와 같이 쓸 수 있다. '끌밋하다'는 '깔밋하다'에서 변한 말이다. '깔밋하다'는 '깔끔하다'와 '밋밋하다'를 섞어 만든 말이어서, '모양이나 차림새가 아담하고 깔끔하다'라는 뜻이다. 그 반대말이 '깔밋잖다(모양이나 차림새 따위가 깔끔하지 않다)'다. 이는 '깔밋하지 않다'에서 줄어든 말이다.

128   끝물·막물/중물(中-)/만물

끝물 [명] 과일, 푸성귀, 해산물 따위에서 그 해의 맨 나중에
나는 것

푸성귀, 과일, 곡식, 해산물 따위에서 그 해 들어 가장 먼저 나
온 것을 '만물'이라 하고, 그 해의 맨 나중에 나온 것을 '끝물'
이라 한다. '만물'은 '처음으로 수확한 산물'을, '끝물'은 '끝으
로 수확한 산물'을 가리킨다고 볼 수 있다. 만물과 끝물 중간
에 나온 것을 '중물(中-)'이라 한다. '만물'을 '첫물'이라고도
하나 이는 표준어가 아니다. '끝물'은 '막물'과 의미가 같다. 만
물이나 끝물은 품질이 별로 좋지 않아 그렇게 선호하지 않는
다. 산물을 가리키는 단어에 '늦물'도 있는데, 이는 '제철보다
늦게 열린 과일이나 늦게 잡힌 고기'를 뜻하므로 '끝물'과는
다르다. "늦물로 열린 포도"라고 하면 '제철보다 늦게 열린 포
도'라는 뜻이다.

129   나들잇벌·난벌·출입벌(出入-)/든벌

나들잇벌 [명] 나들이할 때 착용하는 옷이나 신발 따위를
통틀어 이르는 말

멋쟁이들은 외출할 때 특별히 외양에 신경을 쓴다. 남녀를 불
문하고 가장 신경을 많이 쓰는 것은 옷과 신발이 아닌가 한
다. 외출할 때 입는 옷과 신는 신발을 따로 마련해 놓기도 하
는 것만 보아도 그것에 얼마나 신경을 쓰는지를 알 수 있다.

외출할 때 입는 옷을 '나들이옷'이라 하고, 나들이옷과 나들이 할 때 신는 신발 등을 묶어서 '나들잇벌'이라 한다. '벌'이 '옷 이나 신 따위가 두 개 또는 여러 개 모여 갖추는 덩어리'를 뜻 하므로, '나들잇벌'이 나들이할 때 착용하는 특별한 옷이나 신 발 따위를 총칭하는 말임을 알 수 있다. '난벌, 출입벌(出入-)' 과 같은 개념이고, '든벌'과는 반대 개념이다. '난벌'은 '나다 [出]'의 관형사형 '난'과 '벌'이 결합된 어형이고, '든벌'은 '들 다[入]'의 관형사형 '든'과 '벌'이 결합된 어형이다. 집에 들어 와 집 안에서만 입는 옷이나 신는 신발 따위를 통틀어 '든벌' 이라 한다. '든벌'과 '난벌'을 아울러 '든난벌'이라 한다.

130 날김치·생김치(生--)/묵은지·묵은김치
날김치 [명] 아직 익지 않은 김치

김치는 그 담그는 재료에 따라 나박김치, 무김치, 배추김치, 오이김치 등으로 나뉘기도 하고, 숙성의 정도에 따라 날김치, 묵은지 등으로 나뉘기도 한다. '날김치'는 '아직 익지 아니한 김치'를 가리킨다. 곧 '생김치(生--)'와 같다. '날-'과 '생(生-)' 은 '날것, 날고기, 날기와', '생고기, 생나물' 등에서 보듯 '익히 거나 가공하지 않은'의 뜻을 더하는 접두사이므로, '날김치'와 '생김치'가 '익지 않은 김치'임에 틀림이 없다. '오랫동안 숙성 해 푹 익은 김장김치'를 뜻하는 '묵은지'와 반대 개념이다. '묵 은지'의 '지'는 '김치'라는 뜻이어서 '묵은지'는 '묵은김치'와 같은 의미다. 아직 익지 않은 김치는 그것대로, 푹 익은 김치는 그것대로 맛이 있다.

131 늦깎이/올깎이

늦깎이 [명] 나이가 많이 들어서 승려가 된 사람

현재 조계종(曹溪宗) 기준으로 출가하여 승려가 될 수 있는 나이는 15세에서 55세까지다. 예전에는 어떠하였는지 모르지만, 현재의 기준으로 보더라도 15세는 승려가 되기에는 좀 이른 나이고, 55세는 승려가 되기에는 좀 늦은 나이다. 나이가 어려서 머리를 깎고 승려가 된 사람을 '올깎이'라 하고, 나이가 많이 들어서 승려가 된 사람을 '늦깎이'라 한다. '올깎이'에는 이른 나이에 머리를 깎았다는 뜻이, '늦깎이'에는 늦은 나이에 머리를 깎았다는 뜻이 담겨 있다. 이 외에 '되깎이'도 있는데, 이는 승려가 되었다가 환속(還俗)한 후 다시 승려가 된 사람을 가리킨다. 이렇듯 '올깎이, 늦깎이, 되깎이'는 불교계에서 시작된 말이다. '늦깎이'는 '늦게 머리를 깎은 사람'이라는 의미에서 '어떤 일을 나이가 많이 들어서 시작한 사람'이라는 의미로 변한다. "늦깎이로 시작한 연기 생활이었던 만큼 그 길이 순탄하지 않았다."의 '늦깎이'가 그러한 의미로 쓰인 것이다. 또 '늦깎이'는 '남보다 늦게 사리를 깨치는 사람'이나 '늦게 익은 과일이나 채소'라는 의미로도 변한다. 곧 '늦깎이'는 다수의 의미를 거느리는 다의어다. 이에 비해 '올깎이'는

'나이가 어려서 승려가 된 사람'이라는 본래의 의미에 머물러
있다.

132 대살/무살·푸석살

대살 [명] 단단하고 야무지게 찐 살

걷고 뛰는 운동을 계속한 사람의 허벅지는 살이 단단하고 야
무지다. 웬만큼 만져서는 들어가지 않을 정도로 딱딱한 근육
질로 되어 있다. 이와 같이 단단하고 야무지게 찐 살을 '대살'
이라 한다. '대살'의 의미를 고려할 때 '대'는 '대나무'를 가리
키지 않나 한다. '대나무'의 '대'가 '대살'의 '대'와 같이 단음(短
音)이라는 점도 이와 같은 추정을 뒷받침한다. 그렇다면 '대
살'은 '대나무처럼 단단하게 찐 살' 정도로 해석된다. '대살'과
반대되는 살이 '무살, 푸석살'이다. '무살'은 '물살'에서 'ㅅ' 앞
의 'ㄹ'이 탈락한 어형으로, '물처럼, 단단하지 못하고 물렁물
렁하게 찐 살'이라는 뜻이며, '푸석살'은 '푸석푸석하게 찐 살',
곧 '핏기가 없고 부어오른 듯 무른 살'이라는 뜻이다. '무살'과
'푸석살'은 '무르다'는 점에서 공통적이다.

133 도두보다·돋보다/낮추보다·낮보다

도두보다 [동] 실상보다 더 좋게 보다

인간은 자기 자신은 실상보다 더 높게 보려 하고, 남은 실상
보다 얕게 보려 하는 습성이 있다. 전자와 같이 자신을 높여

좋게 보는 것을 '도두보다'라 하고, 후자와 같이 남을 업신여겨 낮게 보는 것을 '낮추보다'라 한다. '도두보다'는 부사 '도두'와 동사 '보다'가 결합된 어형이다. '도두'는 '위로 돋우어 높게'라는 뜻으로, '도두뛰다(힘껏 높이 뛰다), 도두앉다(퍼더앉지 않고 궁둥이에 발을 괴고 높이 앉다)' 등의 '도두'와 같다. 그러므로 '도두보다'는 '위로 돋우어 높게 보다'라는 뜻이다. '돋보다'도 그러한 뜻이다. '낮추보다'는 부사 '낮추'와 동사 '보다'가 결합된 어형이다. '낮추'는 '정도, 지위, 수준 따위가 어떤 기준이나 상대보다 아래로'라는 뜻이다. '낮추잡다'의 '낮추'도 그러한 것이다. 그리하여 '낮추보다'는 '남을 업신여기어 자기보다 낮게 보다'라는 뜻이다. '낮보다'도 그와 같은 뜻이다.

134 된불/선불/늦은불

된불 [명] 급소를 바로 맞히는 총알

포수는 짐승의 급소를 조준하여 총을 쏜다. 이때 급소를 정통으로 맞힌 총알을 '된불'이라 하고, 급소를 바로 맞히지 못한 총알을 '선불'이라 하며, 목표물에서 아주 빗나간 총알을 '늦은불'이라 한다. '된불'은 '되다(몹시 심하거나 모질다)'의 관형사형 '된'과 '불'이 결합된 어형이다. '불'은 본래 '火(화)'의 뜻이지만 여기서는 불을 뿜는 '총알'을 가리킨다. 그리하여 '된불'은 '심하고 모진 총알'이라는 뜻이다. 곧 급소를 정통으로 맞힌 치명적인 총알이다. '선불'은 '설다(서투르다)'의 관형사형

'선'과 '불'이 결합된 어형이다. 여기서의 '불'도 '총알'을 지시한다. 그리하여 '선불'은 '설맞은 총알'이라는 뜻이다. 곧 급소를 바로 맞히지 못한 어설픈 총알이다. "선불 맞은 노루 모양(선불을 맞아 혼이 난 노루나 날짐승처럼 당황하여 마구 날뛰는 모양)"이라는 속담도 있듯이, 선불을 맞으면 짐승은 길길이 날뛴다. 물론 사람도 선불을 맞으면 그 고통에 어쩔 줄 몰라 한다. '늦은불'은 '늦다'의 관형사형 '늦은'과 '불'이 결합된 어형으로, '속도가 느린 총알'이라는 뜻이다. 곧 목표물을 크게 벗어나 빗맞거나 잘못 쏜 총알이다.

135   든거지난부자/든부자난거지

든거지난부자 [명] 사실은 가난하면서도 겉으로는 부자처럼 보이는 사람

실제는 가난한데 겉으로는 부자처럼 보이는 사람이 있는가 하면, 실제는 부자인데 겉으로는 거지처럼 보이는 사람이 있다. 가진 것은 없어도 얼굴이 희멀끔하고 또 있는 체하면 부자처럼 보일 수 있고, 가진 것이 많아도 용모가 꾀죄죄하고 또 쩨쩨하게 굴면 거지처럼 보일 수 있다. 전자와 같이 실제는 가난하지만 겉으로는 부자처럼 보이는 사람을 '든거지난부자' 또는 '든가난난부자, 든거지, 든가난'이라 하고, 후자와 같이 실제는 부자지만 겉으로는 거지처럼 보이는 사람을 '든부자난거지' 또는 '든부자난가난, 든부자'라 한다. '든거지난

부자'보다는 '든부자난거지'가 그래도 낫지만, 부자면서 거지처럼 살 이유는 없겠다.

136 마른일/진일·궂은일

마른일 [명] 바느질이나 길쌈 따위와 같이 손에 물을 묻히지
않고 하는 일

예전의 여인네들은 바느질, 길쌈, 빨래, 밥 짓기 등 해야 할 일이 너무나 많았다. 가사노동에 무척 시달렸던 것이다. 바느질이나 길쌈 등은 손에 물을 묻히지 않고 하는 일이고, 빨래나 밥 짓기 등은 손에 물을 묻히고 하는 일이다. 전자와 같이 손에 물을 묻히지 않고 하는 일을 '마른일'이라 하고, 후자와 같이 손에 물을 묻히고 하는 일을 '진일'이라 한다. 진일은 대체로 마른일보다 귀찮고 힘든 일이다. 그리하여 '진일'에 '언짢고 꺼림칙하여 하기 싫은 일'이라는 의미가 생겨난다. "그는 진일도 마다하지 않고 기꺼이 도와주었다."와 같이 쓸 수 있다. 이는 '궂은일'과 같은 뜻이다. 물론 '궂은일'에는 이런 의미 외에 '사람 죽은 데 관계되는 일'이라는 의미도 있다. 주검을 치우거나 장례를 치르는 일이 궂은일 중에서도 궂은일이어서 이러한 의미가 생겨난 것이다. 우리가 흔히 쓰는 "손에 물 한 방울 묻히지 않고 키웠다."라는 표현은 진일(궂은일)과 같이 어렵고 천한 일을 시키지 않고 키웠다는 뜻이다.

137   매얼음/살얼음·박빙(薄氷)

매얼음 [명] 매우 단단하게 꽁꽁 언 얼음

큰 강이나 호수는 웬만한 추위에도 얼지 않는다. 그러나 기온이 영하로 뚝 떨어지면 큰 강이나 호수도 견디지 못하고 꽁꽁 얼어붙는다. 꽁꽁 언 얼음은 매우 단단하여 쉽사리 깨지지 않는다. 얼음낚시를 즐기는 사람들이 얼음을 깨기 위해 도끼까지 동원하는 것을 보면 얼음이 얼마나 단단히 어는지를 알 수 있다. 이렇듯 '매우 단단하게 꽁꽁 언 얼음'을 '매얼음'이라 한다. '매'는 부사 '매우'와 관련이 있어 보인다. "두꺼운 매얼음이 짝 갈라졌다."와 같이 쓸 수 있다. 매얼음과 반대로 '얇게 살짝 언 얼음'은 '살얼음'이라 한다. '살'은 '살짝'과 관련이 있어 보인다. 사전에서는 '살-'을 '온전하지 못함'의 뜻을 더하는 접두사로 분류하고 있다. '살얼음'을 한자어로 '박빙(薄氷)'이라 한다.

138   머드러기/째마리

머드러기 [명] 여럿 가운데서 가장 좋은 물건이나 사람을
비유적으로 이르는 말

수북이 쌓여 있는 과일이나 채소를 보면 그 크기가 들쭉날쭉하다. 어물전에 놓인 같은 종류의 생선도 크기가 서로 다르다. 이들 과일이나 채소, 생선 따위의 많은 것 가운데서 유독 다른 것들에 비해 굵거나 큰 것을 '머드러기'라고 한다. 장을 볼

때에는 머드러기를 찾아내는 일이 중요하다. "같은 값이면 머드러기를 골라 사자."와 같이 쓸 수 있다. 과일이나 채소, 생선 가운데 굵고 큰 것이 가장 좋은 것이기에, '머드러기'가 여타의 물건이나 사람에 적용되면 '여럿 가운데서 가장 좋은 물건이나 사람'이라는 비유적 의미를 띤다. 이와 반대되는 말이 '쩨마리'다. 곧 이는 '사람이나 물건 가운데서 가장 못된 찌꺼기'를 가리킨다. 사과, 배 등과 같은 과일을 팔다가 마지막으로 남은 볼품도 없고 맛도 없고 썩은 것, 여러 사람 중에서 고르다 맨 나중에 남는 능력이 크게 떨어지는 사람이 '쩨마리'다. '쩨마리'의 '쩨'는 길게 발음한다. '쩨바리'라고도 하나 이는 표준어가 아니다.

139   모갯돈·목돈·뭉칫돈·큰돈/푼돈

모갯돈 [명] 액수가 많은 돈

어느 정도 액수라야 큰돈이라 말할 수 있는지 모르지만, '액수가 많은 돈'을 '모갯돈'이라 한다. '모갯돈'은 '모개'와 '돈'이 사이시옷을 매개로 연결된 어형이다. '모개'가 '죄다 한 데 묶은 수효'라는 뜻이므로, '모갯돈'은 '있는 돈을 모두 모은 큰돈'이라는 뜻이다. '모개'를 이용한 단어에 '모개모개(여러 모개로), 모개용(--用, 큰 몫으로 쓰는 비용), 모개흥정(모개로 하는 흥정)' 등이 있다. '모갯돈'은 '목돈, 뭉칫돈, 큰돈'과 의미가 비슷하다. '목'은 '몫'이어서 '목돈'은 '한몫이 될 만한, 비교적 많은 돈'이라는 뜻이고, '뭉칫돈'은 '뭉치로 된 돈'이라는 뜻이다. '모갯돈'과 반대 개념의 말이 '푼돈'이다. '푼'은 예전에 엽전을 세던 단위다. 한 푼은 돈 한 닢에 해당되어 '푼돈'은 '한 닢밖에 되지 않는 적은 돈'이라는 뜻이다.

140   무서리/된서리·고상(苦霜)·엄상(嚴霜)
무서리 [명] 늦가을에 처음 내리는 묽은 서리

'무서리'는 중세국어 '믈서리'가 '므서리'를 거쳐 나타난 어형이다. '믈'은 '水(수)'의 뜻이어서, '믈서리'는 '물처럼 묽은 서리'라는 뜻이다. '믈서리'에서 변한 '므서리, 무서리'도 그러한 의미를 띤다. '무살(물렁물렁하게 찐 살), 무쇠' 등의 '무'도 '믈'에서 온 것으로, '무른'의 뜻이다. 늦가을에 처음 내리는, 농도가 제법 묽은 서리가 '무서리'다. "무서리에 잎이 지다."와 같이 쓸 수 있다. 반대로 늦가을에 아주 되게 내리는 서리는 '된서리'라 한다. 물기가 적어 빡빡한 서리다. '된서리'를 한자어로 '고상(苦霜), 엄상(嚴霜)'이라 한다. '서리'에는 '무서리'와 '된서리' 이외에 제철보다 일찍 내리는 '올서리'와 제철보다 늦게 내리는 '늦서리'도 있다.

밑돌다·하회하다(下廻--)/
웃돌다·상회하다(上廻--)

밑돌다 [동] 어떤 기준이 되는 수량에 미치지 못하다

어떤 기준이 있으면, 그 기준에 미치지 못할 수도 있고 또 그 기준을 넘어설 수도 있다. 전자와 같이 어떤 기준이나 정도에 미치지 못하는 것을 '밑돌다'라 하고, 후자와 같이 어떤 기준이나 정도를 넘어서는 것을 '웃돌다'라고 한다. "올해 쌀 수확량이 평년작에 밑돌았다/웃돌았다."에서 보듯, '밑돌다'나 '웃돌다'는 주로 수량과 관련하여 쓰인다. '밑돌다'는 '밑'과 '돌다'가 결합된 어형으로, '아래로 돌다'라는 뜻이다. 한자어 '하회하다(下廻--)'와 같은 의미다. '아래로 돌다'는 결국 수량이 어떤 기준점에 도달하지 못한 채 있다는 것과 같다. '웃돌다'는 '웃'과 '돌다'가 결합된 어형으로, '위로 돌다'라는 뜻이다. 한자어 '상회하다(上廻--)'와 같은 의미다. '위로 돌다'는 수량이 기준점을 넘어서 있다는 것과 같다. '밑돌다'와 웃돌다'는 주로 수량과 관련하여 쓰이지만, "이번 출품작들은 대체로 평균 수준을 밑도는/웃도는 것들이었다."에서 보듯 수준이나 정도와 관련하여 쓰이기도 한다.

백안시(白眼視)/청안시(靑眼視)

백안시 [명] 남을 업신여기거나 무시하는 태도로 흘겨봄

중국의 《진서(晉書)》 '완적전(阮籍傳)'에 나오는 말이다. 진나

라 때 죽림칠현(竹林七賢)의 한 사람이었던 완적(阮籍)이 반갑지 않은 손님은 백안(白眼, 하얀 눈자위)으로 대하고, 반가운 손님은 청안(靑眼, 검은 동자가 보이는 눈)으로 대했던 데서 유래한다. '백안'은 '남을 업신여기거나 냉대하여 흘겨보는 눈'을 비유하고, '청안'은 '남을 좋은 마음으로 보는 눈'을 비유한다. 그리고 남을 백안으로 쳐다보는 것을 '백안시(白眼視)'라 하고, 청안으로 쳐다보는 것을 '청안시(靑眼視)'라 한다. 아무리 하찮고 못난 사람이라도 달갑게 여겨 좋은 마음으로 바라보는 것이 필요하다.

143   산부처/찰짜

산부처 [명] 아주 착하고 어진 사람을 비유적으로 이르는 말

착하고 어진 사람을 '산부처'라 하고, 까다롭고 팍팍한 사람을 '찰짜'라고 한다. '산부처'는 본래 불교 용어로, '도를 통하여 부처처럼 된 승려'를 뜻한다. 곧 '살아 있는 부처와 같은 승려'라는 뜻이다. 그런데 일반 사회에서 '산부처'는 '아주 착하고 어진 사람'이라는 비유적 의미로 쓰인다. '살아 있는 부처처럼 어질고 너그러운 사람'이라는 뜻을 함축한다. '찰짜'의 '찰-'은 '찰가난(여간해서는 벗어나기 힘든 가난), 찰깍쟁이(아주 지독한 깍쟁이)' 등의 그것과 같이 '매우 심한, 지독한'의 뜻을 더하는 접두사다. '짜'는 '날짜(일에 익숙하지 못한 사람), 덤짜(덤이 되는 사람), 뺑짜(똑똑하지 못한 사람), 양짜(성질이 몹시 깐작깐작하고 암

상스러운 사람)' 등에 쓰인 '짜'와 같이 '사람'을 뜻하며, 이는 한자 '者(자)'에서 온 것으로 추정된다. 그러므로 '찰짜'는 '지독한 사람' 정도로 해석된다. 성질이 수더분하지 않고 몹시 까다로운 사람이 '찰짜'다.

144 샛서방·간부(間夫)·밀부(密夫)·사부(私夫)/ 군계집·밀부(密婦)

샛서방 [명] 남편이 있는 여자가 남편 몰래 관계하는 남자

보통 사랑하는 사람을 '애인(愛人)'이라 이른다. 그런데 요즘 '애인'이라는 말이 이상하게 쓰인다. 부적절한 관계를 유지하는 유부녀(有夫女)와 유부남(有婦男)에게 국한되어 쓰이기도 하는 것이다. 결혼한 여자나 남자에게 '애인'은 아내가 있는 남자가 아내 몰래 관계하는 여자, 또는 남편이 있는 여자가 남편 몰래 관계하는 남자를 가리킨다. 이러한 의미는 전통적 한자어 '愛人'의 본질적 의미는 아니고, 일본어계 한자어 '愛人'에 영향을 받아 생겨난 의미로 추정된다. 그런데 우리말에 이런 의미의 '愛人'을 지시하는 단어가 별도로 마련되어 있다. 바로 '샛서방'과 '군계집'이 그것이다. '샛'은 '샛강'의 그것과 같이 '사이에 있는, 곁가지'의 의미를 띠고, '군-'은 '군말'의 그것과 같이 '가외로 더한'이라는 의미를 띤다. 곧 '샛서방'은 '사이에 있는, 곁가지 남자'로, '군계집'은 '가외의 여자'로 해석된다. 남편 몰래 관계하는 곁가지 남자가 '샛서방'이

고, 아내 몰래 관계하는 가외의 여자가 '군계집'이다. 한자어로 '샛서방'은 '간부(間夫), 밀부(密夫), 사부(私夫)'라 하고, '군계집'은 '밀부(密婦)'라 한다. 이제 '애인'이라는 단어를 제자리로 돌려놓고, 그 자리를 '샛서방'과 '군계집'으로 채워야 한다.

145 설익다/농익다(濃--)·무르익다

설익다 [동] 충분하지 아니하게 익다

과일은 제철을 만나야 충분히 익고, 밥이나 음식은 적당히 가열해야 제대로 익는다. 철에 앞서 나오는 과일은 익어도 충분하지 않고, 뜸이 들지 않은 밥은 익어도 충분하지 않다. 과일, 밥 따위가 충분하지 않게 익은 것을 '설익다'라고 한다. '익다'에 접두사 '설-'이 결합된 어형이다. '설-'은 '설깨다, 설듣다, 설마르다, 설보다' 등의 그것과 같이 '충분하지 못하게'라는 뜻을 더한다. 한편 '설익다'에는 '완성되지 못하다'라는 뜻도 있다. 덜 익은 것은 아직 완성에 이르지 못한 것이므로 이러한 의미가 파생된 것은 자연스럽다. "내가 설익은 젊음을 주체하지 못해….."에 쓰인 '설익다'가 그러한 것이다. '설익다'의 반대말은 '농익다(濃--)'다. '濃'이 '짙다'의 뜻이므로 '농익다'는 '과일 따위가 흐무러지도록 푹 익다'라는 뜻이다. 이는 곧 숙성되는 과정이므로 '농익다'에 '일이나 분위기 따위가 성숙하다'와 같은 비유적 의미가 생겨난다. 이 두 가지 의미는 '무르익다'가 갖는 의미와 같다.

146 안돌이/지돌이

안돌이 [명] 험한 벼랑길에서 바위 같은 것을 안고 겨우 돌아가게 된 곳

험한 산을 오르다 보면 벼랑길을 만나기도 한다. 이런 경우에는 벼랑의 바위를 안고 찬찬히 돌아가거나, 아니면 바위에 등을 대고 조심스럽게 돌아가야 한다. 바위를 안고서야 겨우 돌아갈 수 있는 곳이 '안돌이'이며, 바위를 등지고서야 겨우 돌아갈 수 있는 곳이 '지돌이'다. 이로 보면 '안돌이'나 '지돌이'는 결국 같은 지형을 이르는 말임을 알 수 있다. 다만 안고 돌아가느냐, 지고 돌아가느냐의 차이만 있다. 안돌이와 지돌이에 난 좁은 길을 특별히 '안돌잇길'과 '지돌잇길'이라 한다.

147 안손님/바깥손님

[안손님 [명] 여자 손님

찾아오는 손님에는 여자도 있고 남자도 있다. 여자 손님을 '안손님'이라 하고, 남자 손님을 '바깥손님'이라 한다. '안손님'의 '안'은 본래 '內(내)'의 뜻이지만, '안노인(한 집안의 여자 노인), 안뒷간(안채에 딸린 부녀자의 뒷간), 안주인(여자 주인)' 등의 그것과 같이 '여자'를 가리키기도 한다. 그리하여 '안손님'은 '여자 손님'이 된다. '바깥손님'의 '바깥'은 본래 '外(외)'의 뜻이지만, '바깥식구(한 집안의 남자 식구), 바깥양반(남자 주인)' 등의 그것과 같이 '남자'를 가리키기도 한다. 그리하여 '바깥손

님'은 '남자 손님'이 된다.

148   안어버이·안부모(-父母)/
밭어버이·밭부모(-父母)·바깥부모(--父母)

안어버이 [명] 늘 집 안에 계신 어버이라는 뜻으로, '어머니'를
이르는 말

예전에는 어머니와 아버지의 활동 영역이 달랐다. 어머니는
주로 집 안에서 활동했고, 아버지는 주로 집 바깥에서 활동했
다. 이러한 활동 영역의 차이를 반영해 '안어버이'와 '밭어버
이'라는 특별한 단어를 만들었다. '밭어버이'의 '밭'은 '밖(〉밖)'
에서 온 말이다. '밭다리, 밭사돈' 등의 '밭'도 그러한 것이다.
'안어버이'는 '집 안에서 활동하는 어버이'라는 뜻이므로 '어
머니'를 가리키고, '밭어버이'는 '집 바깥에서 활동하는 어버
이'라는 뜻이므로 '아버지'를 가리킨다. '안어버이'와 '밭어버
이'의 '어버이'를 한자어 '부모(父母)'로 바꾼 것이 '안부모'와
'밭부모'다. '밭부모'의 '밭'을 '바깥'으로 바꾸어 '바깥부모'라
고도 한다.

149   일더위/늦더위

일더위 [명] 첫여름부터 일찍 오는 더위

여름은 음력 4월에서 6월 사이의 계절이다. 음력 4월쯤을 '초
여름', 음력 6월쯤을 '늦여름'이라 이른다. 초여름은 봄이 막

끝난 시점이어서 큰 더위가 바로 올 것 같지 않고, 늦여름은 여름이 끝나 갈 무렵이어서 큰 더위가 사라진 듯한데, 초여름이나 늦여름에도 큰 더위가 찾아온다. 초여름에 일찍 찾아온 더위를 '일더위'라 하고, 늦여름인데도 불구하고 떠나지 않은 더위를 '늦더위'라고 한다. '일더위'의 '일'은 '일찍'이라는 뜻의 부사다. '일'은 15세기 이래 문헌에 보이지만 현재는 '일찍'에 밀려나 사라졌다. '늦더위'의 '늦-'은 '늦가을, 늦공부' 등의 그것과 같이 '늦은'의 뜻을 더하는 접두사다.

150 임대(賃貸)/임차(賃借)

임대 [명] 돈을 받고 자기의 물건을 남에게 빌려줌

건물이나 가게의 세를 놓거나 얻을 때 '임대(賃貸)'나 '임차(賃借)'라는 말을 쓴다. 그런데 이 두 말을 정확히 구분해서 쓰지 못하고 어떤 경우든 '임대'라는 말을 쓰는 경향이 있다. 그러나 '임대'는 '돈을 받고 자기의 물건을 남에게 빌려주는 것'을 뜻하므로 세를 얻는 경우에는 쓸 수 없다. 이 경우에는 '임차'가 맞다. '임차'는 '돈을 내고 남의 물건을 빌려 쓰는 것'을 뜻한다. 쉽게 말해 '임대'가 '빌려주는 것'이라면, '임차'는 '빌려 쓰는 것'이다. 따라서 "대한 체육회 등은 그동안 조정과 카누 경기를 치르기 위해 한강 미사리 경기장이나 부산 낙동강 경기장을 임대를 하여 사용할 것을 검토했다."에 쓰인 '임대'는 '임차'로 바꾸어야 맞다.

151 입다짐/속다짐

입다짐 [명] 말로써 확실히 약속하여 다짐함. 또는 그런 다짐

'앞으로 이러저러하겠다'라고 다짐을 할 때 말로도 할 수 있고, 글로도 할 수 있다. 아니면 말도 글도 아닌, 마음속으로 할수도 있다. 말로써 확실히 약속하여 다짐하는 것 또는 그런다짐을 '입다짐'이라 한다. 한편 마음속으로 하는 다짐은 '속다짐'이라 한다. 속다짐이 입다짐보다 더 은근하고 진실성이있다. 특이하게도 글로써 확약하여 다짐하는 '글다짐'이라는단어는 없다.

152 자문(諮問)/고문(顧問)

자문 [명] 의견을 물음

사전을 찾아보면 '자문(諮問)'에 '의견을 물음'이라는 일반적의미가 달려 있다. 그러나 '자문'의 본래 의미는 '윗사람이 아랫사람에게 의견을 물음' 또는 '상위 기관에서 하위 기관에의견을 물음'이다. 따라서 아랫사람이 윗사람에게, 또는 하위기관에서 상위 기관에 의견을 물어보는 것은 '자문'이 아니다.이는 '고문(顧問)'이라고 하여 '자문'과 구분한다. '자문'과 '고문'은 둘 다 '묻는 행위'이므로 주로 서술어 '응하다'와 어울려쓰인다. 말하자면 "자문에 응하다.", "고문에 응하다."와 같이쓸 수 있다. 그런데 요즘 "자문에 응하다."보다는 "자문을 구하다."라는 표현이 널리 쓰인다. 그러나 '자문'은 의견을 묻는

행위이므로 '구하다'와 어울려 쓰일 수 없다. 의견을 물어보면 그것에 응하여 답하는 것이 순서이므로 "의견이나 조언을 구하다.", "자문에 응하다."로 표현해야 한다.

153 잔다랗다·잔닿다/굵다랗다

잔다랗다 [형] 꽤 잘다

'잔다랗다'는 형용사 '잘다(길이가 있는 물건의 몸피가 가늘고 작다)'의 어간 '잘-'에 접미사 '-다랗-'이 결합된 어형이다. '잔갈다(잘고 곱게 갈다), 잔널다(이로 깨물어 잘게 만들다), 잔다듬다(잘고 곱게 다듬다)' 등에서 보듯 '잘-'의 종성 'ㄹ'은 'ㄷ'으로 변할 수 있다. 접미사 '-다랗-'은 '굵다랗다, 널따랗다, 좁다랗다' 등에서 보듯 '그 정도가 꽤 뚜렷함'이라는 의미를 띤다. 이에 따라 '잔다랗다'는 '꽤나 잘다'라는 의미로 해석된다. 아주 잘면 자질구레하기에 '아주 자질구레하다'라는 의미로 변할 수 있고, 자잘하면 하찮기에 '볼 만한 가치가 없을 정도로 하찮다'라는 의미로 변할 수 있다. 그리하여 "잔다란 관심사", "잔다란 일" 등과 같은 표현이 자연스럽다. '잔다랗다'에서 줄어든 어형이 '잔닿다'다. 그리고 그 반대말이 '굵다랗다'다. '굵다랗다'는 형용사 '굵다'의 어간 '굵-'에 접미사 '-다랗-'이 결합된 어형으로, '길쭉한 물건의 둘레가 꽤 크다'라는 뜻이다.

재원(才媛)·재녀(才女)/재자(才子)

재원 [명] 재주가 뛰어난 젊은 여자

재주를 논하는 데 남녀 간에 차이가 있을 수 없다. 재주가 뛰어난 남자가 있다면 재주가 뛰어난 여자도 있다. 재주가 뛰어난 젊은 여자를 '재원(才媛)'이라 한다. '재(才)'가 '재주'를, '원(媛)'이 '미인(美人)'을 뜻하므로, '재원'은 '재주 있는 아름다운 여자'로 해석할 수 있다. '재녀(才女)'와 같은 의미다. "그 처녀는 이 지역에서 이름난 재원이다."와 같이 쓸 수 있다. 그런데 간혹 '재원'을 '재주가 뛰어난 사람'으로 착각하여 "김 군은 하버드대를 우수한 성적으로 졸업한 재원이다."와 같이 젊은 남성에게 쓰기도 한다. 이는 물론 잘못이다. 재주가 출중한 젊은 남자는 '재자(才子)'라고 한다.

젠체하다/겸양하다(謙讓--)

젠체하다 [동] 잘난 체하다

어느 기업체의 직무적성검사에서 '겸양하다(謙讓--)'의 반의어를 묻는 문제가 있었다. '겸손하다, 쩨쩨하다, 겸연하다, 젠체하다, 사양하다' 중에서 고르는 객관식 문제였다. 물론 그 답은 '젠체하다'다. 그런데 많은 응시자가 이 문제에 쩔쩔맸다는 후문이다. 젊은이들에게 한자어 '겸양하다'도 낯설었겠지만, 요즘 잘 쓰지 않는 고유어 '젠체하다'도 낯설었던 모양이다. '겸양하다'는 '겸손한 태도로 남에게 양보하거나 사양하다'의 뜻이고, '젠체하다'는 '잘난 체하다'의 뜻이어서, 서로 반대 개념임에 틀림이 없다. '젠체하다'는 기원적으로《대한매일신보》(1904)의 "각 대관이 회집ᄒᆞ야 제가 젠 톄ᄒᆞ노라고 헛튼 슈작 골나 홀 제(각 대관이 모여 제가 저인 체하느라고 허튼 수작을 골라서 할 적에)"에 보이는 '제가 젠 톄ᄒᆞ다'에서 온 것이다. 여러 사람이 모인 자리에서 제각기 자기를 내세우며 으스대는 대관들의 행태를 이렇게 표현한 것인데, 당시 사람들은 공개적인 자리에서 자기 자신을 적극적으로 드러내는 행위를 '잘난 척'으로 인식하고 있었음을 알 수 있다. '제가 젠 톄ᄒᆞ다'는 '제가 젠 체하다'로 변한 뒤에 '제가'가 생략되어 '젠 체하다'로 변하고, '젠 체하다'는 '젠체하다'로 어휘화하여 현재에 이른다.

156 진솔/새물

진솔 [명] 옷이나 버선 따위가 한 번도 빨지 않은 새것 그대로인 것

옷이나 양말 따위를 사면 대체로 빨아서 입거나 신는다. 새로 산 옷이나 양말에 배어 있는 독특한 냄새나 보이지 않는 때를 없애기 위해서다. 그런데 경우에 따라서는 빨지 않은 채 그대로 입거나 신기도 한다. 이렇듯 한 번도 빨지 않은 새것 그대로의 것을 '진솔'이라 한다. '진'은 접두사 '진(眞)-'으로 추정되고, '솔'은 '솔기(옷이나 이부자리 따위를 지을 때 두 폭을 맞대고 꿰맨

줄)'를 가리키지 않나 한다. 그렇다면 '진솔'은 '진짜 솔기가 보이는 옷이나 버선(양말)'으로 이해할 수 있다. 진솔이 옷이라면 특별히 '진솔옷'이라고도 한다. 진솔과 달리 '빨래하여 이제 막 입은 옷'은 '새물'이라 한다. '새로운 물건'이라는 뜻일 것이다. 그리고 '새물에서 나는 냄새'를 '새물내'라 한다. 또한 '새물'에는 '새로 갓 나온 과일이나 생선 따위'라는 의미도 있다.

157 진자리/마른자리

진자리 [명] 오줌이나 땀 따위로 축축하게 된 자리

"진자리 마른자리 갈아 뉘시며…."와 같은 노랫말에서 보듯 '진자리'와 '마른자리'는 반대 개념이다. '진자리'가 '오줌이나 땀 따위로 축축하게 된 자리'라면, '마른자리'는 '물기가 없는 자리'를 가리킨다. 그런데 '진자리'에는 '아기를 갓 낳은 자리'나 '사람이 갓 죽은 자리'라는 뜻도 있다. 이러한 의미는 사람이 태어나거나 죽을 때의 자리가 배설물로 인해 지저분하기 때문에 생겨난 것이다. "진자리에서 숨을 거둔 아이"의 '진자리'는 전자의 의미로, "이제 막 진자리를 걷어냈다."의 '진자리'는 후자의 의미로 쓰인 것이다. 한편 '마른자리'에는 '물기가 없는 자리'라는 의미만 있어 '진자리'와 부분적인 반의 관계를 이룬다.

158 치받이/내리받이

치받이 [명] 비탈진 곳에서 위쪽으로 향한 방향

'비탈길'은 그야말로 '비탈이 진 길'이다. 이 길은 아래쪽에서 위쪽으로 난 길이자, 위쪽에서 아래쪽으로 난 길이다. 곧 방향을 달리 볼 수 있는 것이다. 비탈의 아래에서 위쪽으로 향한 방향을 '치받이'라 하고, 비탈의 위에서 아래쪽으로 향한 방향을 '내리받이'라 한다. '치받이'는 동사 '치받다'에서, '내리받이'는 동사 '내리받다'에서 파생된 명사다. '치-'는 '위로 향하게, 위로 올려'의 뜻을 더하는 접두사여서 '치받다'는 '위로 향하여 받다'라는 뜻이고, '내리'는 '위에서 아래로'라는 뜻의 부사여서 '내리받다'는 '위에서 아래로 향하여 받다'라는 뜻이다. "치받이 길에서 차가 멈추었다.", "내리받이에서 가속이 붙은 차는 마구 달려 내려갔다."와 같이 쓸 수 있다.

159 치사랑/내리사랑

치사랑 [명] 손아랫사람이 손윗사람을 사랑함. 또는 그런 사랑

사랑은 손아랫사람이 손윗사람을 상대로 할 수도 있고, 손윗사람이 손아랫사람을 상대로 할 수도 있다. 전자와 같이 손아랫사람이 손윗사람을 사랑하는 것을 '치사랑'이라 하고, 후자와 같이 손윗사람이 손아랫사람을 사랑하는 것을 '내리사랑'이라 한다. "내리사랑은 있어도 치사랑은 없다.", "사랑은 내리사랑"이라는 속담이 있듯이, 윗사람이 아랫사람을 사랑하

기는 쉬워도 아랫사람이 윗사람을 사랑하기는 어렵다. 자식에 대한 부모의 사랑과 부모에 대한 자식의 사랑 중에 어떤 사랑이 더 절절한가를 생각해 보라.

160 칠칠하다·칠칠맞다/칠칠찮다

칠칠하다 [형] 주접이 들지 아니하고 깨끗하고 단정하다

사전에서는 '칠칠하다'를 다음의 네 가지 의미로 풀이하고 있다. ① 나무, 풀, 머리털 따위가 잘 자라서 알차고 길다. ② (주로 '못하다', '않다'와 함께 쓰여) 주접이 들지 아니하고 깨끗하고 단정하다. ③ (주로 '못하다', '않다'와 함께 쓰여) 성질이나 일 처리가 반듯하고 야무지다. ④ 터울이 잦지 아니하다. 여기에서 주목되는 점은 '칠칠하다'가 '알차고 길다, 깨끗하고 단정하다, 반듯하고 야무지다'와 같은 긍정적 의미를 갖는다는 것이다. 그리하여 "검고 칠칠한 머리", "칠칠한 우리 낭군 칠야삼경 명월같이 칠월칠석 오작교에"(약산동대), "시골서 일 잘하던 칠칠한 여편네라"(이인직, 귀의성) 등과 같은 문장이 자연스럽다. 이러한 긍정적 의미는 '칠칠하다'의 '칠칠'에서 나온 것인데, 아쉽게도 '칠칠'의 어원은 밝히기 어렵다. 다만 '칠칠하다'가 함북 방언에 '츨츨하다(생김새가 크고 시원스럽게 잘나다)'로 남아 있는 것을 보면, '칠칠'이 '츨츨'에서 온 것임을 짐작할 수 있다. '칠칠하다'를 속되게 이르는 말이 '칠칠맞다'다. 곧 '칠칠맞다'는 '칠칠하다'가 지니는 ②와 ③의 의미를 속되게 표현하는

반대되는 의미를 지닌 단어들

말이다. "하고 다니는 꼴이 도대체 그게 뭐니? 칠칠맞지 못하게."의 '칠칠맞다'가 바로 그러한 것이다. 그런데 '칠칠하다'나 '칠칠맞다'는 부정적 의미로도 쓰인다. "자기가 얼마나 칠칠하면 소박데기가 되었을라고."(이해조, 빈상설)의 '칠칠하다'는 '단정하지 못하다' 또는 '야무지지 못하다'라는 의미로, "그 칠칠맞은 꼴이란, 도저히 용납하기 어려웠다."의 '칠칠맞다'는 '단정하지 못하다'라는 의미로 쓰인 것이다. 이러한 부정적 의미는 '칠칠하다, 칠칠맞다'가 부정어 '못하다, 않다' 등과 어울려 쓰이면서 그 의미 가치에 전염되어 생겨난 것이다. "이 칠칠한(칠칠맞은) 놈아 옷이 왜 그 모양이냐?"와 같은 문장이 자연스럽게 받아들여지는 것을 보면, '칠칠하다, 칠칠맞다'의 의미 부정화는 상당히 진행되었음을 알 수 있다. 그런데 그것이 아직 완료된 것은 아니다. 사전에서 부정적 의미를 반영하지 않은 것은 그 때문으로 이해된다. 한편 '단정하지 못하다, 야무지지 못하다'와 같은 부정적 의미는 '칠칠찮다'로 표현한다. '칠칠찮다'는 '칠칠하지 아니하다'에서 변형된 것이므로, 이것이 부정적 의미를 띠는 것은 당연하다. "옷매무새가 칠칠찮다."와 같이 쓸 수 있다. 그런데 이는 '칠칠하다'가 지니는 의미 중 ②, ③에 대한 반의어로만 쓰인다.

161 키다리·꺽다리·장다리(長--)/작다리

키다리 [명] 키가 큰 사람을 놀림조로 이르는 말

무엇이든 지나치게 크거나 작거나 하면 부담스럽다. 사람의 키도 그렇다. 그리하여 키가 지나치게 크거나 작은 사람을 놀리는 말까지 생겨났다. '키다리, 꺽다리, 장다리(長--)' 및 '작다리'가 바로 그것이다. '키다리'는 '키'와 '다리', '꺽다리'는 '꺽'과 '다리', '장다리'는 '장(長)'과 '다리', '작다리'는 '작-'과 '다리' 또는 '작달'과 '-이'로 분석된다. '꺽'의 어원은 알 수 없다. '작-'은 '작다'의 어간이고, '작달'은 '작달비(빗줄기가 굵고 거세게 좍좍 내리는 비)'의 그것과 관련이 있어 보인다. 이들에 공통으로 나타나는 '다리'는 '늙다리(나이 많은 사람), 구닥다리(낡고 시대에 뒤떨어진 사람), 몽니다리(몽니를 잘 부리는 사람. 제주 방언), 멍청다리(총명하지 못한 사람. 제주 방언) 등을 고려할 때, '하찮거나 나쁜 속성을 지닌 사람'을 지시하지 않나 한다.

162 해돋이·해뜨기·일출(日出)/
해넘이·일몰(日沒)·일입(日入)·일진(日盡)

해돋이 [명] 해가 막 솟아오르는 때. 또는 그런 현상

해는 동쪽에서 떴다가 서쪽으로 진다. 해가 막 동쪽에서 솟아오르는 현상이나 그런 때를 '해돋이, 해뜨기'라 하고, 해가 서쪽으로 막 넘어가는 현상이나 그런 때를 '해넘이'라 한다. '해돋이'는 '해'와 '돋다'에서 파생된 '돋이'가 결합된 어형으로,

'해가 돋는 것(현상)'이라는 의미를 띤다. 이러한 현상적 의미에서 '해가 돋을 때'라는 시간적 의미로 변한다. '해뜨기'는 '해'와 '뜨다'에서 파생된 '뜨기'가 결합된 어형으로, '해가 뜨는 것(현상)'이라는 의미를 띤다. 이 또한 이러한 현상적 의미에서 '해가 뜰 때'라는 시간적 의미로 변한다. '해돋이, 해뜨기'에 대한 한자어가 '일출(日出)'이다. '해넘이'는 '해'와 '넘다'에서 파생된 '넘이'가 결합된 어형으로, '해가 막 넘어가는 것(현상)'이라는 의미를 띤다. 이 또한 이러한 현상적 의미에서 '해가 막 넘어가는 때'라는 시간적 의미로 변한다. '해넘이'와 같은 의미의 한자어에 '일몰(日沒), 일입(日入), 일진(日盡)'이 있다. 한편 달이 떠오르는 무렵이나 그런 현상은 '달돋이'라 하고(북한에서는 '달뜨기'), 달이 막 지는 무렵이나 그런 현상은 '달넘이'라 한다.

163 홍일점(紅一點)/청일점(靑一點)

홍일점 [명] 많은 남자 사이에 끼어 있는 한 사람의 여자를 비유적으로 이르는 말

'홍일점(紅一點)'은 중국 북송의 왕안석(王安石)이 지은 '영석류시(詠石榴詩)'에서 유래한 말로, '푸른 잎 가운데 피어 있는 한 송이의 붉은 꽃'이라는 뜻이다. 푸른 잎 가운데 붉은 꽃은 특별히 돋보인다. 이 돋보이는 붉은 꽃을 '홍일점'이라 한 것이다. 푸른 잎 속에 피어 있는 붉은 꽃처럼, 여럿 속에서 오직

하나 이채(異彩)를 띠는 것이나, 많은 남자 사이에 끼어 있는 한 사람의 여자를 비유하여 '홍일점'이라 한다. '일점홍(一點紅)'과 의미가 같다. 예를 들어 골목에 있는 수많은 음식점 가운데 끼어 있는 단 한 곳의 서점이라든지, 남학생들 사이에 끼어 있는 단 한 사람의 여학생이 '홍일점'이다. '홍일점'의 반대말은 '청일점(靑一點)'이다. 이는 '많은 여자 사이에 끼어 있는 한 사람의 남자'를 비유적으로 이른다. "김 간호사는 우리 병원의 청일점이다."라고 하면, '김 간호사'는 많은 여자 간호사에 끼어 있는 유일한 남자 간호사가 된다.

4

혼동하기 쉽거나 잘못 쓰고 있는 단어들

형태나 의미가 유사하면
혼동하기 쉽다

164 　갑부(甲富)｜거부(巨富)｜졸부(猝富)

갑부 [명] 첫째가는 큰 부자

사전을 찾아보면 '부자(富者)'와 관련된 단어로, '갑부(甲富), 거부(巨富), 수부(首富), 졸부(猝富)', 그리고 '난부자, 돈부자, 든부자, 딸부자, 땅부자, 벼락부자, 알부자, 일부자, 주식부자, 촌부자, 홍부자' 등이 있다. '부(富)'로 끝나는 단어와 '부자'로 끝나는 단어, 두 부류가 있음을 알 수 있다. 이들 대부분은 예전부터 써 오던 것이지만, '주식부자'처럼 최근에 생겨난 것도 있다. 보통 우리는 부자 중에서도 큰 부자를 '거부(巨富)'라고 한다. '거(巨)'가 '크다'는 뜻이어서 '거부'가 '큰 부자'임을 금방 알아차릴 수 있다. 예전으로 치면 만석꾼 정도, 요즘으로 치면 대기업 회장 정도가 거부 축에 들 것이다. 큰 부자의 기준이 모호하니 거부는 한두 명이 아니고 여러 명일 수 있다.

부를 축적할 수 있는 기회가 많은 자본주의 사회에서는 거부의 수가 많을 수밖에 없다. 거부 중에서도 첫째가는 큰 부자는 특별하다. 그리하여 이를 '갑부(甲富)'라 하여 별도로 칭한다. '수부(首富)'라고도 하나 이는 잘 쓰이지 않는다. 첫째가는 사람만 '갑부'라고 하므로 갑부는 한 명뿐이다. '갑(甲)'이 '차례나 등급을 매길 때 첫째'를 지시하므로 당연히 '갑부'는 첫째가는 부자만을 가리킨다. 그렇다면 "우리나라 최고의 갑부는 누구인가?"와 같은 문장은 좀 이상하다. 이 문장이 우리나라 최고의 부자는 누구인지를 묻는 질문이라면 '갑부'를 '부자'로 교체하든지, 아니면 '최고의'를 빼야 한다. '갑부'가 있다면 그다음 부자를 가리키는 '을부', 또 그다음 부자를 가리키는 '병부'도 있을 듯하나 이러한 단어들은 존재하지 않는다. '갑종(甲種)'에 대한 '을종(乙種), 병종(丙種)'이 있는 것과는 대조적이다. 한편 '갑부'나 '거부'가 각고의 고생 끝에 부를 이룬 사람이라면, '졸부(猝富)'는 부동산이나 코인 투기, 로또 등과 같은 사행과 요행으로 갑자기 부를 이룬 사람이다. '졸(猝)'이 '갑자기'라는 뜻이므로 '졸부'의 뜻이 분명하게 드러난다. 남한에서는 이를 '벼락부자'라 하고, 북한에서는 이를 '갑작부자'라 한다. 그런데 돈이나 땅, 주식이 많아야 부자가 되는 것은 아니다. 딸이 많아도 부자가 되고(딸부자), 일이 많아도 부자가 되며(일부자), 흥이 많아도 부자가 된다(흥부자).

갯벌 [명] 바닷물이 드나드는 모래톱. 또는 그 주변의 넓은 땅

내[川]는 강에 합류하고, 강은 바다에 합류한다. 물론 내가 곧바로 바다로 향하기도 한다. 바다로 흘러드는 내나 강의 물줄기가 '개'다. 그래서 바닷가에는 '남개, 합개' 등과 같이 '개'가 들어가는 지명이 많다. 개를 통해 민물이 바다로 들어가기도 하고 또 바닷물이 내나 강으로 들락거리기도 한다. 이 개 주변에 형성된 넓고 평탄한 땅이 '갯벌'이다. 개 주변에는 주로 모래가 쌓여 있으므로, '갯벌'을 '바닷물이 드나드는 모래톱'으로 설명하기도 한다. 한편 '갯벌'과 어형이 유사한 '개펄'은 '갯가의 개흙이 깔린 평탄한 땅'을 가리킨다. '갯벌'이 모래로 이루어진 넓은 땅이라면, '개펄'은 거무스름하고 미끈미끈한 개흙으로 이루어진 넓은 땅이다. 그런데 현재 사전에서는 '갯벌'과 '개펄'을 모두 '밀물 때에는 물에 잠기고 썰물 때에는 물 밖으로 드러나는 모래 점토질의 평탄한 땅'으로 풀이하고 있다. 이 둘을 동의어로 보는 것이다. 그러면서 갯벌과 개펄을 '펄 갯벌, 모래 갯벌, 혼성 갯벌'로 분류하고 있다. 사전에서처럼 '갯벌'과 '개펄'을 동의어로 볼 것인지, 아니면 별개의 단어로 볼 것인지는 학계에서 좀 더 고민해 보아야 할 듯하다.

166 겉똑똑이 | 과똑똑이(過---) | 헛똑똑이 | 윤똑똑이

겉똑똑이 [명] 겉으로는 똑똑한 체하나 실상은 똑똑하지 못한 사람

우리말에는 엉터리 '똑똑이'를 낮잡고 조롱하는 말이 여러 개 있다. '겉똑똑이'는 겉으로는 똑똑한 체 허세를 부리지만 실질적인 지식이 없는 사람이다. 겉만 똑똑하고 실상은 그렇지 않다는 뜻이 담겨 있다. '과똑똑이(過---), 헛똑똑이'도 이와 비슷한 개념이다. '과(過)'는 '지나치다'의 뜻이므로 '과똑똑이'는 본래 '지나치게 똑똑한 사람'을 가리킨다. 또한 '실제는 보잘 것없으면서 겉으로만 똑똑한 체하는 사람'을 가리키기도 한다. '헛-'은 '실속이 없는'이라는 의미의 접두사여서 '헛똑똑이'는 '실속이 없는 똑똑이'를 가리킨다. 겉으로는 아는 것이 많아 보이지만 정작 알아야 하는 것을 모르거나, 어떤 것을 선택해야 하는 상황에서 제대로 판단하지 못하는 헛된 똑똑이가 '헛똑똑이'다. 반면 '윤똑똑이'는 이들과는 좀 성격이 다르다. 지나친 자만심에 혼자만 잘나고 영악하다는 착각에 빠져 있는 사람이 '윤똑똑이'다. 착각은 자유지만 자기 외에 똑똑한 사람이 없다고 젠체하는 사람은 진정 똑똑한 사람이 아니다. 도리어 모자란 사람의 축에 든다. 겉과 속이 똑같이 잘 여문 똑똑이, 남의 똑똑함도 알아보고 인정할 줄 아는 똑똑이가 진짜 똑똑이다.

167 겨레붙이 | 살붙이 | 피붙이

겨레붙이 [명] 같은 핏줄을 이어받은 사람

'겨레붙이'는 '겨레'에 접미사 '-붙이'가 결합된 어형이다. 여기서 '겨레'는 '친족, 친척'을 가리킨다. '겨레'가 '민족'이 아니라 '친족, 친척'을 뜻한다니 좀 의아할 것이다. 그러나 '겨레'는 중세국어 이래 오랫동안 그러한 의미로 쓰이다가 20세기 초에 와서 '민족'의 의미로 변했다. 그런데 파생어인 '겨레붙이'에서만큼은 그 본래의 의미를 유지하고 있는 것이다. 이는 언어의 보수성에 따른 것이다. '-붙이'는 '살붙이, 피붙이, 일가붙이(一家--)' 등에서 보듯 '가까운 친족'임을 나타낸다. 그러므로 '겨레붙이'는 친족 가운데에서도 혈연관계가 있는 가까운 친족을 가리킨다. "아버지가 혈혈단신으로 월남했기 때문에 우리 가족은 겨레붙이가 하나도 없다."에 쓰인 '겨레붙이'가 그러한 것이다. '피붙이'와 '살붙이'는 피와 살을 나눈 혈육이니 아주 가까운 친족임에 틀림이 없다. 보통 부모와 자식의 관계에서 쓴다. '일가붙이'는 한집안에 속하는 겨레붙이를 가리킨다. 그러므로 피붙이나 살붙이보다는 먼 사이고, 겨레붙이보다는 가까운 사이다. '겨레붙이' 안에 드는 것이 '일가붙이'다.

곁불 | 겻불

곁불 [명] 얻어 쬐는 불

'곁불'과 '겻불'은 어형이 유사해서 자칫 혼동하기 쉽다. 그런데 이 둘은 엄연히 다른 불이다. '곁'은 '옆'의 뜻이므로, '곁불'은 본래 '옆에 있는 불'이라는 뜻이다. 옆에 있는 불은 내 것이 아니고 남의 것이다. 그리하여 '곁불'에 '얻어 쬐는 불'이라는 의미가 생겨난다. "그는 정류장 옆에서 곁불을 쬐며 차가 오기를 기다렸다."에 쓰인 '곁불'이 그러한 것이다. 한편 '겻불'은 '겨(벼, 보리, 조 따위의 곡식을 찧어 벗겨 낸 껍질을 통틀어 이르는 말)'와 '불' 사이에 사이시옷이 개재된 어형으로, '겨를 태우는 불'이라는 뜻이다. 겨를 태우는 겻불은 불기운이 미미하고 매캐한 냄새까지 난다. 이 매캐한 냄새를 '겻불내'라고 한다. 불기운이 약하고 냄새도 매캐하니 점잖은 체면의 양반은 아무리 추워도 겻불을 쬘 수 없었다. 그래서 생긴 속담이 "양반은 얼어 죽어도 겻불은 쬐지 않는다(양반은 아무리 위급한 때를 당하더라도 자기 체면만은 그대로 지니려고 애쓴다는 뜻)."다.

곤욕(困辱) | 곤혹(困惑)

곤욕 [명] 심한 모욕. 또는 참기 힘든 일

'곤욕(困辱)'과 '곤혹(困惑)'은 어형이 아주 유사하다. 또한 '곤란한 경우'에 봉착한 상황을 지시한다는 점에서 의미도 유사하다. 그래서 그런지 종종 두 단어를 혼동하여 쓴다. 그런데

'곤욕'은 '심한 모욕'이라는 뜻이고, '곤혹'은 '곤란한 일을 당해 어찌할 바를 모름'이라는 뜻이므로 그 의미가 전혀 다르다. '곤욕'이 주로 '겪다, 당하다, 치르다'와 같은 서술어와 어울려 쓰인다면, '곤혹'은 그러하지 못하다. 명사 '곤혹'보다는 그것에 접미사 '-스럽다'가 결합된 '곤혹스럽다'가 많이 쓰인다.

170 괴발개발 | 개발새발 | 개발쇠발 | 괴발새발

괴발개발 [명] '고양이의 발'과 '개의 발'이라는 뜻으로, 글씨를 되는대로 아무렇게나 써 놓은 모양을 이르는 말

'괴발개발'은 '괴발'과 '개발'이 결합된 어형이다. '괴발'의 '괴'는 '고양이'를 뜻하는 중세국어다. 현재 '괴'는 "괴 다리에 기름 바르듯(일을 분명하고 깔끔하게 처리하지 않고 슬그머니 얼버무려 버림을 비유적으로 이르는 말)", "괴 딸 아비(고양이 딸의 아비라는 뜻으로, 그 내력을 도무지 알 수 없는 사람을 비유적으로 이르는 말)", "괴 불알 앓는 소리(쉴 새 없이 듣기 싫게 중얼거리는 소리를 비유적으로 이르는 말)" 등과 같은 속담이나 '괴발개발, 괴불, 개소리괴소리' 등과 같은 합성어 속에 화석처럼 남아 있다. '괴'가 '고양이'를 뜻하므로, '괴발'은 '고양이의 발'이라는 뜻이다. 물론 '개발'은 '개의 발'의 뜻이다. 그렇다면 '괴발개발'의 표면적 의미는 '고양이의 발과 개의 발'이 된다. 대청마루에 어지럽게 흩어져 있는 고양이와 개의 발자국이 마치 종이 위에 아무렇게나 쓰여 있는 글씨와 같아서, '괴발개발'에 '글씨를 되는

대로 아무렇게나 써 놓은 모양'이라는 의미가 생겨난 것이다.
"담벼락에는 괴발개발 아무렇게나 낙서가 되어 있었다."와 같
이 쓸 수 있다. '그리다'와 어울린 "괴발개발 그리다."는 '글씨
를 함부로 갈겨쓰다'라는 비유적 의미를 띤다. 한편 '괴발개
발'을 '개발새발, 개발쇠발, 괴발새발' 등으로 변형하여 쓰기
도 하나 이들은 유사 어형에 불과하여 잘못된 것이다. '괴'의
의미를 제대로 파악하지 못한 것이 단초가 되어 이런 엉뚱한
변조어가 나온 것이다. 그러나 이 가운데 '개발새발'은 특별하
게도 표준어로 인정을 받았다. '개발새발'을 '개의 발과 새의
발'로 인식하고 이를 '괴발개발'과 같은 의미의 단어로 인정한
것이다. 한편 '쇠발(소의 발)'과 '개발(개의 발)'이 결합된 '쇠발
개발'은 '아주 더러운 발'을 비유하여 '괴발개발'과는 전혀 다
르다.

171   교포(僑胞) | 동포(同胞)

교포 [명] 다른 나라에 아예 정착하여 그 나라 국민으로 살고
있는 동포

'교(僑)'는 '타관살이'를 뜻하고, '포(胞)'는 '같은 어머니에게서
난 친형제'를 뜻한다. 그러므로 '교포(僑胞)'의 글자 뜻 그대로
의 의미는 '타관살이하는 친형제'가 된다. 그런데 '교포'는 실
제 이러한 의미가 아니라 '다른 나라에 정착하여 그 나라 국
민으로 살고 있는 동포'라는 의미로 쓰인다. 가령 일본에 거

주하는 일본 국적의 한국인, 사할린에 거주하는 러시아 국적의 한국인, 중국에 거주하는 중국 국적의 한국인, 그리고 한국 국적을 포기한 미국 시민권자 등이 '교포'가 된다. 이에 따르면 이른바 '조선족'은 '재중교포'라고 해야 맞다. 한편 '동포(同胞)'는 본래 '한 부모에게서 태어난 형제자매'를 뜻하지만, 넓게는 '같은 나라 또는 같은 민족의 사람'을 뜻하기도 한다. 실제로는 후자의 의미로 더 많이 쓰인다. 사는 지역이나 국적에 관계없이 우리 민족 모두를 '동포'라 하는 것이다. 동포 가운데 '재외동포(在外同胞)'는 특별히 '해외에 거주하는 동포'를 가리킨다. 재외동포 가운데에는 우리나라 국적을 가진 사람도 있고, 그렇지 않은 사람도 있다. 말하자면 재외동포 중에는 해당 국가의 국적을 취득한 사람도 있어서 '교포'를 포함한다. 반면 '재외국민(在外國民)'은 '국외에 거주하고 있으나 우리나라 국적을 가진 사람'을 가리킨다. 국적이 한국이어야 하는 조건이 있다. 한편 '교민(僑民)'은 지시 범주가 꽤 넓다. '다른 나라에 살고 있는 동포'를 아우르는데, 여기에는 아예 외국에 정착해 해당 국민으로 살고 있는 교포뿐만 아니라 일시적으로 외국에 머무르는 유학생, 주재원 등이 모두 포함된다. 이로 보면 '교민'은 '재외동포'와 큰 차이가 없다.

난이도(難易度) | 난도(難度)

난이도 [명] 어려움과 쉬움의 정도

'난이(難易, 어려움과 쉬움)'에 '도(度)'를 결합한 '난이도(難易度)'는 '어려움과 쉬움의 정도'라는 뜻이고, '난(難)'에 '도(度)'를 결합한 '난도(難度)'는 '어려움의 정도'라는 뜻이다. '난도(難度)'에 대응하는 '이도(易度)'라는 단어는 없다. 이로 보면 '난이도'와 '난도'는 엄연히 다른 말이다. 그런데 이 두 단어를 명확히 구별하여 쓰지 못하고 있는 것이 현실이다. "난이도가 매우 높다.", "난이도를 낮추어 문제가 쉬워졌다."와 같이 잘못 쓰는 것이다. '어려움과 쉬움의 정도(난이도)'가 높다거나 쉽다고 말할 수는 없어서, 이들 문장 속의 '난이도'는 '난도'로 바꾸어야 올바른 문장이 된다. 물론 "난이도에 따라 단계적으로 교육하다.", "시험 문제의 난이도를 조정하기가 쉽지 않다."에 쓰인 '난이도'는 맞는 말이다.

낭길 | 벼랑길 | 벼룻길

낭길 [명] 낭떠러지를 끼고 난 길

'낭'은 '낭떠러지(깎아지른 듯한 언덕)'의 옛말이다. 지금은 "서울이 낭이라니까 과천부터 긴다(어떤 일을 당하기도 전에 말로만 듣고 지나치게 겁을 먹다)."와 같은 속담이나, '낭길, 낭떠러지'를 비롯하여 '낭골, 낭끝, 낭너머, 낭말' 등과 같은 지명에서나 제한적으로 확인된다. '낭떠러지'에 밀려나 세력을 다한 것이다.

낭을 끼고 난 길이 '낭길'이다. 가파른 낭떠러지를 끼고 길이 나 있으므로 아주 좁고 위험하다. 발이라도 한번 잘못 디디면 수천 길 아래로 떨어질 판이다. '벼랑길, 벼룻길'과 의미가 유사하다. 다만 '낭길'이 낭떠러지에 난 길이라면, '벼랑길'은 벼랑(낭떠러지의 험하고 가파른 언덕)에 난 길이라는 점에서 차이가 있다. 또 '벼룻길'은 벼루(절벽 아래가 강이나 바다로 통하는 벼랑)에 난 길이어서 '낭길'뿐만 아니라 벼랑길'과도 차이가 있다. 강가나 바닷가로 통하는 벼랑길인 것이다.

174   다르다 | 틀리다

다르다 [형] 비교가 되는 두 대상이 서로 같지 아니하다

'다르다'는 비교되는 두 대상이 서로 같지 않음을 나타내는 말이다. 그런데 '다르다'를 써야 할 자리에 '틀리다'를 써서 그 야말로 문장이 틀리는 경우를 종종 보게 된다. "그들은 형제지만 생김새가 전혀 틀리다."와 같이 쓰는 것이다. '틀리다'는 '사실이나 이치, 계산 등이 맞지 않다'라는 뜻이어서, 형제의 생김새를 평가하는 문맥에는 어울리지 않는다. "너와 나는 생각이 아주 틀려.", "광어와 도다리는 아주 틀려."와 같은 문장의 '틀려'도 '달라'로 바꾸어야 한다. '다르다'와 '틀리다'는 엄연히 다른 의미이니 그야말로 틀리게 써서는 안 된다.

175　맵짜다 | 맵자다

맵짜다 [형] 성질 따위가 야무지고 옹골차다

우리 음식에는 맵고 짠 것이 많다. 그래서 생긴 말이 '맵짜다'다. 이는 '맵고 짜다'라는 뜻이다. 그런데 '맵짜다'는 이러한 미각(味覺)적 의미로만 사용되지 않는다. 음식 맛이 맵고 짜듯이, 바람 따위가 매섭고 사나운 것, 성미가 사납고 독한 것도 '맵짜다'라 한다. "맵짜게 불어오는 삭풍"의 '맵짜다'는 전자의 의미로, "그 여자는 사내를 맵짠 눈으로 흘겨보았다."의 '맵짜다'는 후자의 의미로 쓰인 것이다. 그런데 '맵짜다'는 여기서 더 나아가 '성질 따위가 야무지고 옹골차다'라는 긍정적 의미로도 쓰인다. 이는 '성미가 사납고 독하다'는 부정적 의미가 긍적적 의미로 발현된 예다. "보기보다 살림 솜씨기 맵짜다는 소리가 들리는 걸 보면….".(김원우, 짐승의 시간)에 쓰인 '맵짜다'가 그러한 것이다. '맵짜다'와 어형이 유사한 단어에 '맵자다'가 있다. 이는 '모양이 아름답고 맵시가 있다'는 뜻이어서 '맵짜다'와 전혀 다르다. 여기서 '맵'은 '맵시'와 같다.

176　미증유(未曾有) | 전대미문(前代未聞)

미증유 [명] 지금까지 한 번도 있어 본 적이 없음

긴 세월을 살다보면 지금까지 경험해 보지 못한 일을 종종 겪게 된다. 우리는 이를 "미증유의 일을 겪는다."라고 표현한다. '미증유(未曾有)'는 '지금까지 한 번도 있어 본 적이 없음'이라

혼동하기 쉽거나 잘못 쓰고 있는 단어들

는 뜻이다. "미증유의 민족적 수난", "역사 이래 미증유의 사건" 등과 같이 쓸 수 있다. '이제까지 한 번도 들어 본 적이 없는 일'을 뜻하는 '전대미문(前代未聞)'과는 의미가 유사해 보이지만 엄밀히 따지면 다르다. "전대미문의 대기록을 세우다."와 같이 쓸 수 있다.

177 반증(反證) | 방증(傍證)

반증 [명] 어떤 사실이나 주장이 옳지 아니함을 그에 반대되는 근거를 들어 증명함. 또는 그런 증거

얼마 전 한 언론 매체에서 "최근 아시아 영화계의 국경을 넘어선 교류에 우리나라가 주도적인 역할을 하고 있다는 반증으로 풀이됩니다."와 같은 보도를 낸 적이 있다. 어색한 문장도 문제였지만, '반증'이라는 단어를 잘못 쓴 것이 더 큰 문제였다. '반증(反證)'은 '반영하여 증거함'이라는 뜻이 아니라 '반대가 되는 증거' 또는 '반대되는 근거를 들어 증명함'이라는 뜻이다. 이 문장에서 '반증'은 '증거'나 '방증'으로 바꾸어야 문맥이 산다. '방증(傍證)'은 한자 뜻 그대로 '곁가지가 되는 증거'다. 사물을 직접 증명할 수 있는 증거가 되지는 않지만, 주변의 상황을 밝힘으로써 간접적으로 증명에 도움을 주는 증거를 말한다. '반증'이 '반대되는 증거'라면, '방증'은 '뒷받침하는 증거'라는 분명한 차이가 있다.

178　백수(白壽) | 상수(上壽)

백수 [명] 99세

"백수를 누리다."라고 하면 몇 살까지 산 것을 의미할까? 대부분 사람들은 100살이라고 대답할 것이다. '백수'의 '백'을 한자 '百'으로 생각한 것이다. 그러나 '백수'는 '99세'를 가리킨다. '백'은 '百'이 아니라 '白'이고, '白'은 '百'에서 '一'을 뺀 모양을 한 글자이니 결국 '99'를 가리키기 때문이다. "할머니, 백수를 누리세요."라고 하면 99세까지 사시라는 말과 같다. 정확히 100세의 나이는 '상수(上壽)'라고 한다. 장수를 상·중·하로 나누었을 때 100세가 '상'에 해당하는 나이여서 그렇게 이른다.

179　보전(保全) | 보존(保存)

보전 [명] 온전하게 보호하여 유지함

이 세상에는 훼손시키지 않고 온전하게 보호하여 유지할 것이 있고, 또 잘 보호하고 간수하여 후세에 남길 것도 있다. '생명, 생태계, 환경' 등이 전자의 것이라면, '유물, 영토, 종족' 등은 후자의 것이다. 온전하게 보호하여 유지하는 것을 '보전(保全)'이라 하고, 잘 보호하고 간수하여 남기는 것을 '보존(保存)'이라 한다. "생태계 보전", "유물 보존"과 같이 쓸 수 있으나 "생태계 보존", "유물 보전"은 어색하다.

180 부문(部門) | 부분(部分)

부문 [명] 일정한 기준에 따라 분류하거나 나누어 놓은 낱낱의 범위나 부분

연말은 한 해 동안의 성과를 평가하는 시점이다. 영화, 음악, 연극 등에 대한 시상식이 연말에 몰려 있는 것도 그 때문이다. 영화 시상식을 보면 감독상, 작품상, 연출상, 촬영상 등 여러 분야에 걸쳐 진행된다. 영화와 관련된 상을 일정한 기준에 따라 나누어 놓은 것이다. 이렇듯 일정한 기준에 따라 나누어 놓은 갈래를 '부문(部門)'이라 한다. "감독상 부문", "연출상 부문" 등과 같이 쓸 수 있다. 그런데 간혹 '부문'을 '부분(部分)'과 혼동하여 "감독상 부분", "연출상 부분" 등과 같이 쓰기도 한다. '부분'은 '전체를 이루는 작은 범위'를 가리켜 '부문'과 전혀 다르다. '부분'은 "썩은 부분", "이해가 안 되는 부분" 등과 같이 쓸 수 있다.

181 비속어(卑俗語) | 비어(卑語) | 속어(俗語)

비속어 [명] 격이 낮고 속된 말

'비속어(卑俗語)'는 '비어(卑語)'와 '속어(俗語)'를 아우른 개념이다. '비어'가 '대상을 낮추거나 낮잡는 뜻으로 이르는 말'이라면, '속어'는 '통속적으로 쓰는 저속한 말'이다. 이에 따라 사전에서는 '비어'를 '~를 낮잡아 이르는 말'로, '속어'를 '~를 속되게 이르는 말'로 풀이하고 있다. '비어'와 '속어'를 합친 말

이 '비속어'이므로, 이는 '격이 낮고 속된 말'이 된다. '군인'에 대한 '군바리', '꼴'에 대한 '꼬락서니', '속생각'에 대한 '소갈머리' 등이 비어에 해당한다. 이들 예를 보면, 비어에는 기본적으로 그에 해당하는 일반 단어가 전제되어 있다. 그 일반 단어를 '평어(評語)'라고 부를 수 있다. 그러니까 '비어'는 '평어'와 대조되는 개념의 말이며, 평어에 비해 '낮춤'의 자질이 있다고 볼 수 있다. '군바리'는 '군인'이라는 평어가 전제되어 있으면서 또 그에 비해 '낮춤'의 의미가 있는 것이다. 한편 '잊어 버리다'에 대한 '까먹다', '화나다'에 대한 '뿔나다', '간'에 대한 '간땡이', '귀'에 대한 '귀때기' 등은 속어에 해당한다. 이들 예를 보면, 속어에는 일상적으로 평범하게 사용하는 일반 단어가 전제되어 있다. 그 일반 단어를 '보통어(普通語)'라 부를 수 있다. '비어'가 '평어'와 대조되는 개념이라면, '속어'는 '보통어'와 대조되는 개념으로 '속됨'의 자질을 더 갖는 말이다. 예를 들어, '쪽팔리다'는 '부끄럽다, 창피하다'와 같은 보통어가 전제되어 있으면서 '속됨'의 자질이 있다는 점에서 이들과 차별된다. 속어가 상스러운 느낌을 주는 것이 사실이지만, 그렇다고 대상을 낮잡는 것은 아니어서 그렇게 혐오스럽지는 않다. 도리어 생생한 느낌을 줄 수도 있어 경우에 따라서는 의도적으로 선택해 쓰기도 한다. 예를 들어, '출생하다' 대신 그 속어인 '귀빠지다'를 쓰면 아기가 태어났다는 사실을 더 실감 나게 표현할 수 있다. 물론 그렇다 하더라도 속어는 세속적인 말이어서 공식적인 자리나 점잖은 자리에서 쓰면 문제가 생길 수 있다. 말하는 사람의 품위가 떨어지고, 분위기가 저속하게 흘러가고, 듣는 사람들을 민망하게 만들 수 있기 때문이다.

182 빚두루마기 | 빚꾸러기 | 빚쟁이

빚두루마기 [명] 빚에 얽매어 헤어날 수가 없게 된 사람

'두루마기'는 외출할 때 입는 한복이다. 옷소매가 넓고 옷자락이 아주 긴 것이 특징이다. 넓고 긴 두루마기 옷에 둘러싸여 벗어나지 못하듯이, 빚에 얽매어 헤어나지 못하고 고통받는 사람을 빗대어 '빚두루마기'라고 한다. 요즘 카드빚을 지고 이른바 '돌려막기'로 하루하루를 버티는 사람들도 '빚두루마기'에 해당한다. 그런데 '빚을 많이 진 사람'을 뜻하는 '빚꾸러기'나 '빚을 진 사람'을 뜻하는 '빚쟁이'와는 의미가 약간 다르다. '빚꾸러기'는 '빚구럭'에 접미사 '-이'가 붙은 '빚구러기'에서 변한 어형이며, '빚구럭'은 '빚'과 '구럭(새끼를 드물게 떠서 물건을 담을 수 있도록 만든 그릇)'이 결합된 어형으로 '빚을 담은 구럭'이라는 뜻이다. 빚을 담은 구럭이니 빚이 아주 많은 상태일 것이고, 한번 그 구럭에 들어가면 빠져 나오기 어려우므로, '빚구럭'에 '빚이 많아서 헤어나지 못하는 어려운 상태'라는 의미가 생겨난다. 한편 '빚쟁이'에는 '빚을 진 사람'이라는 의미도 있지만, '남에게 돈을 빌려준 사람'이라는 의미도 있다. 이들 의미는 정반대다. 이렇듯 정반대의 의미를 동시에 갖는

단어를 '모순어(矛盾語)'라고 한다.

183 사달 | 사단(事端)

사달 [명] 사고나 탈

"일이 꺼림칙하게 되어 가더니만 결국 ( )이 났다."라는 문장의 괄호 안에 들어갈 적당한 말은? '사달'과 '사단(事端)'을 놓고 꽤나 고민할 터인데, 현행 규정에 따르면 '사달'이 맞다. '사달'에는 '사고나 탈'이라는 의미가 있는데, '사단'에는 그러한 의미가 없는 것으로 보기 때문이다. 그러나 이러한 규정에는 좀 문제가 있다. 의미 변화라는 측면에서 보면 '사단'에도 그러한 의미가 있을 수 있고, 또 실제 그러한 의미로도 쓰였기 때문이다. '사단(事端)'은 본래 '사건의 단서, 일의 실마리'라는 뜻인데, 이러한 의미에서 '일어난 사건이나 사고'라는 의미로 변한다. "일본은 여러 가지 사단이 일어나 다른 나라보다 뒤늦게까지 해금을 못하고"(조선일보 1930.1.17.)에 쓰인 '사단'이 바로 그러한 것이다. 이러한 예는 이른 시기의 신문 기사를 검색해 보면 적지 않게 나온다. 그러므로 '사단'은 두 가지 의미를 갖는 다의어로 보아야 한다. '사달'은 새롭게 파생된 의미로서의 '사단'에서 변한 어형으로 추정된다. 《경향신문》1966년 2월 24일 자 기사에서 '사달'이라는 단어가 처음 확인되는데, '사단'에서 변한 말이어서 그만큼 뒤늦게 나타난 것이다. '사달'은 사전으로는 《우리말큰사전》(1992)에 처음 올라 있으며, 변형된 말이지만 표준어로 대접을 받고 있다. 한편 '사단'은 그 본래의 '사건의 단서', '일의 실마리'라는 의미만 인정을 받고, '일어난 사건이나 사고'라는 파생 의미는 인정을 받지 못하고 있다. 현행 규정에서는 파생된 의미에 대한 규범 적 표기를 '사달'로 보고 있다. 그러나 이러한 규정은 비합리 적인 것으로 판단된다. '사단'이 갖는 두 가지 의미를 모두 인 정하고 '사단'에서 변한 '사달'을 비규범적인 표기로 보아 배 제하든지, 아니면 '사달'과 함께 '사단'도 파생된 의미를 갖는 쪽으로 가야 하지 않을까 한다.《고려대한국어대사전》(2009) 에서는 '사단'을 ① '일어난 사건이나 사고', ② '사건의 시작' 으로 풀이하고, '사달'을 '일어난 사건이나 사고'로 풀이하고 있다. '사단'과 '사달'을 유의 관계로 파악하고, 두 단어를 모두 살려 쓰는 방안을 택한 것이다.

184 샛강(-江)

[명] 큰 강의 줄기에서 한 줄기가 갈려 나가 중간에 섬을 이루고, 하류에 가서는 다시 본래의 큰 강에 합쳐지는 강

오래전에 "샛강이 살아야 큰 강이 산다."라는 표어가 유행한 적이 있다. 이 표어에서 '샛강'은 강이 끼고 있는 작은 물줄기 를, '큰 강'은 강의 원줄기를 가리킨다. 강의 원줄기를 '큰 강' 으로 표현한 것은 문제가 없지만, 강이 끼고 있는 작은 물줄 기를 '샛강'으로 표현한 것은 잘못이다. '샛강'은 표어에서 의

도하는 대로 강의 원줄기가 거느리고 있는 지류(支流)를 뜻하지 않기 때문이다. '샛강(-江)'은 '강의 본류에서 갈라져서 가운데에 섬을 이루고, 다시 하류에서 합쳐지는 작은 물줄기'를 가리킨다. 그러므로 샛강은 큰 강의 일부이지, 그 강이 끼고 있는 여러 작은 물줄기가 아니다. 서울의 여의도를 생각해 보면 쉽게 이해가 갈 것이다. 한강의 본류가 여의도라는 섬을 만나 두 갈래로 나뉘는데, 강폭이 좁은 쪽이 샛강이 된다. 이 샛강은 4.3킬로미터를 흐르다가 한강 본류와 만나 다시 큰 강을 이룬다.

185 선친(先親) | 선대인(先大人)

선친 [명] 남에게 돌아가신 자기 아버지를 이르는 말

"저의 선친은 아직 정정하십니다.", "자네 선친은 언제 돌아가셨나?"와 같은 문장 속의 '선친'은 올바로 쓰인 것일까? 그렇지 않다. '선친(先親)'은 남에게 '돌아가신 자기 아버지'를 이르는 말인데, 첫 번째 문장에서는 아직 살아 계신 아버지를 지시하고 있어서 잘못 쓰인 것이고, 두 번째 문장에서는 남의 아버지를 지시하고 있어서 잘못 쓰인 것이다. 접두사 '선(先)-'은 '이미 죽은'이라는 뜻이고, '친(親)'은 '어버이'를 뜻하므로, '선친'은 반드시 '돌아가신 자기 아버지'에 대해서만 쓸 수 있다. '선고(先考), 선부(先父)'도 마찬가지다. 한편 살아 계신 자기 아버지를 남에게 이를 때에는 '아버지'나 '부친(父親)'

을 써서 "내일이 저의 아버지(부친) 고희연입니다."와 같이 표현하고, 남의 돌아가신 아버지를 높여 이를 때에는 '아버님'이나 '선대인(先大人)'을 써서 "자네 아버님(선대인)은 언제 돌아가셨나?"와 같이 표현한다.

186 소소리바람 | 소슬바람(蕭瑟--)

소소리바람 [명] 이른 봄에 살 속으로 스며드는 듯한 차고 매서운 바람

솔솔 불어오는 봄바람은 따듯하고 보드랍다. 그런데 봄바람은 봄바람인데 부드럽지 않고 매서운 바람도 있다. 바로 '소소리바람'이다. 소소리바람은 이른 봄에 부는데, 살 속으로 스며드는 듯이 차고 매섭다. 봄이 왔다고 방심할 때 심술을 부리는 바람이 소소리바람이다. '소소리바람'과 어형이 유사한 바람 이름에 '소슬바람(蕭瑟--)'이 있다. '소(蕭)'와 '슬(瑟)'은 모두 '쓸쓸하다'의 뜻이어서, '소슬바람'은 '쓸쓸한 바람'이라는 뜻이다. 가을에 부는, 외롭고 쓸쓸한 느낌을 주는 으스스한 바람이 소슬바람이다.

187 소천(召天) | 선종(善終) | 입적(入寂)

소천 [명] 하늘의 부름을 받아 돌아간다는 뜻으로, 개신교에서 죽음을 이르는 말

종교계에서는 '죽음'을 특수한 단어를 이용하여 표현한다. 개

신교에서는 '소천(召天)', 가톨릭에서는 '선종(善終)', 불교에서는 '입적(入寂)'을 쓰고 있다. '소천'의 '소(召)'는 '부르다', '천(天)'은 '하늘'의 뜻이어서, '소천'은 '하늘이 부름'이라는 뜻이다. 하늘, 곧 하나님의 부름을 받아 돌아가는 것을 '소천'이라 한다. 목회자뿐만 아니라 일반 신자가 세상을 떠났을 때에도 이 단어를 쓴다. '선종'의 '선(善)'은 '착하다', '종(終)'은 '끝나다'의 뜻이어서, '선종'은 '착하고 거룩하게 삶을 마침'이라는 뜻이다. 임종할 때 성사(聖事)를 받아 대죄(大罪)가 없는 상태에서 죽는 일을 '선종'이라 한다. 주교와 신부 등 사제들의 죽음에 쓰고 있다. '입적'의 '입(入)'은 '들다', '적(寂)'은 '적멸(寂滅)'의 뜻이어서, '입적'은 '적멸에 듦'이라는 뜻이다. 고통과 번뇌의 세계를 떠나 고요한 적정(寂靜)의 세계로 들어갔다는 것이다. 승려의 죽음에 국한하여 쓰고 있다.

188   수육(-肉) | 편육(片肉)

수육 [명] 삶아 내어 물기를 뺀 고기

'수육(-肉)'은 '숙육(熟肉)'에서 변한 말이다. '숙육'의 한자 뜻 그대로의 의미는 '푹 삶은 고기'다. 그런데 이에서 변한 '수육'은 한때 '삶아 익힌 쇠고기'만을 뜻했다. 아마도 예전에는 고기 중에서도 주로 쇠고기를 삶아서 먹었기 때문에 그러한 제한된 의미가 생겨난 것으로 추정된다. 예전에는 쇠고기 수육이 최고의 안줏거리였다. 그런데 요즘은 '수육' 하면 돼지고기가 먼저 떠오른다. 김장 김치나 보쌈김치에는 돼지고기 수육이 곁들여져야 제격이다. 최근에는 오리고기 삶은 것, 심지어 생선의 하나인 아귀 삶은 것도 '수육'이라 한다. '수육'의 의미가 아주 넓어진 것이다. 사전에서는 이러한 현실 용법을 참작하여 '수육'을 '삶아 내어 물기를 뺀 고기'로 폭넓게 풀이하고 있다. 쇠고기, 돼지고기 등의 수육을 특별히 얇게 저민 것을 '편육(片肉)'이라 하여 구분한다.

189 아늠 | 안음

아늠 [명] 볼을 이루고 있는 살

얼굴의 양쪽 관자놀이에서 턱 위까지 살이 많은 부분을 '뺨'이라 한다. 뺨의 가운데 부분이 '볼'이고, 볼을 이루고 있는 살이 '아늠'이다. '아늠'에 '살'을 덧붙여 '아늠살'이라고도 한다. '아늠'과 어형이 유사한 '안음'은 '뺨살(소 뭉치의 거죽에 붙은 고기)을 싸고 있는 고기'라는 뜻이어서 '아늠'과는 의미가 전혀 다르다.

190 암되다 · 암띠다 | 숫되다

암되다 [형] 남자가 성격이 소극적이며 수줍음을 잘 타다

남자가 성격이 소극적이고 수줍음을 잘 타는 것을 '암되다'라고 한다. "그 남자는 암된 성질의 인물이다."와 같이 쓸 수 있다. '암(암컷)'은 '수(수컷)'와 반대 개념이므로, '암되다'의 본

래 의미는 '여성처럼 되다'가 된다. '암되다'와 비슷한 의미의
단어에 '암띠다'가 있다. 이는 '암컷과 같은 성질을 띠다'라는
뜻이어서 '수줍은 성질이 있다'는 것과 같다. '암되다'의 반대
말이 '숫되다'일 것이라 생각할 수 있지만 그렇지 않다. '숫되
다'의 '숫'은 '수'와는 관계가 없는 말이기 때문이다. '숫되다'
는 '순진하고 어수룩하다'의 뜻이다. '숫'은 '숫하다(순박하고 진
실하다), 숫스럽다(순진하고 어수룩한 듯하다)' 등의 그것과 같이
'순박함'을 지시한다. 현재 '숫되다'는 한자어 '순박하다(淳朴
--)'에 세력을 빼앗겨 잘 쓰이지 않는다.

191 앙갚음·보복(報復) | 대갚음(對--) · 갚음

앙갚음 [명] 남이 저에게 해를 준 대로 저도 그에게 해를 줌

이유 없이 큰 피해를 입었다면 이보다 원통한 일이 없다. 분
을 삭히기도 하지만, 원한을 품고 기회를 보아 똑같이 되갚아
주려고 벼르기도 한다. 이와 같은 보복 심리를 '앙갚음'이라
한다. 한자어 '보복(報復)'과 의미가 같다. 방언에서는 이를 '보
갚음'이라 한다. 그런데 되갚아 줄 수 있는 것은 원한만이 아
니다. 남에게 입은 은혜도 되갚아 줄 수 있다. 은혜를 되갚아
주는 일은 아무나 하는 일은 아니지만, 이보다 값진 것은 별
로 없다. 이렇듯 남에게 입은 은혜든, 남에게 당한 원한이든
잊지 않고 되갚아 주는 것을 '대갚음(對--)'이라 한다. '대(對)'
를 생략한 채 '갚음'이라고도 한다. 은혜를 되갚는 대갚음은

권장할 만하지만, 원한을 되갚는 대갚음은 전혀 권장할 만한
것이 못 된다.

192 야반도주(夜半逃走)·야간도주(夜間逃走) | 야밤도주(夜-逃走)

야반도주 [명] 남의 눈을 피하여 한밤중에 도망함

빚을 진 사람은 빚쟁이가 가장 무섭다. 눈에 불을 켜고 시도
때도 없이 찾아와 빚진 사람을 괴롭히기 때문이다. 이럴 때에
는 빚쟁이의 눈을 피해 달아나는 것이 상책이다. 예전에는, 낮
에는 남의 눈에 뜨이니까 주로 밤을 이용하여 대충 짐을 챙
겨 슬그머니 도망을 쳤다. 다음날 빚쟁이들이 들이닥쳤을 때
에는 도망가고 난 후다. 밤에 몰래 도망가는 족속에는 사랑에
눈먼 청춘 남녀도 있었다. 집안의 반대가 극심하면 동네 어귀
에서 은밀히 만나 대처(大處)로 줄행랑을 쳤다. 이와 같이 한
밤중에 몰래 도망치는 일을 '야반도주(夜半逃走)'라고 한다.
'야반(夜半)'이 '밤이 깊을 때'니, '야반도주'는 한밤중에 도망
가는 것이다. '야간도주(夜間逃走)'와 같은 의미다. 간혹 '야밤
도주'라고도 하나 이는 잘못이다.

193 연임(連任) | 중임(重任)

연임 [명] 원래 정해진 임기를 다 마친 뒤에 다시 계속하여
그 직위에 머무름

어떤 모임이든 회칙이 있다. 회칙에는 반드시 회장을 비롯한
임원의 임기에 대한 조항이 있다. 그 조항에는 임원의 임기를
연장할 때의 세부 조항도 들어 있다. 이럴 경우 '연임(連任)'이
라고 써야 할지, '중임(重任)'이라고 써야 할지 판단이 잘 서지
않는다. '거듭 임명된다'는 점에서 두 단어를 구분 없이 써도
될 것 같지만, 정해진 임기를 마친 뒤에 다시 거듭하여 그 직
에 머무르는 것이므로 '연임'이라 해야 맞다. "우리 모임의 회
장은 연임이 가능하다."는 회장 임기를 다 마친 뒤에 연이어
회장직을 맡을 수 있다는 뜻이다. '중임'은 임기가 끝나거나
임기 중에 개편이 있을 때 거듭 임용되는 것이어서 '연임'과
차이가 있다. "이번 정부부처 개각에서 노동부 장관은 중임되
었다."와 같이 쓸 수 있다. 이는 다른 부처의 장관은 교체되었
으나 노동부 장관만은 거듭 임명되었다는 내용이다.

194 열사(烈士) | 의사(義士)

열사 [명] 나라를 위하여 절의를 굳게 지키며 충성을 다하여
싸운 사람

일제강점기에 활약한 항일 선열이라도 누구는 '열사(烈士)'
라 하고, 누구는 '의사(義士)'라 하여 구분한다. 예를 들어, "이

준 열사", "유관순 열사"라고 하고, "안중근 의사", "윤봉길 의사"라고 한다. 사전에서는 '열사'를 '나라를 위하여 절의를 굳게 지키며 충성을 다하여 싸운 사람'으로, '의사'를 '의로운 지사'로 기술하고 있다. 사전적 의미만으로는 '열사'와 '의사'를 구분하기가 쉽지 않다. 이에 국가보훈처에서는 '열사'는 '맨몸으로써 저항하여 자신의 지조를 나타내는 사람'으로, '의사'는 '무력으로써 항거하여 의롭게 죽은 사람'으로 정의해 놓았다. 맨몸으로 싸웠느냐, 무력으로 싸웠느냐가 중요한 판별 기준이 되는 것이다. 이에 따라 맨몸으로 항거한 이준, 유관순은 '열사'가 되고, 무기를 들고 항거한 안중근, 윤봉길은 '의사'가 된다.

195 운영(運營) | 운용(運用)

운영 [명] 조직이나 기구, 사업체 따위를 운용하고 경영함

'운영(運營)'과 '운용(運用)'은 '무엇인가를 움직여 나간다'는 점에서는 공통적이다. 그러나 실제 의미는 서로 다르다. 두 단어의 의미 차이는 이들이 주로 어떤 단어와 어울려 쓰이는가를 살펴보면 분명하게 드러난다. '운영'은 학교, 당, 기업, 상점, 학회, 대회 등과 어울려 쓰이는 반면, '운용'은 기금, 예산, 물품 등과 어울려 쓰인다. 곧 "학교를 운영하다.", "기금을 운용하다."와 같이 쓸 수 있다. 이에 따르면 '운영'은 '조직이나 기구, 사업체 따위를 관리하면서 움직여 나감'을 뜻하고, '운

용'은 '대상을 움직여 가면서 사용함'을 뜻한다.

196   울력다짐 | 우격다짐

울력다짐 [명] 여러 사람이 힘을 합하여 일을 빠르고
시원스럽게 끝냄. 또는 그런 기세

힘든 일을 해 내려면 여러 사람의 협력이 필요하다. 아무리
힘든 일이라 하더라도 여러 사람이 한꺼번에 힘을 합쳐 하면
쉽고도 빨리 끝낼 수 있다. 이렇듯 여러 사람이 힘을 합하여
일을 하는 것을 '울력'이라 한다. 아울러 그때 나오는 힘도 '울
력'이라 한다. "동네 사람들이 울력으로 둑을 쌓았다."의 '울
력'은 '여러 사람이 합한 힘'이라는 의미로 쓰인 것이다. 울력
으로 일하는 사람을 '울력꾼'이라 한다. '다짐'은 '다지다'에서
파생된 명사로, '마음이나 뜻을 굳게 가다듬어 정함'이라는 뜻
이다. 그러므로 '울력다짐'은 '여러 사람이 힘을 합쳐 일을 빠
르고 시원스럽게 끝내는 것. 또는 그런 다짐이나 기세'로 해석
된다. 이는 '억지로 우겨서 남을 굴복시킴. 또는 그런 행위'를
뜻하는 '우격다짐'과는 전혀 의미가 다르다.

197   유감(遺憾) | 사과(謝過)

유감 [명] 마음에 차지 아니하여 섭섭하거나 불만스럽게 남아
있는 느낌

'유감'에는 '有感'도 있고, '遺憾'도 있다. '有感'은 '감정이 있

음'이라는 뜻이다. "풀빛이 진해진 이파리들을 보니 봄날 유감이 더욱 새롭다."에 쓰인 '유감'이 바로 그것이다. 그러나 이러한 의미의 '유감'은 일상에서 잘 쓰이지 않는다. 한편 '遺憾'은 '마음이 차지 아니하여 섭섭하거나 불만스럽게 남아 있는 느낌'이라는 뜻이다. "양 서방은 노상 나이대접을 안 해 주고 떵떵거리는 김두수에게 유감이 많다."(박경리, 토지)에 쓰인 '유감'이 그런 것이다. 우리가 일상에서 흔히 쓰는 '유감'은 바로 이것이다. 그런데 요즘 '유감'이 좀 이상하게 쓰인다. "○○○ 씨 진술이 사실이라면 관련된 분들에게 심심한 유감을 표한다."와 같이, 피해자가 아닌 가해자가 유감을 표하는 주체로 둔갑한 표현이 버젓이 쓰이고 있기 때문이다. 유감을 표하는 주체는 섭섭하거나 기분 나쁜 감정을 갖고 있는 피해자이지, 잘못을 저지른 가해자가 아니다. 잘못을 저질러 놓고도 억지로 사과를 하려다 보니 이런 엉터리 표현이 나온 것이다. 상대에게 상처를 주었다면 당연히 '사과(謝過)'라는 말을 넣어 정중하게 표현해야 한다. '사과'는 '자기의 잘못을 인정하고 용서를 비는 행위'다. 그러므로 사과를 하려면 먼저 자신의 과오를 솔직히 인정하고, 그것에 합당한 표현을 선택하여 써야 한다. 사과를 할 때 쓰는 전형적인 표현은 "(무엇 무엇에 대해 누구에게) 사과한다."다. 좀 더 진정성을 보이려면 "(무엇 무엇에 대해 누구에게) 용서를 구한다."로 표현한다. '심심하다(甚深--)'를 넣어 "심심한 사과의 말씀을 전한다."와 같이 표현하면 더욱 절실한 마음을 담을 수 있다. '심심하다'는 "심심한 감사를 드립니다.", "심심한 조의를 표합니다.", "그동안의 노고에 심심한 경의를 표하는 바입니다." 등에서 보듯, '감사, 조의, 경의' 등과 같이 긍정적 가치의 단어와 어울려 자신의 진실되고 곡진한 마음을 전달하고자 할 때 사용된다.

198   이르다 | 빠르다

이르다 [형] 대중이나 기준을 잡은 때보다 앞서거나 빠르다

'이르다'와 '빠르다'는 의미가 전혀 다름에도 불구하고 자주 혼동하여 쓴다. 특히 '이르다'를 쓸 자리에 '빠르다'를 쓰는 경우가 많다. "후보 거론 아직 빠르다.", "단체장 빨라야 2026년에 선거" 등과 같이 잘못 쓰는 것이다. '빠르다'는 '어떤 동작을 하는 데 걸리는 시간이 짧다'라는 뜻이고, '이르다'는 '시간이 대중 잡은 시간보다 앞서 있다'라는 뜻이므로, 앞의 문장들은 "후보 거론 아직 이르다.", "단체장 일러야 2026년에 선거"로 바꾸어야 한다. '이르다'의 반대말은 '늦다'고, '빠르다'의 반대말은 '느리다'다.

199   일절(一切) | 일체(一切)

일절 [부] 아주, 전혀, 절대로의 뜻으로, 흔히 사물을 부인하거나 행위를 금지할 때에 쓰는 말

'一切'은 '일절'로도 읽히고, '일체'로도 읽힌다. 그런데 '일절'

과 '일체'의 문법적 기능과 의미는 다르다. '일절'은 '아주, 전혀, 절대로'라는 뜻의 부사로 쓰인다. "일절 말하지 않았다.", "출입을 일절 금하다."와 같이 흔히 어떤 일을 하지 않거나 행위를 그치게 할 때에 쓰인다. 한편 '일체'는 '모든 것'이라는 명사로 쓰인다. "안주 일체", "도난에 대한 일체의 책임을 지다."와 같이 쓸 수 있다. 그런데 '일체'에 조사 '로'가 붙은 '일체로'는 '전부, 완전히'라는 뜻을 띤다. "일체로 술을 끊다."와 같이 쓸 수 있다. 주목되는 것은 '일체'가 '모든 것을 다'라는 의미의 부사로도 쓰인다는 점이다. "걱정 근심일랑 일체 털어 버리고 자라."에 쓰인 '일체'가 그러한 것이다.

200 임산부(姙産婦) | 임신부(姙娠婦) · 임부(妊婦) |
산부(産婦)

임산부 [명] 임부(妊婦)와 산부(産婦)를 아울러 이르는 말

'임산부(姙産婦)'는 '임부(妊婦)'와 '산부(産婦)'를 묶어서 이르는 말이다. '임부' 또는 '임신부(姙娠婦)'는 '아이를 밴 부인'이고, '산부'는 '아이를 낳은 부인'이다. 아이를 밴 임부나 아이를 막 낳은 산부는 조심해야 할 것이 많다. 임부는 특히 약물을 조심해야 하고, 산부는 찬바람이나 먹는 것을 조심해야 한다. 임부나 산부가 가리고 조심해야 할 것이 많아서인지 모르지만, 둘을 구분하지 않고 두루 '임산부'로 쓰는 경향이 있다. "그는 배가 불러 거동이 불편한 임산부에게 자리를 양보

했다.", "노약자나 임산부는 이 영화를 관람하실 수 없습니다."와 같이 쓰는 것이다. 그러나 이 두 문장은 엄밀히 말해 잘못된 것이다. 앞의 문장은 배가 부른 사람은 임부이지 산부는 아니어서 '임산부'라는 단어를 쓸 수 없고, 뒤의 문장은 놀라서는 안 될 사람은 임부이지 산부는 아니어서 '임산부'라는 단어를 쓸 수 없다.

201   주야장천(晝夜長川)

[뷔] 밤낮으로 쉬지 아니하고 연달아

'주야(晝夜)'는 본래 '낮과 밤'이라는 뜻이지만, '주야장천(晝夜長川)'에서는 '밤낮을 가리지 않고, 밤낮없이'라는 뜻이다. '장천(長川)'은 본래 '긴 내'라는 뜻이나, '주야장천'에서는 긴 내의 속성인 '연달음'을 지시한다. 그리하여 '주야장천'은 '밤낮으로 쉬지 아니하고 연달아'라는 부사적 의미를 띤다. '주야'가 생략된 '장천'도 그러한 의미를 띤다. "부모님들은 주야장천 자식 걱정뿐이다."와 같이 쓸 수 있다. '주야장천'을 '주구장천, 주구장창, 구구장창' 등으로 잘못 발음하기도 하는데, '주야'나 '장천'의 의미를 바로 안다면 달리 발음하는 일은 없을 것이다.

202 주인공(主人公) | 장본인(張本人)

주인공 [명] 어떤 일에서 중심이 되거나 주도적인 역할을 하는 사람

'주인공(主人公)'은 본래 영화나 연극 등에서 사건의 중심이 되는 인물을 가리킨다. 그런데 의미가 크게 확대되어 어떤 일에서 중심이 되거나 주도적인 역할을 하는 사람을 가리키기도 한다. "미담의 주인공", "선행의 주인공" 등의 '주인공'이 바로 그러한 것이다. 그런데 주목을 받되 좋은 일이 아니라 나쁜 일로 주목을 받는 사람도 있다. 이러한 사람을 '장본인(張本人)'이라 한다. 사전적 의미는 "어떤 일을 꾀하여 일으킨 바로 그 사람"이다. "연쇄 살인 사건을 일으킨 장본인이 바로 그다."와 같이 쓸 수 있다. 그런데 '주인공'을 써야 할 자리에 '장본인'을 쓰는 경우를 종종 보게 된다. "2억대의 장학금을 익명으로 기부한 장본인은 70대의 노부부였다."와 같이 쓰는 것이다. '주인공'이 좋은 일의 중심에 있는 사람이라면, '장본인'은 나쁜 일의 중심에 있는 사람이다. 이 점을 바로 안다면 주인공을 장본인으로 둔갑시키는 잘못은 범하지 않을 것이다.

203 지양(止揚) | 지향(指向)

지양 [명] 더 높은 단계로 오르기 위하여 어떠한 것을 하지 아니함

'지양(止揚)'은 본래 철학 용어다. 변증법의 중요 개념으로 '어

떤 것을 그 자체로는 부정하면서도 오히려 한층 더 높은 단계에서 이것을 긍정하는 일'을 뜻한다. '지양'이라는 철학 용어가 일반 사회로 넘어와 쓰이면서, '더 높은 단계로 오르기 위하여 바람직하지 않은 것을 하지 아니함'이라는 의미로 일반화했다. "과도한 설계 변경 지양 및 적극 행정 권장 촉구"와 같이 쓸 수 있다. 순화안에서는 될 수 있으면 '지양' 대신 '피함'이나 '하지 않음'을 쓸 것을 권고하고 있다. '지양'과 어형이 유사해 혼동하기 쉬운 단어가 '지향(志向)'이다. 이는 '어떤 목표로 뜻이 쏠리어 향함'이라는 뜻이어서 '지양'과는 의미가 전혀 다르다. "출세 지향", "서구 지향" 등과 같이 쓸 수 있다.

204   집알이│집들이

집알이 [명] 새로 집을 지었거나 이사한 집에 집 구경 겸 인사로 찾아보는 일

이사를 하면 집주인이 가까운 사람들을 불러 집을 구경시키고 음식을 대접한다. 이러한 의식을 '집들이'라고 한다. 그런데 '집들이'는 본래 '이사하여 새로운 집으로 옮겨 들어감'이라는 뜻이다. 이러한 의미에서 '이사한 후에 이웃과 친지를 불러 집을 구경시키고 음식을 대접하는 일'이라는 의미로 변한 것이다. 집들이는 대체로 집주인의 초대로 이루어진다. 그런데 집주인의 초대와 관계없이 이사한 사람의 집을 구경 겸 인사차 들러볼 수도 있다. 이러한 일을 '집알이'라고 한다. 이사

혼동하기 쉽거나 잘못 쓰고 있는 단어들

한 집을 들러 이리저리 알아보고 살펴본다는 의미가 담겨 있다. "집알이를 오다."와 같이 쓸 수 있다. 그런데 '집들이'라는 말은 익숙해도 '집알이'라는 말은 생소하다. 요즘에는 집알이를 거의 하지 않기 때문이다. 물론 지금도 여전히 부모나 형제들이 이사한 집에 찾아와 이리저리 살펴보고 흡족해 하면서 잘 살라고 덕담을 해 준다. 그러나 이것이 '집알이'라는 것을 아는 사람은 거의 없다.

205 추돌(追突) | 충돌(衝突)

추돌 [명] 자동차나 기차 따위가 뒤에서 들이받음

자동차가 많다 보니 사고도 빈번하다. 그 사고 가운데 접촉 사고가 가장 흔하다. 접촉 사고는 두 자동차가 정면으로 부딪치는 경우와, 뒤에 오는 차가 앞서 가는 차를 들이받는 경우가 대부분이다. 뒤에 오는 차가 앞서 가는 차를 쫓아가 들이받는 행위를 '추돌(追突)'이라 한다. "버스 한 대와 승용차 두 대가 부딪치는 이중 추돌이 일어났다."와 같이 쓸 수 있다. 물론 '추돌'이라는 단어가 자동차에만 쓰이는 것은 아니다. 자전거나 기차 등이 뒤에서 들이받는 것도 '추돌'이라 한다. 한편 '충돌(衝突)'은 서로 마주 부딪치는 것이어서, 한쪽이 일방적으로 부딪치는 '추돌'과는 다르다.

타분하다 | 따분하다

타분하다 [형] 입맛이 개운하지 않다

우리말에는 '달다, 맵다, 짜다, 시다, 싱겁다' 등에서 보듯 미각
어가 잘 발달되어 있다. 잘 쓰이지는 않지만 '타분하다'도 미
각어 중의 하나다. '타분하다'는 '입맛이 산뜻하지 않다'라는
뜻이다. 입맛이 돌지 않아 무슨 맛인지 모르고 먹을 때 이 말
을 쓴다. 예를 들어, 어르신이 몸이 아파 입원해 있는데 병문
안 온 사람이 "입맛은 어떻습니까?"라고 여쭈면, "뭐, 글쎄 타
분하지."라고 대답할 수 있다. 이때 '타분하다'를 '따분하다'로
받아들이면 곤란하다. '따분하다'는 '재미가 없어 지루하고 답
답하다'라는 뜻이니, 입맛과는 관계가 없다.

터앝 | 텃밭

터앝 [명] 집의 울안에 있는 작은 밭

단독 주택에 사는 사람들은 집 안에 공터가 있으면 밭을 일구
어 여러 남새(채소)를 길러 먹는다. 크지 않은 밭이기에 여기서
나는 남새의 종류나 양이 많지는 않지만, 집안 식구들이 한철
먹기에는 부족함이 없다. 농약을 쓰지 않은 무공해 채소이니
마음 놓고 먹을 수 있어서 더욱 좋다. 반찬이 되는 남새를 길
러 먹기 위해 집의 울타리 안에 만든 작은 밭이 '터앝'이다. '터
앝'은 '터밭'이 '터밫〉터왙'을 거쳐 나타난 어형으로, '터에 조
성된 밭'이라는 뜻이다. 그런데 '터앝'은 '텃밭'과는 구분된다.

'텃밭'은 '터'와 '밭' 사이에 사이시옷이 개재된 어형으로, '집터에 딸리거나 집 가까이에 있는 밭'을 가리키기 때문이다. '터앝'이 집 안쪽에 있는 밭이라면, '텃밭'은 집 바깥쪽에 있는 밭이라는 점에서 분명한 차이가 있다. 두 단어가 똑같이 '터'와 '밭'을 이용한 단어인데, 그 지시 의미가 달라 특이하다.

208 터울

[명] 한 어머니로부터 먼저 태어난 아이와 그다음에 태어난 아이와의 나이 차이. 또는 먼저 아이를 낳은 때로부터 다음 아이를 낳은 때까지의 사이

요즘 '터울'이라는 말이 이상하게 쓰인다. "나와 두 살 터울의 아내", "최대 두 살 터울의 동창 모임"에서 보듯 부부간이나 친구 사이의 나이 차이를 지시하는 뜻으로 쓰이고 있기 때문이다. 심지어 허물없이 지내는 것을 "터울 없이 지낸다."라고까지 말한다. '터울'은 부부 사이나 선후배 사이에 쓰이는 말이 아니다. 이는 같은 어머니가 낳은 자식들 사이에서나 쓰일 수 있는 말이다. 곧 '한 어머니로부터 먼저 태어난 아이와 그다음에 태어난 아이와의 나이 차이'를 이르는 말이다. "첫째 아들과 둘째 아들은 몇 살 터울인가?"와 같이 쓸 수 있다. 당연히 친형제자매가 아닌 친족에는 쓸 수 없다. '터울'은 또한 '먼저 아이를 낳은 때로부터 다음 아이를 낳은 때까지의 사이'라는 뜻으로도 쓰인다. "전봉준은 두세 살 터울로 위로 딸

둘, 아래로 아들 둘이었다."(송기숙, 녹두 장군)에 쓰인 '터울'이 그러한 것이다.

209　폄훼(貶毀) | 폄하(貶下)

폄훼 [명] 남을 깎아내려 헐뜯음

우리는 남을 칭찬하는 데 아주 인색하다는 평을 듣는다. 좋은 일을 하면 마땅히 칭찬을 해 주어야 하는데, 그저 무덤덤한 태도를 취하거나 칭찬은커녕 시기하고 질투하는 경우가 많기 때문일 것이다. 시기와 질투가 도를 넘으면 아예 그 사람을 깎아내려 헐뜯기도 한다. 이렇듯 남을 깎아내려 헐뜯는 것을 '폄훼(貶毀)'라고 한다. '폄(貶)'이 '낮추다'의 뜻이고, '훼(毀)'가 '헐다'의 뜻이므로, '폄훼'의 글자 뜻 그대로의 의미는 '낮추어 말하고 헐어 말함'이다. 실제 의미와 차이가 없다. 한편 단순히 가치를 깎아내리는 경우도 있다. 이를 '폄하(貶下)'라고 한다. '폄하'는 본래 치적이 좋지 못한 수령을 하등으로 깎아내리던 일을 뜻했다. 수령의 관직을 강등시키듯, 의도적으로 가치를 아래로 떨어뜨리는 것을 비유하여 '폄하'라 한다. 의미가 일반화한 것이다.

210　피난(避難) | 피란(避亂)

피난 [명] 재난을 피하여 멀리 옮겨 감

'피난(避難)'과 '피란(避亂)'은 어형도 유사할 뿐만 아니라 의미도 비슷하다. 그래서 자주 혼동하여 쓴다. 그러나 두 단어는 분명히 다른 의미를 갖고 있으므로 구별해서 써야 한다. '피난'은 '재난을 피함'이라는 뜻이다. 뜻밖에 일어난 재앙이나 고난을 피해 멀리 옮겨가는 것이 바로 '피난'이다. 지진, 태풍, 홍수 등을 피해 안전한 장소로 이동하는 것 등이 여기에 속한다. "지진이 나자 마을 사람들은 피난을 떠났다."와 같이 쓸 수 있다. '피란'은 '난리를 피함'이라는 뜻이다. 전쟁의 화를 면하기 위해 멀리 피하는 것이 '피란'인 것이다. 따라서 '피란길'과 '피난길', '피란꾼'과 '피난꾼', '피란민'과 '피난민'은 전혀 다르다.

211 하룻강아지 | 하릅강아지

하룻강아지 [명] 난 지 얼마 안 되는 어린 강아지

'하룻강아지'를 한번 사전에서 찾아보라. '난 지 얼마 안 되는 어린 강아지'라 풀이되어 있을 것이다. 그러나 이것만으로는 '하룻강아지'가 정확히 어떤 강아지인지 알 수 없다. 이 단어의 어원을 알아야 그 정확한 의미를 파악할 수 있다. 사전은 물론이고 대부분의 국어학자들은 '하룻강아지'를 '하릅강아지'에서 변한 말로 보고 있다. 곧 '하룻강아지'의 어원을 '하릅강아지'에서 찾는 것이다. 그럼 '하릅강아지'는 어떤 강아지인가? '하릅'은 '나이가 한 살 된 소, 말, 개 따위를 이르는 말'이다. 우리말에는 짐승의 나이를 세는 단위어가 특별히 마련되어 있어 주목된다. 한 살은 '하릅' 또는 '한습', 두 살은 '두릅', 세 살은 '세습' 등으로 별도로 부른다. 그러므로 '하릅강아지'는 '한 살 된 강아지'가 된다. 마찬가지로, 한 살 된 망아지, 비둘기, 송아지를 각기 '하릅망아지, 하릅비둘기, 하릅송아지'라한다. 그렇다면 '하릅강아지'가 변하여 '하룻강아지'가 될 수있을까? 결론적으로 말해 그렇게 될 수 없다. '하릅강아지〉하룻강아지'는 음운론적으로 전혀 설명할 수 없는 변화다. 그럼에도 불구하고 대부분의 국어학자들이 이렇게 본 것은, 일단두 단어의 어형이 흡사하고 또 의미까지 유사하기 때문이다. '하룻강아지'는 '하릅강아지'보다는 오히려 옛 문헌에 나타나는 '하로기, 하로기아지, 하로개지, 하로강아지' 등과 어형상더 가깝다. 특히 '하로강아지'와 가깝다. '하로강아지'는 '하루'의 이전 어형인 '하로'와 '강아지'가 결합된 어형이다. '하로강아지'에 사이시옷이 개재되어 '하룻강아지'로 되고, 다시 이것이 '하룻강아지'로 변한 것이다. 이쯤 되면 '하룻강아지'가 '하릅강아지'와는 무관한 단어임을 인정할 수밖에 없다. '하로강아지', 곧 '하룻강아지'는 다름 아닌 '태어난 지 하루밖에 되지않은 강아지'라는 뜻이다. 그런데 현재 '하룻강아지'는 이러한의미로 쓰이지 않는다. 의미가 확대되어 '난 지 얼마 안 되는어린 강아지'라는 의미로 쓴다. '하룻망아지, 하룻비둘기'도각기 '난 지 얼마 안 되는 어린 망아지', '난 지 얼마 안 되는 어린 비둘기'라는 의미를 띤다. 세상에 나온 지 얼마 되지 않는 어린 강아지는 천방지축 멋모르고 까분다. 그러니 그 무서운 호랑이가 다가와도 아랑곳하지 않고 겁 없이 덤벼든다. 이러한 상황을 "하룻강아지 범 무서울 줄 모른다."라고 표현한 것이다.

212 하릴없다ㅣ할일없다

하릴없다 [형] 달리 어떻게 할 도리가 없다

'하릴없다'를 '할일없다'로 잘못 쓰기도 한다. '하릴없다'가 기원적으로 '할일없다'에서 온 것이어서 두 어형을 혼동하여 쓰는 것도 무리는 아니지만, '할일없다'는 비표준어다. '할일없다'가 '할 수 있는 일이 없다'라는 뜻이므로, '할일없다'에서 나온 '하릴없다'도 '달리 어떻게 할 도리가 없다'라는 의미를 띨 수 있다. "중요한 물건을 잃어버렸으니 꾸중을 들어도 하릴없는 일이다."와 같이 쓸 수 있다. 그런데 '하릴없다'를 '하는 일 없다'로 해석해서 "하릴없이 앉아서 뭐 하니?", "하릴없으면 집에 가서 애나 보아라."와 같이 쓰는 것은 잘못이다. 한편 '하릴없다'는 '조금도 틀림이 없다'라는 의미로도 쓰인다. "비를 맞으며 대문에 선 그의 모습은 하릴없는 거지였다."에 쓰인 '하릴없다'가 그러한 것이다. 이런 경우에는 '영락없다'와 의미가 통한다.

화톳불 | 모닥불

화톳불 [명] 한데다가 장작 따위를 모아 질러 놓은 불

겨울철 한데서 일하는 사람들은 겨울나기가 녹록하지 않다.
매서운 바람과 추위를 참아내야 하기 때문이다. 그래서 일터
근처에다 불을 지펴 언 몸을 조금이라도 녹이려 한다. 이렇듯
추위를 쫓기 위해 한데다가 장작 따위를 모아 질러 놓은 불을
'화톳불'이라 한다. '화토'와 '불' 사이에 사이시옷이 개재된 어
형이나 '화토'의 어원은 분명하지 않다. 한자어로는 '관화(爟
火)'라고 한다. '관(爟)'은 '봉화, 횃불'이라는 뜻이다. 한편 잎나
무나 검불 따위를 모아 놓고 피우는 불은 '모닥불'이라 한다.
'모닥'은 '모닥이(한 번에 많이 모이는 것), 모닥모닥(자잘한 무더기
가 여기저기 있는 모양)' 등의 그것과 같이 '모아 놓은 무더기'를
지시한다. 잎나무나 검불 따위를 긁어모은 무더기로 불을 피
운다는 점에서 '무더기'의 의미를 함축하는 '모닥'을 이용한
것으로 추정된다. 북한에서는 '모닥불'을 '무덕불'이라 하는
데, '무덕' 역시 '무더기'라는 뜻이다. 그런데 요즘의 모닥불은
장작을 쌓아 놓고 기름을 부어 태우는 '캠프파이어'와 같은
의미로 사용되어 본래의 의미와 달라졌다. 어찌 보면 '화톳불'
과 의미가 같아졌다고 볼 수 있다. 한편 모닥불이나 화톳불을
피워 놓은 무더기를 '불무더기'라고 한다.

5

살려 쓰면
좋은 고유어

:

아직도 사전에
잠자고 있는 아름다운
우리말이 많다

214 가뭇없다

[형] ① 보이던 것이 전혀 보이지 않아 찾을 곳이 감감하다 ②
눈에 띄지 않게 감쪽같다

급작스런 폭우로 산사태가 나서 흙덩이가 마을을 덮치면 마을은 순식간에 온데간데없이 사라진다. 허둥지둥 몸은 빠져나와 목숨은 건졌건만, 종전까지도 눈앞에 있던 집과 마당이 사라졌으니 기가 막힐 노릇이다. 자기 집이 어디에 있었는지도 모를 정도로 싹 쓸려 나가기라도 하면, 집의 잔해는커녕 집터를 찾기도 힘들게 된다. 이와 같이 눈에 보이던 것이 갑자기 사라져 전혀 보이지 않아 찾을 길이 감감한 것을 '가뭇없다'라고 한다. "이번 수해에 모든 것이 가뭇없게 되어 버렸다."와 같이 쓸 수 있다. 또한 '가뭇없다'는 '눈에 띄지 않게 감쪽같다'라는 의미로도 쓰인다. 눈앞에 있던 것이 갑자기 사라져 찾을 곳이 감감해진 상황은, 결국 전혀 알아챌 수 없는 감쪽같은 상황으로 이어지므로 얼마든지 '감감하다'에서 '감쪽같다'로 의미가 변할 수 있다. "마술사의 손놀림에 따라 보자기에 있던 비둘기가 가뭇없게 사라져 버렸다."의 '가뭇없다'가 그러한 것이다.

215   개코쥐코
[부] 쓸데없는 이야기로 이러쿵저러쿵하는 모양

'개코'와 '쥐코'가 나란히 어울린 어형이다. '개코'는 '개의 코', '쥐코'는 '쥐의 코'다. 그런데 '개코'는 이것이 지니는 하찮은 속성으로 말미암아 '별 볼일 없이 하찮은 것, 쓸데없는 것'을 경멸하는 태도로 속되게 이르는 말로도 쓰인다. "이미 개과천선도 개코도 글러먹은 놈이니까 아예 잡지 않겠다는 뜻이었나?"(이문희, 흑맥)에 쓰인 '개코'가 그러한 것이다. 합성어 '개코같다(하찮고 보잘것없다), 개코망신(잘못하여 명예나 위신을 아주 톡톡히 망침)'을 비롯하여 '개코쥐코'에 쓰인 '개코'도 그러한 의미 기능을 수행한다. '쥐코'는 이것이 지니는 아주 작은 속성으로 말미암아 '간단한 것, 좁고 작은 것, 별 볼일 없는 것'을 경멸하는 태도로 속되게 이르는 말로도 쓰인다. "가진 것이라고는 쥐코도 없는 사람이 큰소리만 친다."에 쓰인 '쥐코'가 그러한 것이다. 합성어 '쥐코밥상(아주 간단하게 차린 밥상), 쥐코조리(도량이 좁은 사람)'를 비롯하여 '개코쥐코'에 쓰인 '쥐코'도 그러한 의미 기능을 수행한다. '개코'와 '쥐코'가 결합된 '개코쥐코'는 각각의 의미 기능을 고려할 때 '하찮고 자잘한 것을 가지고 이러쿵저러쿵 떠드는 모양'을 지시한다고 볼 수 있다. 곧 '쓸데없는 이야기로 이러쿵저러쿵하는 모양'이 '개코쥐코'다. 대체로 동사 '떠들다'와 어울려 쓰인다.

216 겉볼안

[명] 겉을 보면 속은 안 보아도 짐작할 수 있다는 말

웬만큼 세상을 산 사람이라면 사람의 겉만 보아도 그 사람의 속내를 어느 정도 읽어낼 수 있다. 겉모습이나 표정에 그 사람의 내면이 묻어 나오기 때문이다. 이렇듯 겉만 보면 속은 안 보아도 그 사람의 속내를 짐작할 수 있다는 것이 '겉볼안'이다. "아무리 겉볼안이라지만, 사람은 사귀어 보아야 진심을 알 수 있다."와 같이 쓸 수 있다. 세상을 오래 산 연륜(年輪)에 더하여 심안(心眼)을 가진 사람이라면 상대의 속내를 더욱 정확히 짚어낼 수 있을 것이다.

217 곰파다

[동] 사물이나 일의 속내를 알려고 자세히 찾아보고 따지다

어떤 일이 옳은지 그른지를 제대로 판단하기 위해서는 그 일의 내용을 꼼꼼히 따져 보아야 한다. 그렇지 않고 대충대충 넘기면 아무런 성과도 내기 어렵다. 이렇듯 사물이나 일의 속

내를 알려고 자세히 찾아보고 따지는 것을 '곰파다'라고 한다. 아주 신중하고 진지한 태도다. '곰'은 '곰돌이(자꾸 계속하여 도는 일), 곰삭다(푹 삭다)' 등의 그것과 같이 '자꾸, 깊게'의 뜻이고, '파다'는 '알아내려고 노력하다'의 뜻이다. 이에 따라 '곰파다'는 '꼼꼼하게 따져 보다'로 해석된다.

218 구듭

[명] 귀찮고 힘든 남의 뒤치다꺼리

형제가 여럿이어도 유독 집안의 궂은일을 도맡아 하는 사람이 있다. 본인 일 하기도 벅찬데 혼자서 집안 대소사까지 다 챙겨야 하니 수고가 이만저만이 아니다. 그 까다롭고 힘든 뒤치다꺼리를 감당해 보지 않은 사람은 그 쓰라린 심정을 모른다. 이렇듯 '남을 위해 하는 귀찮고 힘든 뒤치다꺼리'를 '구듭'이라 한다. '구듭'은 빨리 없애 버리고 싶은 일이어서 주로 '치다'와 어울려 쓰인다. "구듭을 치다."에서 어휘화한 것이 '구듭치다'고, '구듭치다'에서 파생된 명사가 '구듭치기(귀찮고 힘든 남의 뒤치다꺼리를 하는 일)'다.

219 국으로

[부] 제 생긴 그대로. 또는 자기 주제에 맞게

사람은 자기 분수나 주제를 알고 그에 맞게 살아야 한다. 분수나 주제를 모르고 날뛰다가는 패가망신(敗家亡身)하기 십상이다. '제 분수나 주제에 알맞게, 생긴 그대로'와 뜻이 통하는 부사가 '국으로'다. "자네가 끼어들 자리가 아니니 제발 국으로 가만히 좀 있어 줘."와 같이 쓸 수 있다. 이는 명사 '국'에 조사 '으로'가 결합해 부사화한 것인데, '국'의 어원은 밝히기 어렵다. 조사 '으로'가 붙은 어형이 부사로 바뀌었다는 점에서 '노량으로(어정어정 놀면서 느릿느릿), 시나브로(모르는 사이에 조금씩 조금씩)' 등과 성격이 같다.

220 글구멍

[명] 글을 잘 이해하는 지혜

'글구멍'은 '글이 들어가는 머리 구멍'이라는 뜻이다. 이 구멍은 글을 이해하는 통로다. 이 통로를 잘 지나면 지혜를 얻게 된다. 그리하여 '글구멍'이 '글을 잘 이해하는 지혜'라는 의미를 띨 수 있다. "그는 드디어 글구멍이 트이기 시작했다."에 쓰인 '글구멍'이 그러한 것이다. 한편 글을 듣고 이해하는 능력은 '글귀'라 하고, 글을 보고 이해하는 능력은 '글눈'이라 한다. "글귀 좋은 학생", "글눈을 뜨다."와 같이 표현할 수 있다.

221 나무말미

[명] 장마 기간 중에 날이 잠깐 개어 풋나무를 말릴 만한 짬

우리나라의 장마철은 6월 하순경에서 8월경까지다. 장마철에 접어들면 비가 오는 날이 많아지고, 또 한번 내렸다 하면

오래 지속된다. 그러다가 잠깐 날이 개기도 한다. 장마 중에 날이 잠깐 개면 땔감으로 쓸 개암나무와 같은 풋나무를 생으로 말린다. 바로 이 풋나무를 말릴 만한 짧은 짬을 '나무말미'라고 한다. '나무를 말릴 만한 겨를'이라는 뜻이다. 물론 날이 개면 빨래를 얼른 내다 널기도 한다. 빨래를 말릴 만큼 잠깐 날이 개는 겨를을 '빨랫말미'라고 하여 '나무말미'와 다르게 쓴다.

222 내풀로

[부] 내 마음대로

이 세상에 내 마음대로 할 수 있는 일은 그다지 많지 않다. 내 능력이 닿지 않아서 그럴 수도 있고, 다른 사람이 허락하지 않아서 그럴 수도 있다. 그래서 내 마음대로 하고 싶은 것은 희망 사항에 불과하다. '내 마음대로'라는 뜻의 부사로 '내풀로'가 있다. '풀'은 '사람의 씩씩하고 활발한 기운'을 뜻한다. "풀이 죽다."의 '풀'이 바로 그러한 것이다. 그러므로 '내풀로'는 '나의 기운으로'라는 뜻이니, '내 마음대로'와 뜻이 통한다. 한편 '제풀로'는 '저 혼자 저절로, 제 스스로'라는 뜻이다.

223 너나들이

[명] 서로 너니 나니 하고 부르며 허물없이 말을 건넴. 또는 그런 사이

친구라도 심리적으로 멀게 느껴지는 친구가 있는가 하면, 아주 가깝게 느껴지는 친구가 있다. 심리적 거리감이 있는 친구와는 나이가 들면서는 '너'니 '나'니 하면서 허물없이 지내기가 쉽지 않다. 반면 심리적으로 가깝게 느껴지는 친구와는 나이가 들어서도 '너'니 '나'니 하면서 허물없이 터놓고 지낼 수 있다. 이렇듯 형식적인 예의를 갖추지 않고 허물없이 터놓고 말을 건네는 것이나 그렇게 지내는 사이를 '너나들이'라고 한다. '너'와 '나'라는 인칭대명사를 자연스럽게 주고받는다는 뜻이 담겨 있다. "그와는 너나들이를 하는 가까운 사이죠."와 같이 쓸 수 있다.

224 너울가지

[명] 남과 잘 사귀는 솜씨

느리면서도 부드럽게 굽이져 움직이는 것을 '너울거리다'라 하고, 그와 같은 모양을 '너울너울'이라 한다. 그리고 너울거리며 크게 일렁이는 바다의 큰 물결을 '너울'이라 한다. 너울이 사납고 거칠게 넘실거리는 것을 "너울이 지다."라고 표현한다. 바다의 큰 물결이 너울거리듯, 이 사람 저 사람 가리지 않고 잘 사귀는 솜씨를 '너울가지'라고 한다. 붙임성, 포용성,

사교성' 따위가 너울가지에 속한다. "그는 너울가지가 좋아 친구가 많다."와 같이 쓸 수 있다.

225 노다지

[명] 손쉽게 많은 이익을 얻을 수 있는 일감을 비유적으로 이르는 말

'노다지'는 본래 '광물이 쏟아져 나오는 광맥'을 뜻하는 광산 용어다. 다양한 광맥 가운데에서도 특히 금맥을 가리킬 때가 많다. 금맥을 포함하여 어떤 광맥에서 광물이 쏟아져 나오는 형국을 '노다지판'이라 한다. 그리고 금맥이 발견되자마자 많은 사람들이 한꺼번에 몰려드는 현상을 '골드러시(gold rush)'라고 한다. '노다지'의 어원을 영어 '노 터치(no touch)'에서 구하기도 하나 이는 전형적인 민간어원(民間語源)이다. 지금까지 국어학자들이 '노다지'의 어원을 캐기 위해 부단히 노력하였으나 아직 해결되지 않은 채 남아 있다. '노다지'는 그 본래의 의미에서 '필요한 물건이나 이익이 한 군데서 많이 쏟아져 나오는 일'이라는 의미로 변한다. 한꺼번에 쏟아져 나오는 광맥은 막대한 이득을 가져다주므로 이러한 의미 변화는 자연스럽다. "그는 이번에 벌인 사업에 노다지를 꿈꾸고 있다."와 같이 쓸 수 있다.

226 노드리듯

[부] 노끈을 드리운 듯 빗발이 굵고 곧게 뻗치며 죽죽
내리쏟아지는 모양

봄비가 소리 없이 가냘프게 내린다면, 여름비는 시끄럽고 힘차게 내린다. 여름비가 시끄럽고 힘찬 것은 빗발이 굵고 곧게 뻗치며 죽죽 내리쏟아지기 때문이다. 이렇듯 굵은 빗발이 곧게 죽죽 내리쏟아지는 모양을 '노드리듯'이라 한다. 노(노끈)를 드리운 듯 굵은 비가 세차게 내리쏟아지는 모양을 그렇게 표현한 것이다. "창밖에는 굵은 소나기가 노드리듯 퍼붓고 있었다."와 같이 쓸 수 있다.

227 노량으로

[부] 어정어정 놀면서 느릿느릿

'노량'에 조사 '으로'가 결합된 어형이다. '노량'은 아마도 동사 '놀다[遊]'의 관형사형 '놀'과 의존명사 '양'이 결합된 '놀 양'에서 온 말로 추정된다. 그렇다면 '노량'은 본래 '놀 모양'이라는 뜻이고, 이것에 '으로'가 결합된 '노량으로'는 '어정어정 놀면서 느릿느릿'이라는 뜻이다. '노량으로'와 같이 명사에 조사 '으로'가 붙어 부사로 바뀐 단어에 '국으로(제 생긴 그대로), 시나브로(모르는 사이에 조금씩 조금씩)' 등도 있다. '노량'은 그 자체로 '노량으로'와 같은 부사적 의미를 띠기도 하는데, 이는 '노량으로'에서 '으로'가 생략된 어형일 수 있다.

228   노루글
[명] 내용을 건너뛰며 띄엄띄엄 읽는 글

"노루가 제 방귀에 놀란다."라는 속담이 있듯이, 노루는 아주 겁이 많은 짐승이다. 작은 소리에도 놀라 두 귀를 쫑긋 세우고 있다가 여차하면 냅다 뛰기 시작한다. 노루가 뛸 때 보면 긴 다리를 모은 채 힘 있게 솟구친다. 경중경중, 껑충껑충 뛰는 것이다. 노루는 걸을 때 보아도 경중경중하는 모양새다. 노루가 걷는 것처럼 경중경중 걷는 걸음을 '노루걸음'이라 하고, 노루가 뛰는 것처럼 경중경중 뛰는 뜀을 '노루뜀'이라 한다. 또한 노루가 경중경중 걷거나 뛰듯이, '내용을 건너뛰며 띄엄띄엄 읽는 글'을 '노루글'이라 한다. 노루글로 책을 읽으면 책의 내용이 잘 들어올 리 없다.

229   논틀밭틀
[명] 논두렁과 밭두렁을 따라서 난, 꼬불꼬불하고 좁은 길

요즘의 논과 밭은 경지 정리가 잘되어 자로 잰 듯 반듯반듯하다. 이에 따라 논두렁과 밭두둑을 따라 난 길도 곧다. 그런데 경지 정리가 되지 않은 논두렁과 밭두둑에 난 길은 꾸불꾸불하고 좁다. 논두렁에 난 꼬불꼬불하고 좁은 길을 '논틀길'이라 하고, 줄여서 '논틀'이라고도 한다. 아울러 밭두둑에 난 꼬불꼬불하고 좁은 길을 '밭틀길'이라 하고, 줄여서 '밭틀'이라고도 한다. '논틀'과 '밭틀'의 '틀-'은 동사 '틀다(방향이 꼬이게 돌

리다'의 어간으로 추정된다. 논과 밭을 이리저리 틀어 꾸불꾸불하게 조성한 길이기 때문이다. 논틀길과 밭틀길을 함께 표현할 때에는 '논틀길'과 '밭틀길'을 합하여 '논틀밭틀길'이라 한다. 여기에서 '길'을 생략해 '논틀밭틀'이라고도 한다. '논틀밭틀'은 꼬불꼬불하고 좁을 뿐만 아니라 사람이 잘 다니지 않아 낯설고 막막하기까지 한 길이다. 그래서 '논틀밭틀'이 '헤매다'와 어울려 "논틀밭틀로 헤매다."와 같이 쓰일 수 있다.

230   눈씨
[명] 쏘아보는 시선의 힘

눈은 사물을 보는 신체 기관일 뿐만 아니라 사물에 대한 감정을 나타내는 신체 기관이기도 하다. 눈을 부릅뜨거나 치켜뜨는 것, 쏘아보는 것 등은 눈으로 감정을 표현하는 방식이다. 상대를 쏘아보는 눈에는 힘이 들어가 있기 마련인데, 이렇듯 쏘아보는 시선의 힘을 '눈씨'라고 한다. 그리하여 "눈씨가 맵다."라고 하면 '시선의 힘이 매섭다'는 뜻이다. '눈씨'는 '눈'과 '세(勢)'가 결합된 '눈세'가 '눈쎄'를 거쳐 나온 어형으로 추정된다. '눈세'가 '눈의 힘'이라는 뜻이므로 '눈씨'가 갖는 '쏘아보는 시선의 힘'이라는 의미와 부합한다. '눈씨'와 어형이 유사한 단어에 '눈찌, 눈총'이 있다. '눈찌'는 '흘겨보거나 쏘아보는 눈길'이라는 뜻이고, '눈총'은 '눈에 독기를 띠며 쏘아보는 시선'이라는 뜻이어서 '눈씨'와는 좀 다르다.

231 눌러듣다

[동] 사소한 잘못을 탓하지 않고 너그럽게 듣다

남이 싫은 소리를 하거나 거북한 말을 하면 그 말을 끝까지 들어주기가 곤란하다. 중간에 끼어들어 말을 끊거나, 여차하면 화를 내고 그 자리를 뜨기도 한다. 물론 꾹 참고 계속 들을 수도 있다. 이와 같이 듣기 싫은 소리를 내색하지 않고 너그럽게 계속 듣는 것을 '눌러듣다'라고 한다. 싫은 감정을 누르고 계속 듣는다는 뜻이 담겨 있다. '듣기' 교육에서 눌러듣기는 아주 중요하다.

232 다락같다

[형] 물건값이 매우 비싸다

'다락'은 한옥에서 부엌 천장 위의 공간을 이층처럼 만들어 물건을 넣어 두는 곳이다. 이는 무엇보다 높은 것이 특징이다. 그래서 '다락같다'라고 하면 '다락처럼 높다'는 뜻이다. "다락같은 말에 올라타다."와 같이 쓸 수 있다. '다락같다'가 지니는 '높다'는 특성이 물건에 적용되면 '물건값이 매우 비싸다'라는 비유적 의미를 띤다. "다락같은 물가"라고 하면 '몹시 비싼 물가'를 뜻한다.

233 다붓하다

[형] 매우 가깝게 붙어 있다

사이가 뜨지 않게 바짝 다가붙는 것을 '다붙다'라고 한다. 그리고 다붙은 듯 보일 만큼 두 사이가 서로 가깝게 붙어 있는 것을 '다붓하다'라고 한다. "두 사람은 다붓하게 앉아 이야기를 나누고 있었다."와 같이 쓸 수 있다. '다붓하다'와 관련된 부사가 '다붓다붓'이다. 이는 '서로 멀지 않게 놓여 있는 모양'을 지시한다.

234 달포 | 날포 | 해포

달포 [명] 한 달 이상이 된 기간

'달[月]'에 접미사 '-포'가 결합된 어형이다. '-포'는 '날포, 해포' 등에 쓰인 '-포'와 같이 '동안'이라는 뜻이다. 기원적으로 보면 '-포'는 중세국어 동사 '푸다(거듭하다)'에서 파생된 말이다. '-포'의 의미를 고려하면 '날포'는 '하루가 조금 넘는 동안', '달포'는 '한 달이 조금 넘는 동안', '해포'는 '한 해가 조금 넘는 동안'이라는 뜻이다. "그 일을 하는 데 약 달포가 걸렸다."는 '그 일을 하는 데 거의 한 달 이상이 걸렸다'라는 뜻이 된다. '달포'와 '해포'가 연결된 '달포 해포'는 '한 달이나 한 해가 조금 넘는 동안'이라는 뜻으로, '꽤 오랜 기간'을 이른다. "그는 빌린 돈을 갚겠다고 해 놓고 달포 해포 넘도록 연락이 없었다."와 같이 쓸 수 있다.

235 도리깨침

[명] 너무 먹고 싶거나 탐이 나서 저절로 삼켜지는 침

맛있는 음식 앞에서는 자신도 모르게 침이 꿀꺽 넘어간다. 너무 먹고 싶어서 생기는 자연스러운 생리 현상이다. 이렇듯 너무 먹고 싶거나 탐이 나서 저절로 삼켜지는 침을 '도리깨침'이라 한다. '도리깨'는 곡식의 낟알을 떠는 데 쓰는 농기구다. 긴 장대 끝에 구멍을 뚫어 꼭지를 가로 박고, 그 꼭지 끝에 서너 개의 회초리를 매어 달아 돌게 한다. 꼭지에 달린 회초리를 '도리깻열'이라 하는데, 이것으로 곡식을 후려치면 곡식의 껍질이 벗겨진다. 도리깻열이 꼬부라져 돌아가는 것과 같이 저절로 넘어가는 침이라 하여 '도리깨침'이라 한 것이다.

236 도린곁

[명] 사람이 별로 가지 않는 외진 곳

집안의 뒤곁, 학교 건물 뒤쪽, 깊은 숲속 길, 산모퉁이 후미진 곳 등은 사람이 별로 가지 않는 외진 곳이다. 이렇듯 '사람이 가지 않는 외진 곳'을 '도린곁'이라 한다. "이 나무들일랑 도린곁에 심자."와 같이 쓸 수 있다. '도린곁'은 동사 '도리다(둥글게 빙 돌려서 베거나 파다)'의 관형사형 '도린'과 명사 '곁(사람이나 사물이 딸린 어느 한 쪽)'이 결합된 어형으로, '둥글게 돌려 판 듯 후미진 쪽'을 가리킨다. 이는 '아주 외진 곳'과 같다.

237 돌림턱

[명] 여러 사람이 일정한 시간을 두고 차례로 돌아가며 내는 턱

좋은 일이 생기면 주변에서 한턱내라고 성화다. '턱'은 '좋은 일이 있을 때 남에게 베푸는 음식 대접'이다. '크게 내는 턱'을 '한턱'이라 하고, '공연히 내는 턱'을 '헛턱'이라 한다. 그런데 턱은 돌려가며 내기도 한다. 이것이 '돌림턱'이다. 친한 사람들끼리 친목을 도모하기 위해 일정한 시간을 두고 차례로 돌아가며 내는 턱이다. "이번에는 내가 돌림턱을 낼 차례다."와 같이 쓸 수 있다.

238 뒤내다

[동] 함께 일을 하다가 중도에서 싫증을 내거나 성의 없는 태도를 보이다

여러 사람과 함께 일을 시작했으면 끝까지 협력해서 잘 마무리해야 한다. 일하는 중도에 힘이 든다고 꾀를 부리고 싫증을 낸다거나 성의 없는 태도를 보이면 일이 제대로 될 수 없다. 이렇듯 함께 일을 하다가 중도에서 싫증을 내거나 성의 없는 태도를 보이는 것을 '뒤내다'라고 한다. 여기서의 '뒤-'는 '뒤바꾸다, 뒤받다, 뒤엎다' 등의 그것과 같이 '반대로' 또는 '뒤집어'라는 뜻을 보태는 접두사다.

뒤란

[명] 집 뒤 울타리의 안

'뒤란'은 '뒤울안'이 줄어든 말이다. '뒤울안'의 '뒤'는 '집의 뒤쪽'이라는 뜻이고, '울안'은 '울타리의 안쪽'이라는 뜻이다. 그러므로 '뒤울안'은 '집 뒤의 울타리로 둘러친 안'으로 해석된다. 아울러 '뒤울안'에서 변한 '뒤란'도 그러한 의미를 띤다. 일부 지역에서는 '뒤란'을 '뒤뜰(집 뒤에 있는 뜰이나 마당)'이나 '뒤꼍'의 뜻으로 쓰기도 하는데, 엄밀히 말하면 뒤뜰이나 뒤꼍은 뒤란에 포함되는 공간이어서 서로 일치하는 개념은 아니다. 뒤란에는 장독대도 있고, 작은 꽃밭도 있어 비교적 넓은 공간이다.

240 뒤안길

[명] ① 늘어선 집들의 뒤쪽으로 나 있는 길 ② 다른 것에
가려서 관심을 끌지 못하는 쓸쓸한 생활이나 처지

'뒤안길'은 미당 서정주의 〈국화 옆에서〉(1947)라는 시를 통해 널리 알려진 시어(詩語)다. 이는 서정주 선생이 직접 만든 말이다. 선생은 생전에 '뒤안길'이 어떤 길이냐는 질문에 "뒤안(뒤꼍)에는 으레 장독대가 있는데, 거기로 장이랑 푸러 다니다 보면 희미한 길이 나는데 그게 뒤안길이 아니겠느냐."라고 답했다고 한다. 부엌 뒷문에서 장독대까지 난 작은 길을 시인은 고향(전남 고창) 말인 '뒤안'을 이용해 '뒤안길'이라 이름한 것

이다. 곧 '뒤안길'은 '뒤꼍에 난 길'이다. 그런데 현재 '뒤안길'은 이러한 의미로 쓰이지 않는다. 사전에서는 '늘어선 집들의 뒤쪽에 나 있는 길'로 풀이하고 있다. 이는 마을 뒤쪽에 나 있는, 사람이 잘 다니지 않는 후미진 길을 염두에 둔 해석이다. 집 안쪽에 난 길이 집의 바깥쪽에 난 길이 되었으니 큰 변화라 아니할 수 없다. 지금이라도 그 본래의 의미를 살려 썼으면 한다. 현재 '뒤안길'은 '다른 것에 가려서 관심을 끌지 못하는 쓸쓸한 생활이나 처지'라는 비유적 의미로 흔히 쓰인다. 뒤안길이 갖는 '쓸쓸하고 호젓함'이라는 의미 특성이 의미 파생의 매개가 되어 이러한 비유적 의미가 생겨난 것이다. "역사의 뒤안길", "인생의 뒤안길"이란 표현이 자연스럽다.

241 들마
[명] 가게 문을 닫을 무렵

장사하는 사람의 하루는 가게 문을 여는 것으로 시작해서 닫는 것으로 끝난다. 여닫는 시간이 늘 똑같은 것은 아니지만 적어도 닫는 시간은 일정했는지, 그 시간을 가리키는 단어가 특별히 마련되어 있다. '들마'가 바로 그것이다. '들'은 동사 어간 '들-[入]'이고, '마'는 '늙마(늙어 가는 무렵)'의 그것과 같이 '무렵'의 뜻이다. 그러므로 '들마'는 '가게 문을 닫고 들어가는 무렵'이라는 뜻이다. '들마'가 있다면 가게 문을 여는 때를 가리키는 '열마'도 있을 법한데, 이러한 단어는 존재하지 않는다.

242　막치

[명] 되는대로 마구 만들어 질이 낮은 물건

우리가 흔히 쓰는 물건 가운데에는 공들여 만든 물건이 있는 반면, 아무렇게나 만든 물건도 있다. 공들여 만든 좋은 물건인지, 아무렇게나 만든 싸구려 물건인지는 그것을 조금만 유심히 살펴보면 쉽게 알 수 있다. '되는대로 마구 만들어 품질이 낮은 물건'을 '막치'라고 한다. 유기(鍮器)로 치면 '맞춤 유기(주문을 받아 만든 유기)'에 대한 '장내기 유기(장에 내다 팔기 위해 대량으로 만든 유기)'가 막치다. '막-'은 '막고무신, 막과자, 막국수' 등에 보이는 그것과 같이 '거친, 질이 낮은'의 뜻을 더하는 접두사고, '치'는 '물건'을 뜻한다. 그러므로 '막치'는 '질이 나쁜 물건'이라는 뜻이다. 물론 '막치'에는 '마지막으로 만든 물건'이라는 뜻도 있다. 이때의 '막-'은 '마지막'의 뜻을 더한다.

243　만무방

[명] 염치가 없이 막된 사람

'만무'와 '방'이 결합된 어형이다. '만무'와 '방'의 어원은 분명하지 않으나, '방'은 '건설방(아무 가진 것 없이 오입판에 쫓아다니면서 허랑한 짓이나 하는 추잡한 사람), 짐방(곡식을 도매로 파는 큰 싸전 따위에서 곡식 짐만을 전문으로 맡아 나르는 사람), 창방(농악대의 양반광대)' 등의 그것과 같이 '하찮은 사람'을 지시한다. '만무방'은 '염치가 없이 막된 사람'이어서 '하찮은 사람'임에 틀림이 없다. 김유정의 단편 소설 〈만무방〉(1935)도 그러한 것이다. 이 소설은 두 형제의 부랑하는 삶을 중심으로 식민지 농촌 사회에 가해지는 가혹한 삶을 사실적으로 형상화한 작품이다. '만무방'을 소설 제목으로 삼은 것은 등장인물들이 도박과 절도를 일삼는, 막되어 먹은 품성의 소유자들이기 때문이다.

244 매조지다

[동] 일의 끝을 단단히 단속하여 마무리하다

무슨 일이든 끝이 좋지 않으면 소용이 없다. 아무리 좋은 계획을 세우고 그 계획에 따라 착실히 일을 했어도 결과가 나쁘면 헛수고가 된다. 그래서 일의 끝머리를 잘 마무리할 필요가 있다. 이와 같이 일의 막바지에 이르러 일의 끝을 단단히 단속하여 깔끔하게 매듭을 짓는 것을 '매조지다'라고 한다. 동사 '매다'와 '조지다(일이나 말이 허술하게 되지 않도록 단단히 단속하다)'가 결합된 합성동사여서 '매듭을 지어(동여매어) 단단히 단속하다'라는 뜻임을 알 수 있다. 명사 '매조지(일의 끝을 맺어 마무르는 일)'는 '매조지다'의 어간이 그대로 굳어진 것이다.

245 머츰해지다

[형] 눈이나 비 따위가 잠시 그쳐 뜸하게 되다

오랫동안 내리던 비나 눈이 잠깐 빤짝하고 그칠 때가 있다. 이렇게 눈이나 비가 잠시 그쳐 뜸한 것을 '머츰하다'라고 한다. "아침이 되니 빗발이 조금 머츰하다."와 같이 쓸 수 있다.
'머츰'은 동사 '멎다'와 관련된 어형으로 추정된다. 머츰하게
되는 것을 '머츰해지다'라고 한다. "눈이 머츰해졌다."는 '눈이
잠시 그쳐 뜸해졌다'라는 뜻이다. '머츰하다'와 어형이 유사한
'머춤하다'는 '잠깐 멈칫하다'라는 뜻이어서 의미가 다르다.

246   먼지잼

[명] 비가 겨우 먼지나 날리지 않을 정도로 조금 옴

한 번 오는 비의 양은 천차만별이다. 강물이 범람할 정도로
많이 오기도 하고, 겨우 큰길의 먼지를 잠재울 만큼 조금 오
기도 한다. 비가 겨우 먼지나 날리지 않을 정도로 조금 오는
것을 '먼지잼'이라 한다. '잼'은 동사 '재우다(푸슬푸슬한 것을 자
리가 잡히게 하다)'에서 파생된 명사형 '재움'에서 줄어든 어형
이다. 그러므로 '먼지잼'의 본래 의미는 '먼지를 잠재움'이다.
공기에 떠도는 미세한 먼지 정도나 잠재울 만큼 비가 적게 오
는 것을 이렇게 명명한 것이다. "비가 먼지잼으로 겨우 몇 방
울 내리다 말았다."와 같이 쓸 수 있다.

247   메지메지

[부] 물건을 여럿으로 따로따로 나누는 모양

'메지'는 '일의 한 가지가 끝나는 단락'이라는 뜻이다. "메지가
나다.", "메지를 내다.", "메지를 짓다."와 같이 쓸 수 있다. '메

지'의 작은말로 '매지'가 있었을 듯한데, '매지구름(비를 머금은 검은 조각구름)'에서나 그 흔적을 찾을 수 있다. '메지'가 중첩된 '메지메지'는 '물건을 따로따로 나누는 모양'을, 그 작은말인 '매지매지'는 '조금 작은 물건을 여럿으로 나누는 모양'을 가리킨다.

248 모르쇠

[명] 아는 것이나 모르는 것이나 다 모른다고 잡아떼는 것

청문회장을 한번 떠올려 보라. 청문회에 나온 증인들은 입을 다물기가 일쑤이고, 곤란한 질문이 나오면 뻔뻔하게도 모르는 척한다. 증인들이 문제를 푸는 열쇠 구실을 하기는커녕 미련한 자물통 역할이나 하고, 불리하면 짐짓 모르는 체하거나 또는 모른다고 딱 잡아떼는 것이다. 이렇듯 '아무것도 모르는 체하거나 모른다고 잡아떼는 일'을 '모르쇠'라 한다. "난처할 경우에는 모르쇠가 제일이다."와 같이 쓸 수 있다. '모르쇠'의 '모르–'는 '모르다'의 어간인 것이 분명하나 '쇠'의 정체는 모호하다. '쇠'를 '사람'을 지시하는 접미사 '–쇠' 또는 '鐵(철)'을 뜻하는 명사 '쇠'로 보기도 하지만 크게 미덥지 않다. '모르쇠' 전체를 근대국어 '모로올쇠(모르겠소)'에서 변한 어형으로 보기도 하는데, 다른 설보다는 설득력이 있어 보인다. 주로 '잡아떼다, 대다'와 어울려 "모르쇠로 잡아떼다.", "모르쇠를 대다."와 같이 쓰인다.

249 몰강스럽다

[형] 인정이 없이 억세며 성질이 악착같고 모질다

인정머리 없는 사람은 대체로 성질이 억세고 모질다. 성질이 억세고 모질면 남에게 큰 상처를 줄 수 있다. 심지어 상처를 주고도 별 신경을 쓰지 않는다. 인정 없이 억세고 모진 성격을 표현하는 데 딱 들어맞는 말이 '몰강스럽다'다. "그렇게 몰강스럽게 구니 주변에 사람이 있을 리 없다."와 같이 쓸 수 있다. '몰강스럽다'에서 파생된 부사가 '몰강스러이'고, 이것에서 줄어든 말이 '몰강스레'다.

250 몽니

[명] 정당한 대우를 받지 못할 때 권리를 주장하기 위해 심술을 부리는 성질

자신이 정당한 대우를 받지 못한다고 생각이 들면 화가 치민다. 화가 치밀면 자신의 권리를 주장하기 위해 거칠게 따질 수도 있고, 아니면 자신의 불편한 심정을 드러내며 심술을 부릴 수도 있다. 후자와 같이 무엇을 요구하고 주장하기 위해 공연히 심술궂고 사납게 구는 성질을 '몽니' 또는 '몽'이라고 한다. 가령 국회의원 선거에서 특정 후보를 위해 열심히 뛰었는데, 당선 이후에 후보자로부터 아무런 보답이 없을 때 공연히 당선자를 비방하고 또 그 당선자가 만나자고 해도 무작정 버티며 심술을 부리는 태도가 '몽니'다. '몽니'는 주로 '부리다'

와 어울려 "몽니(를) 부리다."와 같이 쓰인다. 몽니를 잘 부리는 사람을 '몽니쟁이, 몽꾸러기, 몽꾼'이라고 한다. 그리고 몽니가 심한 것을 "몽니(가) 궂다.", 몽니가 매우 센 것을 "몽니(가) 사납다."라고 표현한다.

251 무람없다

[형] 예의를 지키지 않아 삼가고 조심하는 것이 없다

예의는 아직도 우리 사회의 최대 미덕이라고 해도 과언이 아니다. 그렇다고 예의가 거창한 것은 아니다. 예의는 나와 남을 위해 서로 삼가고 조심하는 것일 뿐이다. 이 예의를 지키지 않는 것을 '무람없다'라고 한다. '무람'이 '삼가고 조심하는 태도', 곧 '예의'와 같은 개념이므로, 그것에 '없다'가 결합된 '무람없다'는 '삼가고 조심하는 태도가 없다', 곧 '예의가 없다'라는 의미를 띤다. 사전에서는 '예의를 지키지 아니하다, 체면을 지키지 아니하다, 예의를 지키지 않아 삼가고 조심하는 것이 없다' 등으로 풀이하고 있다. "제 행동이 다소 버릇없고 무람없더라도 용서하십시오."와 같이 쓸 수 있다. '버릇없다'보다 더 심각하게 받아들여지는 것이 '무람없다'다. '무람없다'에서 파생된 부사로 '무람없이'가 있다. "어른에게 무람없이 굴지 마라."와 같이 쓸 수 있다.

252 무지렁이

[명] 아무것도 모르는 어리석은 사람

물건의 한 부분을 잘라 버리는 행위를 '무지르다'라고 한다. '무지르다'의 어간 '무지르-'에 접미사 '-엉이'가 결합된 어형이 '무지렁이'다. 그러므로 '무지렁이'는 본래 '한 부분이 잘려 나간 물건'이라는 뜻이다. 한 부분이 잘려 나간 물건은 쓸모가 없다. 그리하여 '무지렁이'에 '헐었거나 무지러져서 못 쓰게 된 물건'이라는 의미가 생겨난다. 못쓰게 된 물건은 사람으로 치면 아무 쓸모가 없는 사람이다. 이로써 '무지렁이'에 '쓸모 없고 어리석은 사람'이라는 의미도 생겨난다. "세상 물정 모르는 무지렁이"와 같이 쓸 수 있다.

253 미쁘다

[형] 믿음성이 있다

'기쁘다, 예쁘다' 등과 같이 '쁘' 자가 들어간 형용사는 대체로 밝고 환한 느낌을 준다. '미쁘다'의 경우도 마찬가지다. 이는 가까이 있는 사람이 듬직하고 믿음직스러울 때 쓰는 말이다. 동사 '믿다[信]'에서 파생된 형용사로, '믿음직스럽다, 미덥다'의 뜻이다. '미쁘다'에는 "미쁘신 하느님"에서 보듯 '진실하다, 참되다'의 뜻도 있다. '미쁘다'에서 파생된 명사가 '미쁨'이며, 이는 '믿음직하게 생각하는 마음'이라는 뜻이다.

254 바이

[부] 아주 전혀

주로 '아니다, 못하다' 따위의 부정어와 함께 쓰여 '아주 전혀'의 뜻을 보인다. "부모님의 크나큰 사랑은 바이 견줄 데 없다.", "고향에 돌아갈 생각을 바이 못한다." 등과 같이 쓸 수 있다. '바이'와 '없다'가 결합된 '바이없다'는 '어찌할 도리나 방법이 전혀 없다', '비할 데 없이 매우 심하다'라는 뜻이다. "나로서는 방법이 바이없다."의 그것은 전자의 의미로, "기쁘기 바이없다."의 그것은 후자의 의미로 쓰인 것이다.

255 바치다

[명] 이성이나 음식 따위를 주접스러울 정도로 좋아하여 찾다

남녀 불문하고 색(色)을 주책맞을 정도로 밝히는 사람이 있다. 이런 사람은 좋아하는 이성을 점찍어 놓고 쉴 새 없이 집적거리며 쫓아다닌다. 또한 색을 밝히듯 맛난 음식을 좋아해 그것을 찾아 방방곡곡을 돌아다니는 사람도 있다. 좋게 말해 미식가(美食家)지만 음식을 탐하는 사람이다. 이렇듯 이성이나 음식 따위를 주접스러울 정도로 좋아해 찾아 나서는 것을 '바치다'라고 한다. "색을 바치다.", "여자를 바치다.", "음식을 바치다."와 같이 쓸 수 있다. 물론 '바치다'에는 '무엇을 지나칠 정도로 바라거나 요구하다'라는 뜻도 있다. "사공은 신부에게 빨리 뛰어내리라고 짜증 어린 성화를 바쳤지만 신부는

얼굴이 하얗게 질린 채 쪼그리고 앉아 버렸다."(한승원, 해일)에 쓰인 '바치다'가 그러한 것이다.

256 바투

[부] 두 대상이나 물체 사이가 썩 가깝게

형용사 '밭다'에서 파생된 부사다. '밭다'가 '공간이나 시간이 몹시 가깝다'라는 뜻이므로, '바투'는 '대상이나 물체의 사이가 썩 가깝게', '시간이나 길이가 아주 짧게'라는 두 가지 의미를 띤다. "두 사람은 바투 다가앉았다."의 그것은 전자의 의미로, "머리를 바투 깎다."의 그것은 후자의 의미로 쓰인 것이다. '바투'가 중첩된 '바투바투'는 대상이나 물체의 사이가 가까운 것을 강조할 때 쓰인다. '근시(近視)'를 '바투보기', '근시안(近視眼)'을 '바투보기눈'이라 한다.

257 박쥐구실

[명] 자기 이익만을 위해 이리 붙고 저리 붙고 하는 줏대 없는 행동을 비유적으로 이르는 말

박쥐는 보기에 따라서는 날짐승처럼 보이기도 하고, 들짐승처럼 보이기도 한다. 이를 마치 박쥐가 환경에 따라 의도적으로 변신하는 것으로 간주하여, 자기 이익을 쫓아 이랬다저랬다 하는 줏대 없는 행동을 빗대어 '박쥐구실'이라 한다. 그러나 박쥐를 날짐승으로 보기도 하고 들짐승으로 보기도 하는

것은 인간이어서, 박쥐는 억울한 누명을 뒤집어쓴 꼴이다. 박쥐는 우리가 알고 있는 것과 같은 변덕쟁이 동물이 아니다. 인간이 만들어 놓은 덫에 걸려 '기회주의자'란 낙인이 찍힌 것뿐이다.

258 받자

[명] 남이 괴로움을 끼치거나 여러 가지 요구를 하여도 너그럽게 잘 받아 줌

어린아이는 자기의 요구를 들어주지 않으면 떼를 쓰거나 억지를 부린다. 이럴 때 부모는 들어줄 것과 들어주지 못할 것을 분명히 가려서 알려 주어야 한다. 문제는 아이의 요구를 무조건 들어주는 부모가 많다는 것이다. 이렇듯 무리한 요구를 무조건하고 너그럽게 받아 주는 일을 '받자'라고 한다. "귀엽다고 받자를 해 주니 버릇이 말이 아니군."과 같이 쓸 수 있다. 물론 남이 꺼리는 괴로움을 잘 받아 주는 일도 '받자'라고 한다. '받자'는 본래 예전에 관청에서 환곡이나 조세 등을 받아들이는 일을 가리키던 말이다. 따라서 '받자'의 '받-'이 '受(수)'의 뜻임을 어렵지 않게 짐작할 수 있다.

259 발쇠

[명] 남의 비밀을 캐내어 다른 사람에게 넌지시 알려 주는 짓

사람마다 감추고 싶은 비밀이 있다. 그 비밀은 대체로 당사자

의 약점이거나 당사자에게 아주 소중한 것이다. 그래서 그런지 더욱 감추고 싶다. 이 비밀을 몰래 캐내어 다른 사람에게 알려 준다면 비겁한 짓이다. 그런데 이러한 짓을 일삼는 사람도 있다. 남의 비밀을 캐내어 다른 사람에게 넌지시 알려 주는 짓을 '발쇠'라고 한다. 그리고 그러한 짓거리를 하는 사람을 접미사 '-꾼'을 붙여 '발쇠꾼'이라 한다. 기업이나 국가의 고급 정보를 캐내어 팔아먹는 사람들이 전형적인 발쇠꾼이다.

260 버림치

[명] 못 쓰게 되어 버려둔 물건

어떤 물건이든 오래 사용하다 보면 닳기도 하고 고장 나기도 한다. 닳고 고장이 난 물건은 고쳐 쓰기도 하지만, 너무 심하게 닳거나 고장이 잦은 물건은 버리게 된다. 이렇듯 못 쓰게 되어 버려둔 물건을 '버림치'라고 한다. 요즘 식으로 말하면 '재활용품' 정도가 된다. '버림'은 '버리다'의 명사형이고, '-치' 는 '물건'의 뜻을 더하는 접미사여서, '버린 물건'이라는 의미가 분명히 드러난다. 여기서의 '-치'는 '날림치(정성을 들이지 아니하고 대강대강 아무렇게나 만든 물건), 아람치(개인이 사사로이 차지하는 몫), 중간치(같은 부류의 사람이나 사물 가운데서 신분이나 품질이 중간인 사람이나 물건)' 등의 '-치'와 같은 것이다.

261　보람줄

[명] 책 따위에 표지를 위해 박아 놓은 줄

꽤나 부피가 나가는 책을 보면 책등 위쪽에 줄이 달려 있다. 이 줄은 책갈피에 끼워 어디까지 읽었는지를 표시하거나, 참고하고자 하는 페이지를 특별히 표시하도록 박아 넣은 것이다. 이와 같이 표지(標識)를 위해 박아 넣은 줄을 '보람줄'이라 한다. 출판계에서는 흔히 '가름끈'이라고 한다. '보람줄'의 '보람'은 '약간 드러나 보이는 표적' 또는 '구별하거나 잊지 않기 위해 둔 표적'이라는 뜻이다. "비행기에 탈 때에는 가방마다 눈에 띄는 보람을 해 두어야 한다."와 같이 쓸 수 있다. '간판'을 뜻하는 '보람판'의 '보람'도 그러한 것이다. 이에 따르면 '보람줄'은 '표적 줄'이라 해도 된다.

262　부엉이살림

[명] 자기도 모르는 사이에 부쩍부쩍 느는 살림을 비유적으로 이르는 말

부엉이는 사냥해 온 것을 둥지에 모아 차곡차곡 쌓아 두는 습성이 있다. 그래서 부엉이 둥지에는 언제나 먹을 것이 풍성하다. 그 알뜰한 살림 솜씨에 놀라울 뿐이다. 부엉이 둥지에 쌓인 먹이처럼, 본인도 모르는 사이에 부쩍부쩍 느는 살림을 비유하여 '부엉이살림'이라 한다. 그리고 없는 것 없이 무엇이나 다 갖추어져 있는 곳을 '부엉이 곳간'이라 비유한다. "부엉이

곳간인가, 없는 것이 없구먼."과 같이 쓸 수 있다.

263 비보라

[명] 세찬 바람과 함께 휘몰아치는 비

세찬 바람을 동반한 채 휘몰아치는 눈이 '눈보라'고, 세찬 바람과 함께 휘몰아치는 비가 '비보라'다. 모두 거센 바람을 동반한다는 점에서 같다. '보라'는 무엇인가 흩뿌리거나 휘몰아치는 형상을 지시한다. '꽃보라(떨어져서 바람에 날리는 많은 꽃잎), 보라바람(산 위에서 휘몰아치며 미친 듯이 불어오는 차갑고 센바람)' 등의 '보라'도 그러한 것이다.

264 비설거지

[명] 비가 오려고 하거나 비가 올 때, 비에 맞으면 안 되는
물건을 치우거나 덮는 일

예전 시골집 모습을 한번 머릿속에 그려 보라. 싸리문을 들어서 마당이 있고, 마당을 지나 안채가 있다. 안채 뒤에는 뒤꼍이 있다. 그리고 마당에는 빨랫줄에 빨래가 널려 있고, 초가지붕 위에는 햇볕에 말리기 위해 널어 놓은 고추가 널려 있다. 뒤꼍에는 장독대가 있는데, 통풍을 위해 독 뚜껑을 열어 두기도 한다. 그러다가 비가 올 기미가 보이면 빨래도, 고추도 재빨리 걷어야 한다. 장독 뚜껑도 얼른 닫아야 한다. 이와 같이 비가 오기 전에 물건들을 미리 거두어들이는 일을 '비설거지'

라고 한다. '설거지'가 본래 '수습하기, 정리하기'의 뜻이므로, 이것에 '비'를 붙인 '비설거지'는 '비가 오려고 할 때 비에 맞으면 안 되는 물건을 치우거나 덮는 일'이라는 의미를 띤다. '비'를 생략한 채 '설거지'만으로도 쓸 수 있다. 그런데 현대국어 '설거지'에는 '수습하기, 정리하기'라는 의미는 없고 '음식을 먹고 난 후에 그릇을 씻어 정리하기'라는 의미와, '비설거지'의 줄임말로서의 의미만 있다.

265 사위스럽다

[형] 마음에 불길한 느낌이 들고 꺼림칙하다

'사위'에 접미사 '-스럽다'가 결합된 어형이다. '사위'는 영어 '터부(taboo)'와 의미가 같다. 곧 '미신으로 좋지 않은 일이 생길까 두려워 어떤 사물이나 언행을 꺼림'이라는 뜻이다. "천연두를 마마라고 부른 것은 그것을 꺼려하는 사위에서 나온 말이었다."와 같이 쓸 수 있다. 형용사 '사위스럽다'는 '마음에 불길한 느낌이 들고 꺼림직하다'라는 뜻이다. '사위스럽다'에서 파생된 부사가 '사위스레'이다.

266 살여울

[명] 물살이 급하고 빠른 여울목

강이나 바다에는 바닥이 얕거나 너비가 좁아서 물살이 세게 흐르는 곳이 있다. 이런 곳을 '여울'이라 한다. '강여울, 개여울, 여울돌, 여울목' 등의 '여울'도 그러한 것이다. 여울 가운데에서도 화살처럼 물살이 급하고 빠른 곳을 '살여울'이라 한다. 여기서 '살'은 '화살'을 뜻한다. 물결이 세차게 흐르는 여울은 '된여울', 실처럼 폭이 매우 좁은 여울은 '실여울'이라 한다.

267 살피꽃밭

[명] 건물, 담장 밑, 도로 등을 따라 좁고 길게 만든 꽃밭

"울 밑에 선 봉선화야 네 모습이 처량하다."로 시작하는 노랫말이 있다. 이 노랫말에서 '울 밑'은 '울타리 밑'이라는 뜻이다. 크게 보면 '담 밑'이라고 볼 수 있다. 울타리 밑이나 담 밑에는 각양의 꽃들이 피어 있다. 주로 울타리나 담의 경계선을 따라 꽃을 심는데, 도시에서는 도로의 경계선을 따라 꽃을 심기도 한다. 갓길에 심어 놓은 칸나, 코스모스 등이 계절의 정취를 더해 준다. 그런데 경계선에 꽃을 심기 때문에 꽃밭이 좁고 긴 모양이다. 이렇듯 담 밑, 도로 따위의 경계선을 따라 좁고 길게 만든 꽃밭을 '살피꽃밭'이라 한다. '살피'가 '땅과 땅 사이의 경계선을 간단히 나타낸 표'를 뜻하므로, '살피꽃밭'이 경계선을 따라 만든 꽃밭임을 알 수 있다.

268 새치부리다

[동] 몹시 사양하는 척하다

'사양(辭讓)'은 겸손하게 응하지 않거나 받지 않는 것이다. 그

런데 사양이 늘 겸손에서 우러나오는 것은 아니다. 마지못해 억지로 하는 사양도 있다. 마지못해 몹시 사양하는 척하는 것을 '새치부리다'라고 한다. 명사 '새치'와 동사 '부리다'가 결합된 합성동사다. 현재 '새치'는 남한에서는 쓰지 않고, 북한에서만 '사양하는 체함'이라는 의미로 쓰고 있다. '부리다'는 '행동이나 성질 따위를 계속 드러내거나 보이다'라는 뜻이다. 그러므로 합성동사 '새치부리다'의 본래 의미는 '계속해서 사양하는 체하다'가 된다.

269 샘바리

[명] 샘이 많아서 안달하는 사람

샘이 아주 없을 수는 없지만, 샘이 지나치면 유치해 보인다. 샘이 많은 것도 문제인데 거기에 안달까지 하면 추해 보이기까지 한다. 샘이 많아서 안달하는 사람을 '샘바리'라고 한다. 형용사 '샘바르다(샘이 심하다)'에 접미사 '-이'가 결합된 '샘바르이'가 축약된 어형이다. 그리고 '샘바르다'는 명사 '샘'과 형용사 '바르다'가 결합된 어형이다. 물론 '샘바리'는 '샘'에 '어떤 사람'을 지시하는 접미사 '-바리'가 결합된 어형일 수도 있다. '벗바리(뒷배를 보아 주는 사람)'의 '-바리'도 그러한 것이다.

270 생때같다

[형] 몸이 튼튼하고 병이 없다

'생때'는 '생대'에서 변한 말이다. '생'은 한자 '生'이고, '대'는 '대나무'를 가리킨다. 그러므로 '생대'는 '생생한 대나무'라는 뜻이다. 대나무는 단단하고 질기다. 생대는 일반 대나무에 비해 더 단단하고 질기다. 생생한 대나무와 같이 몸이 튼튼하고 병이 없는 것을 '생때같다'라고 한다. "생때같은 자식들을 전쟁으로 다 잃고 나니 살 의욕이 나지 않았다."에서 보듯 주로 '생때같은'의 형식으로 쓰인다.

271 서리병아리

[명] 힘이 없고 추레한 사람을 비유적으로 이르는 말

서리를 맞은 농작물은 갑자기 생기를 잃고 축 처진다. 그리고 이내 죽는다. 동물도 서리를 맞으면 몸을 몹시 떨고 힘을 잃은 채 늘어진다. 그래서 생겨난 말이 "서리 맞은 병아리" 또는 "서리 맞은 구렁이"라는 표현이다. "서리 맞은 병아리"는 '맞은'이 생략된 '서리병아리'로도 쓰인다. 가냘픈 병아리가 서리를 맞고 떨고 있는 모습을 상상해 보라. 얼마나 측은한가. 서리 맞은 병아리처럼 힘이 없고 몰골이 추레한 사람을 비유하여 '서리병아리'라고 한다. '서리병아리'에는 또한 '이른 가을에 알에서 깬 병아리'라는 뜻도 있다. 이른 가을에 알에서 나온 병아리가 서리를 맞은 병아리처럼 꺼칠하게 보여서 그러한 의미가 생겨난 것이다.

272 서털구털

[부] 말이나 행동이 침착하지 못하고 단정하지 못하여 어설프고
서투른 모양

말과 행동이 침착하지 못하고 단정하지 못하면 어설프고 서
툴러 보인다. 이렇듯 언행이 어설프고 서투른 모양을 '서털구
털'이라 한다. "서털구털 지껄이다."와 같이 쓸 수 있다. 북한
에서는 '서털서털'이 쓰이는데, 이로 보면 '구털'은 '서털'에 운
을 맞추기 위해 이용된 첩어 요소일 가능성이 있다. '서털'은
형용사 '서툴다'에서 온 것으로 추정된다. '서털구털'이 '서투
른 모양'을 지시한다는 점에서도 그렇게 볼 수 있다.

273 선소리

[명] 이치에 맞지 않는 말

'선소리'를 비롯하여 '선떡, 선똥, 선잠, 선웃음, 선하품' 등에
서 보듯 접두사 '선-'이 들어간 단어가 적지 않다. 여기서의
'선-'은 '설다(제대로 익지 아니하다)'의 관형사형이 접두사화한
것으로, '덜 된, 충분하지 못한' 등의 뜻을 더한다. 그리고 '소
리'는 '말'을 뜻한다. 이에 따라 '선소리'는 '덜 된 말, 충분하지
못한 말'이 된다. 덜 된 말이나 충분하지 못한 말은 '이치에 맞
지 않는 말'이라고 볼 수 있다. "아무려면 늙은 것이 익은 밥

먹고 선소리를 하겠나."에 쓰인 '선소리'가 그러한 것이다.

274   섬서하다

[형] 지내는 사이가 서먹서먹하다

뜻과 마음이 맞지 않는 사람과 함께 일을 하다 보면 자주 충돌하게 된다. 그러면 상대를 미워하게 되어 다시는 보고 싶은 마음이 들지 않는다. 어쩌다 마주쳐도 서로 무시하거나 데면데면하게 지낸다. 이렇듯 지내는 사이가 데면데면하고 서먹서먹한 것을 '섬서하다'라고 한다. 명사 '섬서'는 '데면데면하고 서투름'이라는 뜻으로 오래전부터 써 온 말이다. '섬서하다'의 작은말이 '삼사하다'인데, 지내는 사이가 조금 서먹서먹한 것을 그렇게 표현한다.

275   소나기밥

[명] 보통 때에는 얼마 먹지 아니하다가 갑자기 많이 먹는 밥

소나기의 속성은 갑자기 내리고, 한순간에 많이 내린다는 것이다. 이러한 소나기처럼 평소와 다르게 갑자기 많이 먹는 밥을 '소나기밥'이라 하고, 갑자기 많이 마시는 술을 '소나기술'이라 한다. 평소에는 밥을 많이 먹지 않고 술을 많이 마시지 않던 사람이, 어쩌다 갑자기 놀랄 만큼 많이 먹는 밥이나 많이 마시는 술을 이들로써 표현한다.

276 술적심

[명] 밥을 먹을 때에 숟가락을 적시는 것이라는 뜻으로,
국·찌개와 같이 국물이 있는 음식을 이르는 말

'술'은 "밥 한 술 뜨다."에서 보듯 '숟가락'을 뜻한다. '적심'은
동사 '적시다'에서 파생된 말이다. 그러므로 '술적심'은 '숟가
락을 적시는 것'이라는 어원적 의미를 띤다. 숟가락을 적시려
면 국이나 찌개와 같은 국물이 있어야 한다. 그리하여 '술적
심'에 '국물이 있는 음식'이라는 의미가 생겨난 것이다. "우리
집 식구들은 된장찌개와 같은 술적심이 있어야 밥을 잘 먹는
다."와 같이 쓸 수 있다.

277 숫눈

[명] 눈이 와서 쌓인 상태 그대로의 깨끗한 눈

눈이 내리면 세상이 온통 하얗게 변한다. 눈이 덮인 하얀 대
지는 그야말로 눈 천지다. 아무도 밟지 않은 눈을 멀리 쳐다
보노라면 신비감마저 든다. 아무도 밟지 않아 쌓인 상태 그대
로 있는 깨끗한 눈이 '숫눈'이다. 삽살개라도 밟고 지나간 흔
적이 있으면 그것은 숫눈이 아니다. 접두사 '숫-'이 '숫백성,
숫사람, 숫처녀, 숫총각' 등에서 보듯 '더럽혀지지 않아 깨끗
한'이라는 뜻을 더하므로, '숫눈'이 '쌓인 상태 그대로의 깨끗
한 눈'임을 알 수 있다. 숫눈이 그대로 남아 있는 길을 특별히
'숫눈길'이라 한다.

시나브로

[부] 모르는 사이에 조금씩

어떤 일이 모르는 사이에 조금씩 느리게 진행될 때 '시나브로'라는 말을 쓴다. 그런데 대체로 그 진행되는 방향은 나쁜 쪽이다. 그리하여 "눈이 시나브로 녹아 없어지다.", "가로수가 시나브로 썩고 있다." 등과 같이 주로 부정적 의미의 서술어와 어울려 쓰인다. 물론 "방죽 쌓는 일이 시나브로 이어져 나갔다."와 같이 긍정적 의미의 서술어와 어울려 쓰이기도 한다. '시나브로'의 어원만 안다면 그 고유의 용법을 알 수 있을 터인데, 아직 그 어원은 밝혀져 있지 않다. 다만 명사 '시납'에 조사 '으로'가 결합된 어형인 것만은 분명하다. '국으로(제 생긴 그대로), 노량으로(어정어정 놀면서 느릿느릿)' 등과 같이 명사에 조사 '으로'가 붙어 부사로 바뀐 단어가 적지 않은 점이 이를 뒷받침한다. '시납'을 불교 용어 '시납(施納, 절에 시주로 금품 따위를 바침)'으로 보기도 한다. 개개인이 절에 바치는 시주의 양은 얼마 되지 않지만 그것이 모이고 쌓이면 어느새 많은 양이 된다는 생각에서 그렇게 해석한 것인데, 좀 더 고민을 해보아야 할 듯하다. 다만 '시나브로'가 알아차리지 못하는 사이에 점진적으로 나타난 변화를 의미하는 것만은 분명하다. 이와 유사한 의미의 단어에 '시난고난(병이 심하지는 않으면서 오래 앓는 모양)'이 있다. 병이 오래 지속되면서 조금씩 악화될 때 쓴다. "벌써 몇 해째 시난고난 앓고 있다."와 같이 쓸 수 있다.

279 아귀다툼

[명] 각자 자기의 욕심을 채우고자 서로 헐뜯고 기를 쓰며
다투는 일

다툼은 입으로 하기도 하고, 주먹으로 하기도 한다. 입으로
하는 다툼을 '말다툼, 입다툼, 입씨름'이라 하고, 주먹으로 하
는 다툼을 '주먹다짐'이라 한다. '아귀다툼'은 입으로 하는 다
툼 가운데 하나다. 여기서 '아귀'는 귀신의 하나인 餓鬼가 아
니라, '입아귀'나 '주둥이'를 가리킨다. 그러므로 '아귀다툼'은
'입으로 하는 다툼', 곧 '입다툼'을 낮추어 일컫는 말이다. 일찍
이 《큰사전》(1957)에서 '아귀다툼'을 「말다툼」의 낮은말'이라
고 기술한 이유를 알 만하다. 그런데 '아귀다툼'은 실제로는
그러한 의미로 쓰이지 않고, '각자 자기의 욕심을 채우고자 헐
뜯고 기를 쓰며 다투는 일'이라는 의미로 쓰인다. 아귀다툼이
입으로 하는 다툼 가운데서 몹시 험하고 추한 싸움이어서 이
와 같은 의미가 생겨난 것으로 추정된다.

280 아리잠직하다

[형] 키가 작고 모습이 얌전하며 어린 티가 있다

키가 작고 모습이 얌전한, 앳된 학생이 있다고 해 보자. 이 학
생의 모습을 한 마디로 표현한다면 어떤 단어가 적절할까.
'아담하다, 얌전하다, 앳되다'를 모두 포괄하는 단어를 생각
해 내야 할 것이다. 이 세 단어를 모두 아우르는 개념의 단어

로 '아리잠직하다'가 있다. 이는 '키가 작고 얌전하며 어린 티가 있다'라는 뜻이다. "그 학생은 아리잠직한 모습이다."와 같이 쓸 수 있다. 북한에서는 남한과 달리 '아리잠직하다'를 '온화하고 솔직하다'의 뜻으로 쓰고 있다.

281 안다니

[명] 무엇이든지 잘 아는 체하는 사람

오래전 유행한 말에 '3척'이 있다. '잘난 척, 아는 척, 예쁜 척'이 바로 그것이다. 잘나지도 못한 것이 잘난 척하고, 잘 알지도 못하는 것이 아는 척하며, 예쁘지도 않은 것이 예쁜 척하는 것은 꼴불견이다. 이런 사람들은 '왕따' 당하기 십상이다. 이 가운데 잘 알지도 못하면서 무엇이든 아는 체하는 사람을 '안다니'라고 한다. '안다니'는 '알다[知]'의 관형사형 '안'과 '여성'을 뜻하는 '단'이 결합된 '안단'에 접미사 '-이'가 결합된 어형이다. '논다니(웃음과 몸을 파는 여자), 곱단이, 향단이' 등과 같은 여성과 관련된 단어에서 '단'을 발견할 수 있다. 그래서 '-다니'를 묶어 여성 인칭 접미사로 부르기도 한다. 이렇게 보면 '안다니'는 '아는 체하는 여자'라는 뜻이 된다. 이와 같은 의미에서 '아는 체하는 여자와 남자', 곧 '아는 체하는 사람'이라는 의미로 변한다. '여자'에서 '여자 및 남자'로 적용 범위가 확대된 것이다.

282 안차다

[형] 겁이 없고 깜찍하다

"안이 차다."에서 조사 '이'가 생략된 뒤 어휘화한 것이다. "안이 차다."는 '속이 꽉 차다'라는 뜻이다. 속이 꽉 찬 사람은 옹골지고 야무지다. 그리고 옹골지고 야무진 사람은 겁이 없고 깜찍하다. 어찌 보면 당돌하기까지 하다. 이렇듯 겁이 없고 깜찍한 것을 '안차다'라고 한다. "그 애는 어른이 뭐라 해도 워낙 안차서 기도 안 죽는다."와 같이 쓸 수 있다. '안차다'는 '당차다(나이나 몸집에 비하여 마음가짐이나 하는 짓이 야무지고 올차다), 다라지다(성질이 깐질기고 야무지다)'와 의미가 비슷하다. '안차다'와 '다라지다'가 함께 어울린 "안차고 다라지다."는 '성질이 겁이 없이 깜찍하고 당돌하다'라는 뜻이다.

283 애면글면

[부] 몹시 힘에 겨운 일을 이루려고 갖은 애를 쓰는 모양

최선을 다하는 모습은 언제나 아름답다. 그런데 힘에 겨운 일을 이루려고 안간힘을 쓰는 모습은 아름답다 못해 애처롭고 안쓰럽다. 이렇듯 몹시 힘에 부치는 일을 이루려고 갖은 애를 쓰는 모양을 '애면글면'이라 한다. "애면글면 살다."라고 하면, '사는 일이 무척 고되지만 살아내려고 무척 애를 쓰며 살다'라는 의미를 담고 있다.

어쌔고비쌔다

[동] 요구나 권유를 이리저리 사양하다

이러저러한 기회에 주변 사람들로부터 무엇을 해 달라고 요청을 받거나, 무엇을 하는 것이 어떠하냐고 권유를 받을 때가 있다. 그 요구나 권유가 자신의 능력이나 처지에서 보아 타당한 것이라면 응당 받아들여야 하겠지만, 무리한 것이라면 거절하거나 사양해야 한다. 그런데 거절과 사양이 그렇게 쉽지가 않은 경우도 있다. 이 핑계 저 핑계를 대며 사양해야 하는 때가 더러 있는 것이다. 이렇듯 남의 요구나 권유를 이리저리 핑계를 대며 사양하는 것을 '어쌔고비쌔다'라고 한다. 이는 '엇서고빗서다'에서 변형된 어형으로 추정된다. '엇서다'는 '맞서 대항하다'의 뜻이고, '벗서다'는 '방향을 조금 틀어서 서다'의 뜻이어서, 두 단어가 합쳐진 '엇서고벗서다'의 의미가 '어쌔고비쌔다'의 의미와 맥이 닿는다. 물론 '엇서고벗서다'라는 단어는 쓰이지 않는다.

언죽번죽

[부] 조금도 부끄러워하는 기색이 없고 비위가 좋아 뻔뻔한 모양

잘못을 저지르면 부끄럽고 미안한 것이 보통 사람의 심성이다. 그런데 잘못을 저질러 놓고도 부끄러워하거나 미안해 하기는커녕 오히려 뻔뻔하게 나오는 사람도 있다. 얼굴에 철판

을 깐 듯 말과 행동을 거침없이 해 대는 것이다. 이렇듯 잘못을 저질러 놓고도 조금도 부끄러워하는 기색이 없고 비위가 좋아 뻔뻔하게 행동하는 모양을 '언죽번죽'이라 한다. 그리고 성미가 언죽번죽하여 노염이나 부끄러움을 타지 않는 것을 "반죽이 좋다."라고 표현한다. 이로 보면 '언죽번죽'의 '번죽'은 '반죽(뻔뻔스럽거나 비위가 좋아 주어진 상황에 잘 적응하는 성미)'에서 온 말임을 알 수 있다.

286 여우볕

[명] 비나 눈이 오는 날 잠깐 났다가 숨어 버리는 볕

여우란 놈은 어떤 동물인가? 무엇보다 간사하고 교활하다. 그래서 간사하고 교활한 사람을 '여우'에 비유한다. 또한 여우는 약삭빠르기도 하다. 동작이 민첩해서 금방 눈앞에 나타났다가는 눈 깜짝할 사이에 홀연히 어디론가 사라진다. "여우에 홀리다."라는 표현은 그래서 생겨난 것이다. 예상치 않게 갑자가 나타났다가 가뭇없이 사라지는 여우처럼, 볕이 나 있는데 잠깐 오다가 돌연 그치는 비를 '여우비'라 하고, 비나 눈이 오는 날 갑자기 반짝 나타났다가 이내 숨어 버리는 볕을 '여우볕'이라 한다. '여우비'나 '여우볕'은 여우의 재빠른 속성을 반영한 단어들이다.

오사바사하다

[형] 굳은 주견이 없이 마음이 부드럽고 사근사근하다

대체로 주관이 뚜렷한 사람은 강직하고 딱딱한 반면, 주관이
세지 않은 사람은 부드럽고 사근사근하다. 이렇듯 주견을 내
세우지 않아 마음이 부드럽고 사근사근한 것을 '오사바사하
다'라고 한다. 이에는 또한 '잔재미가 있다'라는 뜻도 있다. 부
드럽고 사근사근하면 아기자기하고 오밀조밀한 재미가 새록
새록 솟아날 수 있어서, '부드럽고 사근사근하다'에서 '잔재미
가 나다'로의 의미 변화는 자연스럽다. "그래도 그 양반이 오
사바사한 정은 있다."와 같이 쓸 수 있다.

288   옥생각 | 데생각

옥생각 [명] 옹졸한 생각

'데생각, 뒷생각, 뜬생각, 별생각, 속생각, 앞생각, 옥생각, 잡
생각, 헛생각' 등 생각의 종류가 대단히 많다. 생각의 폭이 얼
마나 넓으면 이렇듯 다양한 지시어가 생겨났을까. 대부분의
'생각' 지시어의 의미는 어렵지 않게 밝힐 수 있으나, '데생각'
과 '옥생각'의 경우는 예외다. '데-'는 '불완전하게, 불충분하
게'를 뜻하는 접두사로 볼 수 있어 '데생각'은 '불완전한 생각'
으로 이해할 수 있다. 찬찬히 규모 있게 하지 아니하고 얼치
기로 어설프게 하는 생각이 '데생각'이다. '옥생각'의 '옥-'은
형용사 '옥다(안쪽으로 조금 오그라져 있다)'의 어간이다. '옥니(안

으로 옥게 난 이), 옥장사(이익을 남기지 못하고 밑지는 장사), 옥죄다(옥여 바짝 죄다)' 등의 '옥-'도 그러한 것이다. 그리하여 '옥생각'은 본래 '안쪽으로 오그라져 있는 생각'이라는 뜻이다. 곧 자기중심으로 기울어져 있는 생각을 말한다. 이러한 생각은 편협하고 옹졸할 수밖에 없어 '옥생각'에 '옹졸한 생각'이라는 의미가 생겨난다. 옹졸한 생각의 범위를 한정할 수는 없지만, 넓게 보면 '공연히 자기에게 해롭거니 하는 생각'도 포함된다. 그리하여 '옥생각'에 '공연히 자기에게 해롭게만 받아들이는 잘못된 생각'이라는 의미도 생겨난 것이다.

289 옴니암니

[부] 아주 자질구레한 것까지 좀스럽게 따지는 모양

'옴니'는 '어금니', '암니'는 '앞니'를 가리킨다. 어금니나 앞니는 다 같은 이[齒]고, 또 이들은 제각각의 역할이 있다. 그럼에도 불구하고 우리는 '어금니는 어떻고, 앞니는 어떻고' 하면서 자질구레하게 따지기도 한다. 그래서 '옴니암니'에 '아주 자질구레한 것'이라는 의미가 생겨난 것이다. "안 쓴다 안 쓴다 했어도 옴니암니까지 계산하니까 꽤 들었어요."의 '옴니암니'가 그러한 것이다. 그런데 '옴니암니'는 '자질구레한 것까지 좀스럽게 따지는 모양'이라는 의미의 부사로도 쓰인다. "들려오는 풍설에는 그동안 옴니암니 돈을 모아 영산포에 땅마지기나 샀다고 하였다."에 쓰인 '옴니암니'가 그러한 것이다. '옴니'와

'암니'가 뒤바뀐 '암니옴니'는 부사로만 쓰인다는 점에서, 명사와 부사로 모두 쓰이는 '옴니암니'와 차이가 있다.

290   왕배덕배
[부] 이러니저러니 하고 시비를 가리는 모양

말싸움이 격해지면 몸싸움으로까지 번질 수 있지만, 말싸움은 대체로 말로 귀결된다. 말로써 얼마든지 잘잘못을 가릴 수 있기 때문이다. 싸움 당사자들이 말로써 이러니저러니 시비를 가리는 모양을 '왕배덕배'라고 한다. "왕배덕배 떠들어 보았지만 결론이 나지 않았다."와 같이 쓸 수 있다. '왕배'와 '덕배'는 흔한 남자 이름으로 추정된다. 왕배와 덕배가 서로 내가 옳으니 네가 틀리니 하면서 시비를 따지며 다투는 모습을 보고 만든 단어일 것이다. 그런데 '왕배덕배'가 부사로만 쓰이는 데 반해, '왕배'와 '덕배'에 호격조사 '야'가 결합된 '왕배야덕배야'는 부사와 함께 감탄사로도 쓰인다. 부사로서는 '여기저기서 시끄럽게 시비를 따지는 소리'라는 의미를, 감탄사로서는 '여기저기서 시달려 괴로움을 견딜 수 없을 때 부르짖는 소리'라는 의미를 띤다. "많은 사람들이 경주네 집에 얽힌 일과 새로운 소문을 놓고 왕배야덕배야 떠들며 한창 열을 올리던 때였다."(윤흥길, 황혼의 집)에서는 부사로, "아이고 왕배야덕배야, 중간에서 나만 죽겠네."에서는 감탄사로 쓰인 것이다.

291 우세스럽다

[형] 남에게 비웃음을 받을 만하다

사람이 변변치 못하면 지탄의 대상이 되거나 남의 비웃음을 사게 된다. 남의 비웃음을 사는 것은 자존심이 크게 상하는 일이다. 이렇듯 '남에게 놀림이나 비웃음을 당하는 일이나 그 비웃음'을 '우세'라고 한다. "우세를 당하다.", "우세를 받다." 와 같이 쓸 수 있다. 남에게 받는 것이니 '남우세'라고도 한다. '우세'에 형용사를 만드는 접미사 '-스럽다'가 결합된 '우세스럽다'는 '남에게 비웃음을 받을 만하다'라는 뜻이다. "그런 말씀 마시오. 벌어먹고 사는 일이 우세스러울 것 조금도 없습니다."(박경리, 토지)에서 그 의미가 잘 드러난다.

292 이르집다

[동] 오래전의 일을 들추어내다

주변에서 여러 겹으로 된 물건을 찾아보라. 아마도 겹으로 포장한 소포나 택배 물건이 얼른 연상될 것이다. 겹으로 싼 물건은 그 겹 하나하나를 차례로 벗겨내야 한다. 이렇듯 여러 겹으로 된 물건을 뜯어내는 것을 '이르집다'라고 한다. 물건을 싸고 있는 여러 겹을 하나하나 뜯어내면 비로소 알맹이가 드러난다. 알맹이를 찾기 위해 한 겹 한 겹 벗겨 가듯, 오래전의 일을 하나하나 들추어내는 일도 '이르집다'라고 한다. "남의 아픈 데를 이르집다."와 같이 쓸 수 있다.

인두겁(人--)

[명] 사람의 형상이나 탈

사람으로서 해서는 안 될 짓을 했을 때 "어찌 인두겁을 쓰고 그런 일을 저지를 수가 있나?"라고 말한다. '인두겁'은 '인(人)'과 '두겁'이 결합된 말이다. '두겁'은 '가늘고 긴 물건의 끝에 씌우는 물건'이다. '뚜껑'과 별반 의미 차이가 없다. '눈두겁(눈두덩, 북한어), 쇠두겁(쇠로 만든 두겁), 연필두겁' 등에 쓰인 '두겁'도 그러한 것이다. 그러므로 '인두겁'은 '사람 모양의, 뒤집어씌우는 물건', 곧 '사람의 형상이나 탈'이라는 뜻이다. '인두겁'은 주로 '쓰다'와 어울려 쓰이는데, "인두겁을 쓰다."는 '행실이나 바탕이 사람답지 못하다'라는 비유적 의미를 띤다. 이와 같은 관용구의 의미를 토대로 '인두겁'은 '행실이나 바탕이 사람답지 못한 것'이라는 새로운 의미를 띠게 된다.

자반뒤집기

[명] 몹시 아플 때에, 몸을 엎치락뒤치락하는 짓

갈치, 고등어, 조기 등을 소금에 절인 반찬감을 '자반'이라 한다. 또한 이들 반찬감을 굽거나 찐 음식도 '자반'이라 한다. 자반갈치, 자반고등어, 자반조기에 흰쌀밥이면 최고의 밥상이라 여기던 시절이 있었다. 그만큼 자반은 귀한 음식이었다. 자반은 석쇠에 넣고 뒤집어 가며 굽는다. 그렇게 해야만 고루구울 수 있다. 이렇듯 자반을 굽기 위해 이쪽저쪽 자주 뒤집는 행위를 '자반뒤집기'라고 한다. 이는 병든 사람이 고통 때문에 몸을 이리 두기도 하고 저리 두기도 하는 행위와 흡사하다. 그리하여 '자반뒤집기'에 '병으로 누웠을 때 괴로움을 이기지 못해 엎치락뒤치락하는 일'이라는 비유적 의미가 생겨난다. "그는 얼마나 배가 아팠는지 계속 자반뒤집기를 하였다."와 같이 쓸 수 있다.

295 자차분하다

[형] 모두가 잘고 시시하여 대수롭지 않다

'잘차분하다'에서 'ㅊ' 앞의 'ㄹ'이 탈락한 어형이다. '잘차분하다'는 형용사 '잘다(크기가 작다)'와 '차분하다'가 결합된 어형으로, '잘고 아담하게 차분하다'의 뜻이다. 아울러 그 변화형인 '자차분하다'도 그와 같은 의미를 띤다. 물론 '자차분하다'에는 '모두가 잘고 시시하여 대수롭지 않다'라는 의미도 있다. 그리하여 "자차분한 염려"라고 하면 '대수롭지 않은 염려'가 된다. 자잘하면 하찮게 여겨지기에 '잘고 차분하다'에서 '대수롭지 않다'라는 의미로의 변화는 자연스럽다.

296 잔속

[명] 세세한 속 내용

남의 속마음을 안다는 것은 쉬운 일이 아니다. 더군다나 세세한 속 내용까지 속속들이 아는 것은 거의 불가능하다. "천 길 물속은 알아도 한 길 사람의 속은 모른다."고 하지 않는가. '세세한 속 내용'을 '잔속'이라 한다. '잔-'은 '잔꾀, 잔병' 등에서 보듯 '가늘고 작은, 자질구레한'이라는 뜻을 더하는 접두사다. 그러므로 '잔속'은 '자잘한 속 내용'이라는 뜻이다. '잔속'에는 또 '그리 대수롭지 아니한 일로 걱정하게 되는 마음'이라는 뜻도 있다. "그 여자는 아이들 때문에 잔속을 많이 썩인다."의 '잔속'이 그러한 것이다.

297 잠포록하다

[형] 날이 흐리고 바람기가 없다

'잠포록하다'의 '잠'은 '잠잠하다'와 관련이 있어 보이고, '포'는 '포근하다'와 관련이 있어 보인다. 그렇다면 '잠포록하다'의 기원적 의미는 '잠잠하고 차분한 느낌이 있다' 정도가 된다. 날이 잠잠하려면 바람기가 없어야 하고, 날이 차분하려면 약간 흐릿해야 한다. 너무 흐리면 우중충해 보이고, 너무 맑으면 들뜬 기분이 들 수 있다. 그리하여 '잠포록하다'에 '바람기가 없고 날이 흐리다'라는 의미가 생겨난 것이다.

298 잣눈

[명] 많이 내린 눈

우리나라에서는 강원도 지역에 특별히 눈이 많이 내린다. 눈이 왔다 하면 사람의 키를 넘길 정도여서 마을이 고립되기 일

쑤다. 이렇게 눈이 많이 와서 높이 쌓인 눈을 '잣눈'이라 한다. '잣눈'은 '자[尺]'와 '눈'이 사이시옷을 매개로 결합된 어형이다. '자'는 길이의 단위로서, 약 30.3센티미터다. 그러므로 잣눈은 적어도 30센티미터가 넘게 쌓인 눈이다. '잣눈'에 대한 한자어가 '척설(尺雪)'이다.

299   재우

[부] 매우 빠르게

우리 민족은 특히 손동작이 민첩하고 정교하다. 이를 젓가락 문화 덕분이라 말하기도 한다. 이렇듯 동작이 재빠르고 날랜 것을 '재다'라고 한다. '재빠르다, 잰걸음' 등에 보이는 '재-'도 그러한 것이다. 동사 어간 '재-'에 부사를 만드는 접미사 '-우'가 결합된 어형이 '재우'다. 그러므로 '재우'는 '재빠르게'라는 의미를 띤다. "발걸음을 재우 놀리다."와 같이 쓸 수 있다. '재우'와 '치다'가 결합된 합성동사 '재우치다'는 '빨리 몰아치거나 재촉하다'의 뜻이어서 '재다'보다 격렬한 움직임을 보인다.

300   제물로

[부] 그 자체가 스스로

'제물'에 조사 '로'가 결합된 어형이다. '제물'은 '그 자체에서 우러난 물' 또는 '딴 것이 섞이지 않은 순수한 물건'이라는 뜻이다. 그러므로 부사 '제물로'는 '순순한 것 그 자체 스스로'

라는 뜻이다. '저절로'와 비슷한 의미다. "제물로 잠이 들다.", "제물로 화가 풀리다."와 같이 쓸 수 있다. 한편 '제물'에 조사 '에'가 결합된 부사 '제물에'는 '그 자체가 스스로 하는 김에'라는 뜻이다. "제물에 흥분해서 화를 낸다."와 같이 쓸 수 있다.

301 조각하늘

[명] 구름이 온통 덮인 가운데서 드문드문 빠끔히 보이는 하늘

구름 한 점 없는 하늘도 있지만, 구름에 온통 뒤덮인 하늘도 있다. 물론 파란 하늘에 구름이 군데군데 떠가는 하늘도 있고, 구름 사이로 군데군데 파란 하늘이 보이는 하늘도 있다. 후자 와 같이 구름이 온통 뒤덮인 가운데서 듬성듬성 빠끔히 보이 는 하늘을 '조각하늘'이라 한다. '조각조각 보이는 하늘'이라 는 뜻이다.

302 족대기다

[동] 다른 사람을 견디지 못할 정도로 볶아치다

웬만큼 다그쳐서는 입을 열지 않던 범인도, 견디지 못할 정도 로 볶아치면 입을 열게 된다. 도저히 견딜 수 없게끔 볶아대 는데 그 성가심을 참아낼 사람은 별로 없다. 이렇듯 다른 사 람을 견디지 못할 정도로 볶아치는 것을 '족대기다'라고 한다. 그리고 몹시 족대기는 것을 '족치다'라고 한다. 볶아치는 정도 가 '족대기다'보다 더 심하다. 한편 '족대기다'에는 '마구 두들

겨 패다'라는 뜻도 있다. "세간이라는 세간은 모두 족대겨 없
애고…."에 쓰인 '족대기다'가 그러한 것이다.

303 종주먹

[명] 쥐어지르며 을러댈 때의 주먹

상대를 공격하고자 할 마음이 있으면, 주먹을 불끈 쥐고 때를
기다린다. 그러다가 여차하면 주먹을 날린다. 그런데 주먹은
공격 무기뿐만이 아니라 상대편을 위협하는 수단이 될 수도
있다. 그저 주먹을 쥐어 보이는 것만으로도 상대편을 위협할
수가 있기 때문이다. 이렇듯 상대편을 위협하는 뜻으로 쥐어
보이는 주먹을 '종주먹'이라 한다. 어린아이가 친구와 말다툼
을 하며 "너 죽어." 하며 내미는 주먹, 할머니가 손자를 향해
자기 뜻대로 해주기를 바라며 장난으로 "너 할미 말 들을래,
안 들을래." 하며 내미는 주먹 등이 '종주먹'이다. 주로 '대다,
들이대다' 따위와 어울려 쓰인다. "종주먹을 지르다."는 '종주
먹을 쥐고 쥐어지르듯이 을러대다'라는 뜻이다.

304 주리팅이

[명] 부끄러움을 아는 마음

잘못을 저지르면 부끄러워할 줄 알아야 한다. 부끄러워할 줄
안다는 것은 '부끄러움을 아는 마음'이 있다는 것과 같다. '부
끄러움을 아는 마음'을 '주리팅이'라고 한다. "그런 짓을 해 놓

고도 주리팅이가 없다면 그게 어디 공직자인가."와 같이 쓸 수 있다. 주리팅이가 있는 사람이 많아야 건강한 사회다.

305 주접

[명] 여러 가지 이유로 생물체가 제대로 자라지 못하고 쇠하여지는 일

동물이든 식물이든 생존 조건이 갖추어져야만 제대로 자랄 수 있다. 생존 조건이 잘 갖추어지지 않으면 제대로 자라지 못할 뿐만 아니라 곧 쇠하고 만다. 이렇듯 여러 가지 이유로 생물체가 제대로 자라지 못하고 쇠하는 일이나 그런 상태를 '주접'이라 한다. '주접'이 사람의 외양에 적용되면 '옷차림이나 몸치레가 초라하고 너절한 것'이라는 의미를 띤다. "비록 빨아 입었다곤 하나 조선 팔도의 흙먼지가 깊은 때가 되어 남아 있는 것처럼 주접이 낀 마도섭의 무명 바지저고리도 태남이의 마음을 놓게 했다."(박완서, 미망)에 쓰인 '주접'이 그러한 것이다. 어릴 때의 잦은 잔병치레로 잘 자라지 못하는 탈을 '잔주접'이라 한다. "잔주접이 들다."와 같이 쓸 수 있다.

306 지며리

[부] 차분하고 꾸준히

무슨 일이든 차분하면서도 꾸준히 해야 성과를 낼 수 있다. 덤벙거리다가 중도에서 포기라도 하면 아니함만 못하다. '차

분하고 꾸준히'라는 뜻의 부사에 '지며리'가 있다. "그는 뜻을 세우고 공부를 지며리 했다."와 같이 쓸 수 있다. '지며리'에는 '차분하고 탐탁한 모양'이라는 의미도 있다. "밥을 지며리 먹다."에 쓰인 '지며리'가 그러한 것이다. '지며리'는 명사 '지멸'에 부사를 만드는 접미사 '-이'가 결합된 어형인데, '지멸'의 어원은 밝히기 어렵다. 다만 형용사 '지멸있다(꾸준하고 성실하다)'에서 명사 '지멸'을 확인할 수 있다.

307 지짐지짐

[부] 조금씩 내리는 비가 자꾸 오다 말다 하는 모양

비가 한참 오다가 일시에 개면 상큼한 느낌이 든다. 온갖 찌든 때가 한꺼번에 쓸려 나가기 때문이다. 그런데 큰비도 아닌 작은 비가 오다 말다 반복되면 지루하고 또 기분도 가라앉는다. 이렇듯 조금씩 내리는 비가 자꾸 오다 말다 하는 모양을 '지짐지짐'이라 한다. '지짐거리다(조금씩 내리는 비가 자꾸 내렸다 그쳤다 하다), 지짐대다(조금씩 내리는 비가 자꾸 오다 말다 하며 자주 내리다)' 등의 '지짐'은 '지짐지짐'의 그것과 같다.

308 짐짐하다

[형] 음식이 아무 맛도 없이 찝찔하기만 하다

음식은 뭐니 뭐니 해도 맛이 최고다. 그런데 음식 맛을 내는 것이 그렇게 쉬운 일은 아니다. 수많은 식당이 생겼다가 사라지는 것도 음식 맛과 무관하지 않다. 음식이 아무 맛도 없이 찝찔하기만 한 것을 '짐짐하다'라고 한다. "김치찌개가 짐짐하여 숟가락 대기가 싫다."와 같이 쓸 수 있다. 음식에 맛이 없듯, 일이나 생활에 재미나 흥취가 없는 것도 '짐짐하다'라고 한다. "아버지는 그의 얘기를 짐짐한 얼굴로 듣고만 있었다."에 쓰인 '짐짐하다'가 그러한 것이다.

309 집고

[부] 무엇을 미루어 생각할 때에, 꼭 그러할 것이라는 뜻을 나타내는 말

무슨 말을 하다가, 미루어 생각해 볼 때 꼭 그러할 것이라는 뜻을 나타내야 하는 경우가 있다. 이때 쓰는 말이 '집고'다. 예를 들어, 시험에 관한 이야기를 하면서, 시험에 꼭 합격하리라는 다짐을 나타내고자 할 때 "이번 시험에는 집고 합격할 것이다."와 같이 표현할 수 있다. 이렇게 보면 '집고'는 '틀림없이, 반드시'와 의미가 통한다고 볼 수 있다.

310 천둥벌거숭이(天-----)

[명] 철없이 두려운 줄 모르고 함부로 덤벙거리거나 날뛰는 사람을 비유적으로 이르는 말

'천둥'과 '벌거숭이'가 결합된 어형이다. '천둥'은 '천동(天動)'에서 온 말로, 본래 '하늘이 움직임'이라는 뜻이다. '벌거숭이'

는 곤충의 하나인 잠자리를 가리킨다. 잠자리가 붉은색을 띠고 있기에 '옷을 죄다 벗은 알몸뚱이'를 뜻하는 '벌거숭이'로 대신한 것이다. 천둥이 치면 사람이든 동물이든 무섭고 두려워 모두 숨을 죽이고 숨는데, 붉은색의 잠자리만은 그에 아랑곳하지 않고 겁 없이 이리저리 날아다닌다. 그리하여 천둥이 쳐도 유유히 날아다니는 잠자리를 '천둥벌거숭이'라 한 것이다. 이렇듯 천둥이 쳐도 겁 없이 제멋대로 날아다니는 잠자리처럼, 철없이 함부로 덤벙거리거나 날뛰는 사람을 빗대어 '천둥벌거숭이'라 한다.

3II 철겹다
[형] 제철에 뒤져 맞지 아니하다

봄이 성큼 다가왔는데도 두꺼운 겨울 양복을 입고 다니거나, 여름이 한참 지난 뒤에도 반팔 옷을 입고 다닌다면 꼴불견이다. 제철에 맞지 않게 옷을 입었기 때문이다. 제철에 뒤져 맞지 않는 것은 옷뿐만 아니다. 여름이 지났는데도 많이 오는 비, 겨울이 지나 봄이 왔는데도 쏟아지는 눈 등도 그러한 것이다. 이렇듯 제철에 뒤져 맞지 아니하는 것을 '철겹다'라고 한다. 이는 '철'과 '겹다'가 결합된 어형이다. '겹다'는 '때가 지나거나 기울어서 늦다'의 뜻이므로, '철겹다'의 본래 의미는 '철이 지나다'가 된다. 철이 지난 것은 그것이 무엇이든 어울리지 않고 제격에 맞지 않는다.

312 청처짐하다

[형] 움직임이 좀 느릿하고 느슨하다

'청처짐'에 접미사 '-하다'가 결합된 어형이다. '청처짐'은 '청처지다'에서 파생된 말이며, '청처지다'는 '아래쪽으로 좀 처지거나 늘어진 상태에 있다'라는 뜻이다. 그러므로 '청처짐'은 '아래쪽으로 좀 처짐'이라는 뜻이고, '청처짐하다'는 '아래쪽으로 좀 처진 듯하다'라는 뜻이다. "무거운 가방 때문에 한쪽 어깨가 약간 청처짐하게 비뚤어진 학생이 제법 있다."의 '청처짐하다'가 그러한 것이다. 또한 '청처짐하다'에는 '움직임이 좀 느릿하고 느슨하다'라는 뜻도 있다. '처진 것'과 '느리고 느슨한 것'은 같은 성격이다.

313 치살리다

[동] 지나치게 치켜세우다

"칭찬은 고래도 춤추게 한다."라는 말이 있다. 그만큼 칭찬의 효과가 큰 것이다. 그런데 지나치게 추어주는 것은 경계해야 한다. 자칫 방종해질 수 있기 때문이다. 지나치게 치켜세우는 것을 '치살리다'라고 한다. 이는 '살리다'에 접두사 '치-'가 결합된 어형이다. 접두사 '치-'는 '치뜨다, 치솟다' 등에서 보듯 '위로 향하게, 위로 올려'의 뜻을 더한다. 그러므로 '치살리다'는 '지나치게 올려 살리다'의 뜻이다. "그는 술자리에서 상관을 치살리며 환심을 사려 했다."와 같이 쓸 수 있다.

314 칼잠

[명] 충분하지 아니한 공간에서 여럿이 잘 때 바로 눕지 못하고 몸의 옆 부분을 바닥에 댄 채로 불편하게 자는 잠

좁은 공간에서 여럿이 함께 잠을 잘 때에는 끼어 잘 수밖에 없다. 끼어 자는 것도 어려우면 바로 눕지 못하고 몸의 옆 부분을 바닥에 댄 채 모로 자야 한다. 칼을 세워 놓은 듯이, 몸을 옆으로 세운 채 자는 잠을 '칼잠'이라 한다. 비좁은 방에서 여럿이 모로 끼어 자는 '갈치잠'과 의미가 유사하다.

315 키대

[명] 키의 생김생김이나 모양새

'키'와 '대'가 결합된 어형이다. 여기서 '대'는 '멀대(키가 크고 멍청한 사람을 놀림조로 이르는 말, 충청 방언), 허우대(겉으로 드러난 체격)' 등의 그것과 같이 '어떤 모양새'를 가리킨다. 그러므로 '키대'는 '키의 모양새'라는 뜻이다. "키대가 후리후리하다.", "키대가 성큼하게 크다."와 같이 쓸 수 있다.

316 투그리다

[동] 싸우려고 으르대며 잔뜩 벼르다

짐승이 싸울 때 보면, 처음부터 무턱대고 공격하지는 않는다. 처음에는 서로 으르대고 잔뜩 벼르고 있다가 틈을 보아 잽싸게 공격을 한다. 이렇듯 서로 싸우려고 으르대며 잔뜩 노리는

것을 '투그리다'라고 한다. 싸움닭이 공격 기회를 잡기 위해 상대 닭을 노려보고 있는 모습을 그려보면 '투그리다'가 어떤 모습인지 쉽게 상상이 갈 것이다. 물론 '투그리다'가 짐승에만 적용되는 것은 아니다. 사람이 상대를 공격하기 위해 잔뜩 벼르고 있는 것도 그렇게 말한다.

317 트레바리

[명] 이유 없이 남의 말에 반대하기를 좋아하는 성격. 또는 그런 성격을 가진 사람

어느 조직에서든 대안이 없으면서도 공연히 남의 말에 딴지를 걸며 반대를 일삼는 사람이 있다. 이런 사람은 구성원 간에 갈등을 유발하고 결국 조직에 피해를 준다. 이렇듯 까닭 없이 남의 말에 반대하기를 좋아하는 사람을 '트레바리'라고 한다. '트레'는 동사 '틀다'에 조사 '에'가 결합된 어형이고, '-바리'는 '감바리, 꼼바리, 벗바리' 등의 그것과 같이 '어떤 사람'을 지시한다. 그리하여 '트레바리'는 '남의 말에 반대하기를 좋아하는, 비꼬인 성격의 사람'으로 해석된다. 아울러 '그러한 성격'이라는 의미도 띤다. "혼인에 트레바리(좋은 일까지도 반대만 함)"라는 속담에 쓰인 '트레바리'가 그러한 것이다.

318 틀거지

[명] 듬직하고 위엄이 있는 겉모양

겉모습만 보아도 그 사람이 어떤 성품인지를 대충 짐작할 수 있다. 듬직하고 위엄이 있는 사람인지, 가볍고 날리는 사람인지 등이 그 겉모습에 대충 드러난다. 여러 겉모습 가운데 '듬직하고 위엄이 있는 겉모습'을 가리켜 '틀거지'라고 한다. "나이는 어리지만 틀거지는 의젓하다."와 같이 쓸 수 있다. 틀거지가 있어 겉모습이 당당하고 위엄이 있는 것을 '틀지다'라고 한다. 그리하여 "틀진 걸음걸이"라고 하면 '당당하고 위엄이 있는 걸음걸이'가 된다.

319 팽패롭다

[형] 성질이 까다롭고 별난 데가 있다

성질이 까다롭고 별나면 주변 사람이 괴롭다. 그래서 그와 같은 성격을 가진 사람은 누구에게나 환영받지 못한다. 이렇듯 성질이 부드럽지 못하고, 까다롭고 괴팍한 것을 '팽패롭다'라고 한다. "제 집사람이 성미가 팽패로워서 나리님께서들 그렇게 인심을 써 주시는 것을 못 알고 그러는 것이니 용서해 주세요."(염상섭, 이심)에 쓰인 '팽패롭다'가 그러한 것이다. 그리고 '성질이 까다롭고 별난 사람'을 놀림조로 '팽패리'라고 한다.

320   포실하다

[형] 살림이나 물건 따위가 넉넉하고 오붓하다

눈이나 비가 가늘게 자꾸 오는 모양을 '포실포실'이라 한다. '포실'에 접미사 '-하다'가 결합된 형용사 '포실하다'는 '눈이나, 비, 연기, 안개, 빛 따위의 양이 많다'라는 뜻이다. "눈이 앞을 가릴 만큼 포실하게 내리고 있었다."와 같이 쓸 수 있다. '포실하다'가 살림살이에 적용되면 '살림이나 물건 따위가 넉넉하고 오붓하다'라는 의미를 띤다. '포실하다'에는 이외에도 '몸에 살이 적당히 올라 통통하고 부드럽다, 감정이나 마음이 너그럽고 편안하다'라는 의미도 있다.

321   푸서리

[명] 잡초가 무성하고 거친 땅

요즘 시골에는 농사를 짓지 않고 방치한 땅이 많다. 이런 땅은 잡초가 우거지고 거칠어 접근하기가 쉽지 않다. 이렇듯 잡초가 무성하고 거친 땅을 '푸서리'라고 한다. '풀서리'에서 'ㅅ' 앞의 'ㄹ'이 탈락한 어형이다. '풀'은 '草(초)'의 뜻이고, '서리'는 '무엇이 많이 모여 있는 가운데'라는 뜻이다. 그러므로 '풀서리', 곧 '푸서리'는 기원적으로 '풀이 많이 나 있는 한가운데'를 뜻한다. 풀이 많은 곳의 한가운데는 매우 거칠어서 '푸서리'에 '잡초가 무성하고 거친 땅'이라는 의미가 생겨난다. "마른 푸서리에서 멧새인지 굴뚝새인지가 소스라쳐 날아오른다.”의 ‘푸서리’가 그러한 것이다.

322 피새
[명] 급하고 날카로워 화를 잘 내는 성질

혈액 중에 적혈구의 양이 지나치게 많아지는 증상을 ‘다혈증 (多血症)’이라 한다. 다혈증인 사람은 얼굴이 붉어지고, 심장 박동이 늘어나며, 호흡 곤란이 오는 증세가 나타난다. 다혈 증 환자처럼 흥분하기 쉽고 자극에 민감한 기질을 ‘다혈질’이 라 한다. 다혈질인 사람은 쾌활하고 활동적이나, 성급하고 인 내력이 부족한 면이 있다. 이 다혈질보다 더 급하고 날카로운 기질이 ‘피새’다. 곧 ‘피새’는 ‘급하고 날카로워 화를 잘 내는 성질’이다. ‘피’는 ‘血(혈)’의 뜻으로 추정되고, ‘-새’는 ‘모양새, 생김새’ 등의 그것과 같이 ‘됨됨이, 상태, 정도’ 따위를 나타낸 다. 그렇다면 ‘피새’는 ‘피의 상태나 정도’로 해석해 볼 수 있 다. 온몸을 도는 피가 개인의 성질을 결정한다는 생각이 깔려 있는 듯하다.

323 함함하다
[형] 털이 보드랍고 반지르르하다

돼지 털이나 쥐 털은 거칠다. 그런데 소털이나 개털만 해도 상당히 부드럽다. 밍크나 여우의 털은 이들보다 훨씬 부드럽 다. 부드럽다 못해 반지르르하다. 귀부인이 입고 두르는 밍크

코트나 여우 목도리만 보아도 그 부드러움의 정도를 실감할
수 있다. 이렇듯 털이 보드랍고 반드르르한 것을 '함함하다'라
고 한다. "털이 함함한 강아지"와 같이 쓸 수 있다. "고슴도치
도 제 새끼는 함함하다고 한다."라는 속담 속의 '함함하다'도
그러한 것이다. 바늘같이 꼿꼿한 제 새끼의 털을 두고 부드럽
다고 마냥 옹호한다는 것이니, 인간이나 짐승이나 자기 새끼
의 나쁜 점은 잘 보이지 않는 법인가 보다. 털이 부드럽고 반
지르르하면 탐스럽게 보일 수 있다. 그래서 '함함하다'에 '소
담스럽고 탐스럽다'라는 의미도 생겨난다. "포도가 함함하게
열렸다."의 '함함하다'가 그러한 것이다.

324   해찰

[명] 일에는 마음을 두지 아니하고 쓸데없이 다른 짓을 함

누가 시키는 일이 썩 마음에 내키지 않을 때 어린아이가 어떻
게 반응하는지 한번 살펴보라. 싫다고 적극적인 반응을 보이
기도 하지만, 그렇지 않은 경우에는 공연히 물건을 이것저것
집적거리며 시간을 보낸다. 무언의 반항인 것이다. 이렇듯 '물
건을 부질없이 집적이며 헤치는 일'을 '해찰'이라 한다. 물론
이러한 의미에서 좀 더 확대되어 '일에는 마음을 두지 아니하
고 쓸데없이 다른 짓을 함'이라는 의미를 띠기도 한다. "해찰
떨지 말고 어서 와서 밥 먹어."와 같이 쓸 수 있다. 해찰을 부
리는 버릇이 있는 것을 '해찰궂다'라고 하고, 해찰궂게 보이는

것을 '해찰스럽다'라고 한다.

325 허릿매
[명] 날씬한 허리의 맵시

날씬한 몸매를 만들기 위해 다이어트를 하다 건강까지 잃는 경우가 종종 있다. 그런데 날씬한 몸매의 기준은 무엇일까. 아마도 잘록한 허리가 아닌가 한다. '잘록하고 날씬한 허리의 맵시'를 '허릿매'라 한다. '허리'와 '매' 사이에 사이시옷이 개재된 어형이다. '매'는 '눈매, 몸매, 옷매' 등에서 보듯 '맵시나 모양'을 가리키므로, '허릿매'는 '허리의 맵시'라는 뜻이 된다.

326 허투루
[부] 아무렇게나 되는대로

동사 '허틀다(흐트러지다)'의 어간 '허틀-'에 부사화 접미사 '-우'가 결합된 '허트루'에서 변한 어형이다. 그러므로 '흐트러진 대로, 아무렇게나 되는대로, 함부로'라는 뜻을 지닌다. "허투루 말하다.", "허투루 대접하다."와 같이 쓸 수 있다. '허틀다'는 '허튼돈, 허튼소리, 허튼수작' 등과 같은 합성어에 그 흔적을 남기고 사라졌다.

327   황소바람

[명] 좁은 틈이나 구멍으로 들어오는 몹시 세고 찬 바람

황소 옆에 서서 그 숨소리를 들어 보라. 큰 콧구멍을 통해 나오는 숨소리가 크고 세다는 것을 단박 알아차릴 수 있을 것이다. 그래서 '크게 쉬는 숨'을 '황소숨'이라 한다. 황소숨처럼 세게 부는 바람이 '황소바람'이다. 더 구체적으로 말하면, 겨울철 좁은 틈이나 구멍으로 들어오는 몹시 세고 차가운 바람이다. 황소의 속성을 이용한 표현에는 이 외에도 '황소걸음(느릿느릿 걷는 걸음), 황소고집(쇠고집), 황소부림(크게 치는 몸부림), 황소울음(크게 울부짖는 울음)' 등이 있다.

328   후무리다

[동] 남의 물건을 슬그머니 훔쳐 가지다

좋은 물건을 보면 욕심이 생겨 갖고 싶어진다. 그래서 남의 물건을 주인이 보지 않을 때 슬쩍 훔쳐 가기도 한다. 남의 물건을 몰래 슬그머니 훔쳐 가지는 것을 '후무리다'라고 한다. "그는 노름빚을 갚기 위해 아내가 잠든 사이에 집에 있는 돈과 패물을 모두 후무려 나왔다."와 같이 쓸 수 있다. '후리다(남의 것을 갑자기 빼앗거나 슬쩍 가지다)'와 어형과 의미가 비슷하다.

329 훌부시다

[동] 그릇에 담긴 음식을 남기지 아니하고 죄다 먹다

배가 고프면 밥그릇에 듬뿍 담긴 밥을 뚝딱 먹어 치운다. 그것도 밥알 한 톨 남기지 않고 싹 비운다. 그릇에 담긴 음식을 남기지 않고 죄다 먹는 것을 '훌부시다'라고 한다. '훌'은 '동작이나 행동을 단번에 가볍게 하거나 쉽게 능란하게 하는 모양'을 가리키고, '부시다'는 '그릇 따위를 씻어 깨끗하게 하다'라는 뜻이다. 그러므로 '훌부시다'의 본래 의미는 '그릇 따위를 한꺼번에 몰아서 씻다'가 된다. 그릇을 깨끗하게 씻듯이 그릇에 담긴 음식을 남기지 않고 죄다 먹는 것도 '훌부시다'라고 한다. "얼마나 배가 고팠는지 그는 먹을거리를 모두 훌부셨다."와 같이 쓸 수 있다.

6

외면받기 쉬운
한자어

●
●

한자어도 당당한
우리말이다

330 각축(角逐)

[명] 서로 이기려고 다투어 덤벼듦. 또는 승리를 위하여 경쟁함

'각(角)'은 뿔을 가진 짐승들이 뿔을 비벼대며 다투는 것을, '축(逐)'은 멧돼지 따위가 돌진하며 쫓는 것을 가리킨다. 그러므로 '각축(角逐)'은 '짐승들이 서로 다투며 쫓음'이라는 뜻이다. '각축'이 인간에 적용되면 '승리를 위해 경쟁함'이라는 의미를 띤다. '각축'은 주로 '벌이다'와 어울려 "각축을 벌이다."와 같은 형식을 취한다. 서로 이기기 위해 경쟁을 일삼는 곳을 '각축장(角逐場)'이라 하고, 승부를 겨루는 싸움을 '각축전(角逐戰)'이라 한다.

331 간난신고(艱難辛苦)

[명] 몹시 힘들고 어려우며 고생스러움

세상에는 쉽고 편한 일보다는 힘들고 고통스러운 일이 더 많다. 오죽하면 "인생은 고해(苦海)"라고 했겠는가. 몹시 힘들고 고생스러운 것을 '간난(艱難)'이라 하고, 어려움에 처하여 몹시 애쓰는 것을 '신고(辛苦)'라고 한다. 그러므로 '간난신고(艱難辛苦)'는 '몹시 힘들고 어려우며 고생스러움'이라는 뜻이다. "간난신고를 겪다.", "간난신고를 이겨내다."와 같이 쓸 수 있다.

332 개연성(蓋然性)

[명] 절대적으로 확실하지는 않으나 아마 그럴 것이라고 생각되는 성질

'개연(蓋然)'에 접미사 '-성(性)'이 결합된 어형이다. '대개 개(蓋), 그러할 연(然)'이므로, '개연(蓋然)'은 '확실하지는 않지만 대개 그럴 것 같음'이라는 뜻이다. 그리고 접미사 '-성(性)'이 결합된 '개연성(蓋然性)'은 '절대적으로 확실하지는 않지만 아마 그럴 것이라고 생각되는 성질'이라는 뜻이다. 그리하여 "개연성이 있다."는 '확실하지는 않지만 그럴 가능성이 있다'로 해석된다. '가능성'과 의미가 유사해 보이지만 이는 '될 수 있는 성질'이라는 뜻이어서 엄연히 다른 개념이다.

333 격세지감(隔世之感)

[명] 오래지 않은 동안 몰라보게 변하여 아주 다른 세상이 된 것 같은 느낌

변화는 서서히 진행되어야만 혼란이 없다. 만약 몇 세대를 건너뛰어 갑자기 변화가 일어나면 그에 대한 충격이 만만치가 않다. 이전 세상과 너무나 달라져 감당이 잘 되지 않기 때문이다. 이렇듯 세대를 걸러[隔世] 큰 변화가 일어나 딴 세상처럼 보이는 느낌을 '격세지감(隔世之感)'이라 한다. "나는 한심했으나 얌전하게 앉아서 세상이 점점 내가 어릴 때하고 많이 달라져 가는구나 하는 격세지감을 느끼고 있었다."(최인호, 처세술 개론)에서 보듯, '격세지감'은 주로 '느끼다'와 함께 쓰인다.

334 결자해지(結者解之)

[명] 맺은 사람이 풀어야 한다는 뜻으로, 자기가 저지른 일은 자기가 해결해야 함을 이르는 말

매듭진 노끈은 누구보다 맺은 사람이 잘 풀 수 있다. 맺은 사람만이 그 맺은 순서나 방법을 알기 때문이다. 매듭진 노끈은 맺은 사람이 풀어야 한다는 것이 '결자해지(結者解之)'다. 매듭은 맺은 사람이 풀어야 하듯, 저지른 일은 저지른 본인이 해결해야 한다는 것을 비유하여 '결자해지'라고 한다. 결국 자기가 한 일은 자기가 책임을 져야 한다는 뜻이다.

335 경천동지(驚天動地)

[명] 세상을 몹시 놀라게 함을 비유적으로 이르는 말

종종 세상을 놀라게 할 만한 일들이 벌어진다. 알카에다의 9·11 테러, 이스라엘의 가자 지구 병원 폭격 등은 전 세계를 놀라게 할 만한 사건들이다. 이러한 사건을 "경천동지의 사건"이라 표현한다. '경천동지(驚天動地)'는 본래 '하늘을 놀라게 하고, 땅을 뒤흔들다'라는 뜻이다. 이렇듯이, 세상을 몹시 놀라게 하는 것을 빗대어 '경천동지'라 한다.

336 계륵(鷄肋)

[명] 닭의 갈비라는 뜻으로, 그다지 큰 소용은 없으나
버리기에는 아까운 것을 이르는 말

연약해 보이는 닭에도 갈비가 있다. 이를 한자어로 '계륵(鷄肋)'이라 한다. 닭고기를 먹어 본 사람은 대개 알겠지만, 닭의 갈비(계륵)에는 먹을 만한 고기가 붙어 있지 않다. 그래도 발라 보면 고기가 아주 없는 것은 아니다. 그래서 계륵을 그냥 버리기는 아깝다. 버리자니 아깝고, 그냥 먹자니 크게 먹을 것이 없는 것이 계륵이다. 이러한 닭의 갈비처럼, 취해 봐야 이렇다 할 이익은 없어도 버리기는 아까운 것을 비유하여 '계륵'이라 한다. 《후한서(後漢書)》의 '양수전(楊修傳)'에 나오는 말이다. 한편 '계륵'은 '몸이 몹시 약한 사람'을 비유적으로 이를 때에도 쓰인다.

337 고무적(鼓舞的)

[관][명] 무엇을 하고자 하는 마음이 생기거나 어떤 일이 일어나도록 자극하는. 또는 그런 것

'고(鼓)'는 '북을 치다', '무(舞)'는 '춤추다'의 뜻이어서, '고무(鼓舞)'는 '북을 치고 춤을 추다'의 뜻이다. 북을 치고 춤을 추다 보면 절로 흥이 돋고 신도 난다. 이처럼 북과 춤으로 흥을 돋우고 신이 나게 하듯, 힘을 내도록 격려해 용기를 북돋는 것을 '고무'라고 한다. "지지자가 많다는 것에 자못 고무를 받았다."와 같이 쓸 수 있다. 그리고 '고무'에 접미사 '-적(的)'이 결합된 '고무적'은 '무엇을 하고자 하는 마음이 생기거나 어떤 일이 일어나도록 자극하는' 또는 '그런 것'이라는 뜻이다. 곧 '고무적'은 관형사와 명사의 두 가지 기능이 있다. "고무적 조치"의 '고무적'은 관형사로, "조합은 회사 측의 발언을 무척 고무적으로 받아들였다."의 '고무적'은 명사로 쓰인 것이다.

338 고사(固辭)

[명] 제의나 권유 따위를 굳이 사양함

누가 어떤 제의를 하거나 권유를 하면 곰곰이 생각해 보고 결정해야 한다. 자기 처지나 능력, 상황을 고려하여 그 제의나 권유를 받아들일 수도 있고, 또 정중히 사양할 수도 있다. 정중히 사양했는데도 불구하고 계속하여 요청을 하면 단단한 마음으로 굳게 사양을 해야 한다. 이렇듯 남의 제의나 권유

따위를 굳게 마음을 먹고 사양하는 것을 '고사(固辭)'라고 한다. '고(固)'는 '굳다', '사(辭)'는 '물리치다'의 뜻이어서, '고사'가 '굳이 사양함'이라는 뜻임이 분명히 드러난다. '거절함', '굳이 사양함'과 함께 쓸 수 있다.

339 고장난명(孤掌難鳴)

[명] 외손뼉만으로는 소리가 울리지 아니한다는 뜻으로, 혼자의 힘만으로 어떤 일을 이루기 어려움을 이르는 말

손을 이용하여 소리를 내려면 손뼉을 쳐야 한다. 그리고 손뼉을 치려면 두 손뼉을 모두 이용해야 한다. 한 손뼉만으로는 소리를 낼 수 없기 때문이다. 이렇듯 '외손뼉만으로는 소리가 나지 않는다'는 뜻의 한자 성어가 '고장난명(孤掌難鳴)'이다. 외손뼉만으로 소리를 낼 수 없듯이, 혼자의 힘만으로는 어떤 일을 이루기 어려운 것이나 맞서는 사람이 없으면 싸움이 일어나지 않는 것을 비유하여 '고장난명'이라 한다. "누구 한 사람 도와주는 사람이 없으니 실로 고장난명이라, 일을 하기가 너무 어려웠다."의 그것은 전자의 의미로, "고장난명이라고, 네가 참았으면 싸움은 벌어지지 않았을 것 아니냐."의 그것은 후자의 의미로 쓰인 것이다.

340 고취(鼓吹)

[명] 힘을 내도록 격려하여 용기를 북돋움

'북칠 고(鼓), 불 취(吹)'이므로, '고취(鼓吹)'의 본래 의미는 '북을 치고 피리를 붊'이다. 북을 치고 피리를 불면 저절로 흥이 난다. 북과 피리로 흥을 돋우어 주듯, 어떤 일을 고무하여 의기를 북돋아 주는 일을 '고취'라고 한다. "전쟁에서는 무엇보다 군인의 사기 고취가 중요하다."와 같이 쓸 수 있다. 물론 일정한 의견이나 사상을 강렬하게 주장하여 불어넣는 것도 '고취'라고 한다. "민족주의 사상의 고취"에 쓰인 '고취'가 그러한 것이다.

341 고혈(膏血)

[명] 몹시 고생하여 얻은 이익이나 재산을 비유적으로 이르는 말

'고(膏)'는 '기름', '혈(血)'은 '피'의 뜻이므로, '고혈(膏血)'은 '사람의 기름과 피'라는 뜻이다. 인체에서 기름과 피는 몸을 지탱하는 필수적인 체내 요소다. 이러한 기름과 피의 소모가 많아지면 그만큼 몸이 고생을 하게 된다. 물론 몸이 고생한 만큼 이익이나 재산을 얻을 수가 있다. 그리하여 '고혈'에 '몹시 고생하여 얻은 이익이나 재산'이라는 비유적 의미가 생겨난다. '짜다'와 어울린 관용구 "고혈을 짜다."는 '가혹하게 착취하거나 징수하다'의 뜻이다.

342 곡학아세(曲學阿世)

[명] 학문을 굽히어 세상에 아첨함

중국 한나라 경제(景帝) 때, 강직하기로 이름난 학자 원고(轅固)가 엉큼하고 비열한 학자인 공손홍(公孫弘)에게 이렇게 충고했다. "그대는 아직 젊으니 올바른 학문을 닦아서 세상에 널리 퍼뜨려 주시오. 배운 것을 굽혀[曲學] 세상에 아부하는[阿世] 일이 없도록 하오." 여기에 나오는 '배운 것을 굽혀 세상에 아부하다'가 바로 '곡학아세(曲學阿世)'다. 학문의 도가 문란해지고 거짓된 학설이 판을 치던 시절에 자칫 유서 깊은 학문의 전통이 끊길까 하는 두려움에서 이와 같이 충고한 것이다. 자기가 믿는 학문을 왜곡하여 세태에 아부하는 것을 경계한 말이다.

343 공염불(空念佛)

[명] 실천이나 내용이 따르지 않는 주장이나 말을 비유적으로
이르는 말

'염불(念佛)'은 '부처의 모습과 공덕을 생각하면서 아미타불을 부르는 일'이다. 염불에는 부처님을 끝없이 믿고 따른다는 절절한 신심(信心)이 있어야 한다. 절대적인 신심이 없이 입으로 앵무새처럼 외기만 하면 그것은 진정한 염불이 아니다. 이와 같이 입으로만 외는 헛된 염불을 '공염불(空念佛)'이라 한다. '빌 공(空)' 자가 들어갔으니 '공염불'이 어떤 염불인지 쉽

게 알 수 있다. 신심이 없는 헛된 염불처럼, 실천이나 내용이 따르지 않는 주장이나 말을 비유하여 '공염불'이라 한다. "공염불에 불과한 선거 공약"과 같이 쓸 수 있다.

344 과유불급(過猶不及)

[명] 정도를 지나침은 미치지 못함과 같다는 뜻으로, 중용(中庸)이 중요함을 이르는 말

《논어(論語)》의 '선진편(先進篇)'에 나오는 말이다. 제자 자공(子貢)이 공자에게 "자장(子張)과 자하(子夏) 두 사람 중 어느 쪽이 어집니까?"라고 묻자, 공자는 "자장은 지나치고 자하는 미치지 못하는구나."라고 대답했다. "그럼 자장이 더 낫다는 말씀입니까?"라고 반문하자, 공자는 "지나친 것은 미치지 못한 것과 같다."라고 대답했다. 이것이 바로 '과유불급(過猶不及)'이다. 이는 '중용(中庸, 지나치거나 모자라지 아니하고 한쪽으로 치우치지도 아니한, 떳떳하며 변함이 없는 상태나 정도)'의 중요함을 강조한 말이다.

345 관건(關鍵)

[명] 문제 해결에서 가장 중요한 곳이나 핵심적 고리

'관(關)'은 문을 열지 못하도록 가로지르는 '빗장'을 가리키고, '건(鍵)'은 문에 거는 '자물쇠'를 가리킨다. 그러므로 '관건(關鍵)'의 글자 뜻 그대로의 의미는 '빗장과 자물쇠'가 된다. 빗장

과 자물쇠는 아주 중요한 잠금 장치다. 문을 잠글 때의 빗장과 자물쇠처럼, 문제를 해결할 때 아주 주요한 요인이나 핵심이 되는 고리를 비유하여 '관건'이라 한다. "그것이 문제 해결의 관건이다."와 같이 쓸 수 있다.

346 교두보(橋頭堡)

[명] 다리를 엄호하기 위해 쌓은 보루

'다리'는 아주 중요한 국가 기간 시설이다. 전쟁이 나면 다리의 역할은 더 커진다. 다리가 있어야 인력과 물자의 수송이 가능하기 때문이다. 그래서 평시에도 다리를 엄호하기 위해 보루를 쌓는다. 바로 이 보루를 '교두보(橋頭堡)'라 한다. '교두(橋頭)'가 '다리의 근처'라는 뜻이고, '보(堡)'가 '보루'라는 뜻이므로, '교두보'는 '다리 근처에 구축한 보루'가 된다. 물론 '교두보'는 상륙·도하(渡河) 작전에서 적군이 점령하고 있는 강기슭이나 해안선의 한 모퉁이를 점거하고 그곳에 마련한 작은 진지를 가리키기도 한다. 다리 근처가 아니라 강기슭, 해안선에 구축한 보루도 '교두보'라 하는 것이다. 또한 '교두보'는 '침략하기 위한 발판'이라는 비유적 의미를 띠기도 한다. "일제는 한반도를 중국 침략의 교두보로 삼았다."의 '교두보'가 그러한 것이다.

347 구곡간장(九曲肝腸)

[명] 굽이굽이 서린 창자라는 뜻으로, 깊은 마음속 또는 시름이 쌓인 마음속을 비유적으로 이르는 말

'구곡(九曲)'은 '아홉 굽이'라는 뜻이다. 가령 '구곡폭포(九曲瀑布)'라고 하면 '아홉 굽이가 진 긴 폭포'를 가리킨다. '간장(肝腸)'은 '간'과 '창자'를 아울러 이른다. 이로 보면 '구곡간장(九曲肝腸)'은 '굽이굽이 서린 간과 창자'라는 뜻이다. 그런데 '간장'은 '근심, 걱정의 마음속'을 상징하기도 한다. 이로써 '구곡간장'이 '근심과 걱정의 깊숙한 마음속' 또는 '시름에 쌓인 마음속'을 비유할 수 있다. "무쇠를 녹이는 듯한 뜨거운 눈물이 구곡간장으로부터 끓어오르는 것이다."(심훈, 상록수)의 '구곡간장'이 그러한 것이다.

348 구상유취(口尙乳臭)

[명] 입에서 아직 젖내가 난다는 뜻으로, 말이나 행동이 유치함을 이르는 말

중국 한나라의 유방(劉邦)이 한신(韓信)을 보내 위왕(魏王) 표(豹)를 공격할 때, 위나라 장수 백직(栢直)을 깔보며 한 말이다. '구상유취(口尙乳臭)'의 글자 뜻 그대로의 의미는 '입에서 아직 젖내가 난다'다. 아직 젖 냄새가 난다는 것은 어리고 미숙하다는 것과 같다. 상대가 어리고 미숙할 때 그를 얕보고 하는 말이 '구상유취'다. 어리고 미숙하면 말이나 행동이 유치

할 수밖에 없다. 그리하여 이에 '말이나 하는 짓이 유치함'이라는 비유적 의미가 생겨난다.

349 국량(局量)

[명] 남의 잘못을 이해하고 감싸주며 일을 능히 처리하는 힘

'국(局)'은 '형편', '량(量)'은 '헤아리다'의 뜻이어서, '국량(局量)'의 글자 뜻 그대로의 의미는 '남의 형편을 잘 헤아려 줌'이다. 남의 형편을 잘 헤아릴 뿐만 아니라 감싸주기도 하고, 또 더 나아가 일을 능력껏 잘 처리하는 능력을 '국량'이라 한다. '국도(局度)'와 의미가 같으나 이 말은 잘 쓰이지 않는다. '국량'은 주로 '크다, 넓다, 나다' 등의 서술어와 어울려 "국량이 크다.", "국량이 넓다.", "국량이 나다." 등과 같이 쓰인다. '국량'으로 표기하지만 [궁냥]으로 발음한다.

350 군계일학(群鷄一鶴)

[명] 닭의 무리 가운데에서 한 마리의 학이라는 뜻으로, 많은 사람 가운데서 뛰어난 인물을 이르는 말

《진서(晉書)》의 '혜소전(嵇紹傳)'에 나오는 말이다. 중국 위나라 때 죽림칠현(竹林七賢) 중의 한 사람인 혜강(嵇康)에게 혜소(嵇紹)라는 아들이 있었다. 혜소가 왕에게 벼슬을 받고 의젓하게 거리를 걸어가는 모습을 보고 혜강의 친구가 "혜소는 자세가 의젓하고 잘생겨서 마치 닭 무리 속에 한 마리의 학

이 내려앉은 것 같더군."이라고 말한 데서 유래한다. 닭의 무리에서 돋보이는 한 마리 학처럼, 많은 사람 가운데서 뛰어난 인물을 비유하여 '군계일학(群鷄一鶴)'이라 한다.

351 굴지(屈指)

[명] 수많은 가운데서 손가락을 꼽아 셀 만큼 아주 뛰어남

무엇을 셀 때 흔히 손가락을 꼽는다. 손가락이 열 개니 열 번째 안에 들어야 손가락으로 꼽을 수 있다. 이렇듯 무엇을 셀 적에 손가락을 꼽는 것을 '굴지(屈指)'라고 한다. 그런데 '굴지'는 그 본래의 의미보다는 '손가락을 꼽아 셀 만하게 아주 뛰어남'이라는 의미로 더 많이 쓰인다. 주로 '굴지의'라는 형식을 취해 "굴지의 대학", "굴지의 기업" 등과 같이 쓰인다. "우리나라 굴지의 대학"이라고 하면 우리나라에 있는 여러 대학 가운데 적어도 열 손가락으로 꼽아 셀 수 있는 뛰어난 대학을 이른다.

352 금실(琴瑟)

[명] 부부간의 사랑

'금슬(琴瑟)'이 원말이다. '금슬'은 '거문고와 비파'를 아울러 이른다. 거문고와 비파가 조화를 이루어 고운 소리를 내듯, 부부가 잘 어울려 서로 사랑하는 것을 '금슬'이라 한다. '부부 사이가 다정하고 화목함'을 비유하여 '금슬상화(琴瑟相和)'라고

한다. '금슬'은 'ㅅ' 뒤의 'ㅡ'가 'ㅣ'로 변하는 현상에 따라 '금실'이 된다. 현재 '금실'에는 '거문고와 비파'라는 의미는 없고, '부부간의 사랑'이라는 비유적 의미만 있다. '금실'은 주로 '좋다'와 어울려 "금실이 좋다."로 흔히 쓰인다.

353 금자탑(金字塔)

[명] 길이 후세에 남을 뛰어난 업적을 비유적으로 이르는 말

'金(금) 자(字) 모양의 탑'이라는 뜻으로, '피라미드'를 이른다. 간혹 '字'를 '子'로 쓰기도 하나 이는 잘못이다. 그리고 '金字'를 '황금으로 새긴 글자'로 해석하기도 하나 이 또한 잘못이다. '金 자 모양의 탑'은 무한한 공을 들여야만 세울 수 있는 탑이다. 그리하여 '금자탑'에 '길이 후세에 남을 뛰어난 업적'이라는 비유적 의미가 생겨난 것이다. "금자탑을 세우다.", "금자탑을 이루다."와 같이 쓸 수 있다.

354 길항(拮抗)

[명] 힘이나 세력 따위를 서로 버티고 대항함

남한과 북한은 막강한 군사력을 두고 팽팽히 맞서고 있다. 이렇듯 힘이나 세력 따위를 서로 버티고 대항하는 것을 '길항(拮抗)'이라 한다. '맞설 길(拮), 대항할 항(抗)'이므로, '맞서서 대항함'이라는 뜻이 분명하다. 국가와 국가 간뿐만 아니라 사회와 사회, 개인과 개인 간 대항에서도 쓰인다. '상반되는 요인

이 동시에 작용하여 그 효과를 막는 작용'을 '길항작용'이라
한다.

355 나락(奈落, 那落)

[명] 벗어나기 어려운 절망적인 상황을 비유적으로 이르는 말

지옥은 죄인에게 갖은 고통을 주는 무시무시한 곳이다. "지옥
에 떨어져라."가 아주 심한 욕이 되는 것은 그 때문이다. '지
옥'과 같은 의미의 단어가 '나락(奈落, 那落)'이다. 이는 산스크
리트 '나라카(naraka)'를 한자의 음을 이용해 표기한 것이다.
"나락으로 떨어지다."는 바로 "지옥으로 떨어지다."와 같은 뜻
이다. 한편 '나락'은 '구원할 수 없는 마음의 구렁텅이'라는 비
유적 의미로도 쓰인다. "시험에 떨어진 후 그는 한동안 나락
에 빠져 헤어나지 못했다."와 같이 쓸 수 있다.

356 낙점(落點)

[명] 여러 후보가 있을 때 그중에 마땅한 대상을 고름

본래 '낙점(落點)'은 조선시대에 관리를 뽑는 방식의 하나였
다. 2품 이상의 관원을 선임할 때 이조(吏曹)나 병조(兵曹)에
서 세 사람을 적어 임금에게 올렸는데, 임금이 그 가운데 마
땅한 사람의 이름에 점을 찍어 선발했다. 점을 찍어 관리를
뽑는다고 하여 '낙점'이라 한 것이다. '낙점'이라는 단어가 공
직 사회에서 일반 사회로 넘어와 쓰이면서, 여러 후보 가운데

에서 마땅한 대상을 고르는 것을 가리키게 되었다. "낙점을 기다리다.", "낙점을 받다." 등과 같이 쓸 수 있다.

357 난마(亂麻)

[명] 어지럽게 얽힌 삼실의 가닥이라는 뜻으로, 갈피를 잡기 어렵게 뒤얽힌 일이나 세태를 비유적으로 이르는 말

삼실(베실)이 얽히면 풀기가 어렵다. 그것도 어지럽게 뒤얽히면 풀기가 더욱 어렵다. 어지럽게 뒤얽힌 삼실의 가닥을 '난마(亂麻)'라고 한다. 뒤얽힌 삼실의 가닥처럼, 갈피를 잡을 수 없을 정도로 뒤얽힌 일이나 세태를 '난마'에 비유한다. "사건이 난마처럼 얽혀 있다.", "그는 난마를 끊듯이 모든 문제를 해결했다."와 같이 쓸 수 있다.

358 남부여대(男負女戴)

[명] '남자는 지고, 여자는 인다'는 뜻으로, 가난에 시달리는 사람들이 살 곳을 찾아 이리저리 떠돌아다님을 이르는 말

옛날에는 잦은 전쟁이나 기근으로 먹고살기가 힘들게 되면, 살던 곳을 떠나 이곳저곳 떠돌 수밖에 없었다. 보잘것없는 살림살이를 남자는 등에 지고, 여자는 머리에 인 채 살 만한 곳을 찾아 무작정 떠돈 것이다. 먹을 것이 없어 구걸로 연명하고, 잘 곳이 없어 노숙으로 밤을 지새웠다. 이렇게 '남자는 지고, 여자는 인다'가 바로 '남부여대(男負女戴)'다. 가난에 시달

리는 사람들이 살 곳을 찾아 이리저리 떠돌아다니는 것을 비유한다.

359 내핍(耐乏)

[명] 물자가 없는 것을 참고 견딤

생산력이 떨어지면 물자가 부족하게 되고, 물자가 부족하면 물건값이 천정부지(天井不知)로 뛰어오르게 된다. 그렇게 되면 죽어나는 것은 서민뿐이다. 물건값이 올라도 부자들이야 이 물건 저 물건 아쉬움 없이 구매할 수 있으나, 서민들은 꼭 필요한 생활 용품도 구매하기 어렵게 된다. 필요한 물자가 부족하면 참으로 불편하다. 특히 생활필수품이 부족하면 불편함이 말이 아니다. 그래도 참을 수밖에 없는 것이 현실이다. 이렇듯 물자가 없는 것을 참고 견디는 것을 '내핍(耐乏)'이라 한다. '내(耐)'는 '견디다', '핍(乏)'은 '가난하다'의 뜻이니, '내핍'의 글자 뜻 그대로의 의미는 '가난함을 참고 견딤'이다. "내핍 생활", "내핍을 겪다." 등과 같이 쓸 수 있다.

360 노골적(露骨的)

[관][명] 숨김없이 모두를 있는 그대로 드러내는. 또는 그런 것

'노(露)'는 '드러내다', '골(骨)'은 '뼈'의 뜻이니, '노골(露骨)'은 '뼈를 드러냄'이라는 뜻이다. 전사(戰死)하여 뼈를 싸움터에 드러내는 것이 바로 '노골'이다. 신체의 깊숙한 곳에 있는 뼈

가 드러난다는 것은 신체의 모든 것이 드러나는 것과 같다. 그리하여 '노골'에 '숨김없이 모두 있는 그대로 드러냄'이라는 비유적 의미가 생겨난다. 그리고 '노골'에 접미사 '-적(的)'이 결합된 '노골적'은 '숨김없이 모두를 있는 그대로 드러내는' 또는 '그런 것'이라는 뜻이다. 곧 '노골적'은 관형사와 명사의 두 가지 기능이 있다. "노골적 묘사"의 그것은 관형사로, "노골적으로 금품을 요구하다."의 그것은 명사로 쓰인 것이다.

361 노파심(老婆心)

[명] 필요 이상으로 남의 일을 걱정하고 염려하는 마음

남의 일을 걱정해 주고 염려해 주는 것은 고마운 일이다. 그런데 그것이 지나치면 곤란하다. 꼭 간섭하는 것처럼 비칠 수가 있기 때문이다. 필요 이상으로 남의 일을 걱정하고 염려하는 마음을 '노파심(老婆心)'이라 한다. '노파(老婆, 할머니)의 마음'이라는 뜻이니, 이는 분명 나이 든 사람의 경험에서 우러나오는 것이겠으나, 지나친 염려와 걱정이라는 점에서 부담스럽다. "내가 노파심에서 하는 이야기인데….''라는 표현이 흔히 꼰대의 잔소리로 들릴 수 있는 것이다. 노파심은 잔소리와 같은 걱정, 지나친 걱정, 쓸데없는 걱정이어서 조심해야 한다. 그러나 노파심이 늘 그렇게 쓸데없는 걱정인 것만은 아닐 수 있다. 듣는 이에게 경계심을 갖게 할 수도 있기 때문이다. 핼러윈 축제에 대한 사회적 노파심이 컸다면, 그 끔찍한 이태원

참사는 일어나지 않았을 수도 있다. 우리는 이제 노파심이 도리어 요구되는 위태로운 사회에 살고 있다. 젊은 세대도 너나 할 것 없이 부모나 사회의 걱정가마리(늘 꾸중을 들어 마땅한 사람)가 되지 않도록 각자 노력해야 할 것이다. 이는 분명 꼰대 세대의 노파심이다.

362 능소능대(能小能大)

[명] 모든 일을 두루 다 잘함

온갖 방면의 일에 능통한 사람을 '팔방미인(八方美人)'이라 한다. 팔방미인처럼 모든 일을 두루 잘하는 것을 '능소능대(能小能大)'라고 한다. '능소능대'의 글자 뜻 그대로의 의미는 '작은 것에도 능하고 큰 것에도 능함'이다. 이러한 의미에서 '모든 일을 두루 잘함'이라는 의미로 변한다. "그는 일을 해결하는 데 능소능대하다."와 같이 쓸 수 있다.

363 답습(踏襲)

[명] 예로부터 해 오던 방식이나 수법을 좇아 그대로 행함

'답(踏)'은 먼저 사람이 간 길을 그대로 따라 밟는 것이고, '습(襲)'은 앞사람이 한 그대로 따르는 것이다. 그러므로 '답습(踏襲)'은 '앞서 간 사람의 길을 밟아 그대로 따름'이라는 뜻이다. 이는 결국 예전부터 해 오던 것을 온전히 이어받아 따르는 것과 같다. 그리하여 '답습'에 '예로부터 해 오던 방식이나 수법

을 좇아 그대로 행함'과 같은 의미가 생겨난 것이다. "전통의
계승과 답습을 혼동해서는 안 된다."와 같이 쓸 수 있다.

364 도서(島嶼)

[명] 크고 작은 온갖 섬

바다에 떠 있는 땅덩어리가 '섬'이다. 섬에는 제법 큰 것도 있
고, 아주 작은 것도 있다. 큰 섬을 '도(島)'라 하고, 작은 섬을
'서(嶼)'라 한다. 그러므로 '도서(島嶼)'는 '큰 섬과 작은 섬', 곧
'크고 작은 모든 섬'을 가리킨다. 그리하여 "도서 지방"이라
하면 '크고 작은 온갖 섬이 있는 지방'을 뜻하고, '도서성(島嶼
性)'이라 하면 '온갖 섬과 관련된 특성'을 뜻한다.

365 도탄(塗炭)

[명] 진구렁에 빠지고, 숯불에 탄다는 뜻으로, 몹시 곤궁하여
고통스러운 지경을 이르는 말

《서경(書經)》에 '민추도탄(民墜塗炭)'이라는 말이 나온다. '백성
이 진구렁과 숯불에 빠지다'라는 뜻이다. '민추도탄'에서 '민추
(民墜)'가 생략된 말이 '도탄(塗炭)'이다. '도탄'은 본래 '진흙 구
덩이와 숯불'이라는 뜻이지만, 생략된 어형으로서의 '도탄'은
'민추도탄'과 같은 뜻을 지닌다. 이른바 '생략'이라는 절차에
의해 의미가 변한 것이다. 끈적끈적한 진흙 구덩이와 이글이
글 불타는 숯불에 빠지면 그 고통이 말이 아니다. 또한 그 고통

에서 벗어나기가 쉽지 않다. 진구렁이나 숯불에 빠져 있는 것처럼, '매우 고통스러운 지경'을 비유하여 '도탄'이라 한다.

366 동량(棟梁)

[명] 한 집안이나 한 나라를 떠받치는 중대한 일을 맡을 만한 인재

건축물에서 가장 중요한 역할을 하는 것은 '기둥'과 '들보(칸과 칸 사이의 두 기둥을 건너지르는 나무)'다. 기둥이 있어야 들보를 올릴 수 있고, 들보가 있어야 기둥이 힘을 받을 수 있다. '기둥'과 '들보'를 묶어서 '동량(棟梁)'이라 한다. 건물을 떠받치는 기둥과 들보처럼, 한 집안이나 나라를 떠받치는 중대한 일을 맡을 만한 인재를 비유하여 '동량'이라 한다. '동량지재(棟梁之材), 동량재(棟梁材)'라고도 한다. "장차 나라의 동량이 될 어린이"와 같이 쓸 수 있다.

367 동병상련(同病相憐)

[명] 같은 병을 앓는 사람끼리 서로 가엾게 여긴다는 뜻으로, 어려운 처지에 있는 사람끼리 서로 가엾게 여김을 이르는 말

후한(後漢)의 조엽(趙曄)이 지은 《오월춘추(吳越春秋)》의 '합려내전(闔閭內傳)'에 나오는 말이다. "같은 병을 앓으니 서로 불쌍히 여기고, 같은 근심을 하니 서로 구한다. 놀라서 날아오르는 새들이 서로 좇으며 나는구나. 여울 따라 아래로 흐르는 물

은 이로 인해 다시 함께 흐르네."에 나오는 '같은 병을 앓으니 서로 불쌍히 여긴다'가 '동병상련(同病相憐)'이다. 같은 병을 앓는 사람끼리 서로 가엾게 여기듯, 어려운 처지에 있는 사람끼리 서로 가엾게 여기는 것을 비유하여 '동병상련'이라 한다. "과부 사정은 과부가 안다."라는 우리말 속담과 맥이 통한다.

368 등용문(登龍門)

[명] 어려운 관문을 통과하여 크게 출세하게 됨. 또는 그 관문

'용문(龍門)'은 중국 황허[黃河]강 상류에 있는 급류다. 이곳에는 잉어가 많이 모인다. 많은 잉어들이 이 급류를 거슬러 오르려 하지만 성공한 잉어는 거의 없다고 한다. 이 급류를 타고 오르면 용이 된다는 전설이 서려 있다. 잉어가 '용문'을 거슬러 오르는 것이 바로 '등용문(登龍門)'이다. 잉어가 '용문'을 거슬러 올라 용이 되듯이, 어려운 관문을 통과해 크게 영달(榮達)하는 것을 비유하여 '등용문'이라 한다. 국가 고시의 관문을 통과한 것, 대학 입시의 관문을 통과한 것 등이 '등용문'이라 할 만하다.

369 마이동풍(馬耳東風)

[명] 동풍이 말의 귀를 스쳐 간다는 뜻으로, 남의 말을 귀담아듣지 아니하고 지나쳐 흘려버림을 이르는 말

중국 당나라 시인 이백(李白)이 친구 왕십이(王十二)에게 보낸

편지에서 유래한 말이다. "아무리 우리의 글이 둘도 없이 빼어나도 그것은 냉수의 한 잔보다 값어치가 없다네. 세상 사람들은 이를 듣고 고개를 내젓지 않는가. 마치 동풍(東風)이 말의 귀를 스치고 가는 것이 아니고 무엇이겠는가."에 나오는 '동풍이 말의 귀를 스치고 간다'가 바로 '마이동풍(馬耳東風)'이다. 그저 불어오는 바람이 말의 귀를 스치고 지나가듯, 다른 사람의 말을 귀담아 듣지 않고 흘려버리는 것을 비유하여 '마이동풍'이라 한다. "백번을 이야기해도 마이동풍 격이야."와 같이 쓸 수 있다.

370 막역하다(莫逆--)

[형] 허물이 없이 아주 친하다

체면을 살피거나 조심할 필요가 없는 친구가 정말 가까운 친구다. 이런 친구를 허물없는 친구라고 한다. 허물없이 아주 친한 친구를 "막역한 친구" 또는 '막역지우(莫逆之友)'라고 한다. '막역(莫逆)'은 '거스름이 없음'이라는 뜻이므로 '허물이 없음'과 같고, '막역'에 접미사 '-하다'가 결합된 '막역하다'는 '허물이 없이 친하다'의 뜻이다. 그런데 간혹 '막역하다'를 '막연하다'로 잘못 알고 "막연한 친구"와 같이 표현하기도 하는데, 이는 잘못이다.

371 매도(罵倒)

[명] 심하게 욕하며 나무람

누가 큰 잘못을 저지르면 너그럽게 용서해 주기보다는 심하게 책망하며 나무란다. 이렇듯 '심하게 욕하며 나무라는 것'을 '매도(罵倒)'라고 한다. '매(罵)'가 '욕하다'의 뜻이고, '도(倒)'가 '넘어뜨리다'의 뜻이므로, '매도'는 본래 '욕하여 넘어뜨림'이라는 뜻이다. '매도'에는 이와 같은 의미뿐만 아니라 '나쁜 사람으로 규정함'이라는 의미도 있다. "그 사람을 파렴치한으로 매도를 하면 어떻게 하냐?"에 쓰인 '매도'가 그러한 것이다.

372 모두(冒頭)

[명] 말이나 글의 첫머리

말이나 글에는 반드시 시작하는 첫머리가 있기 마련이다. 말의 첫머리는 '어두(語頭)'라 하고, 글의 첫머리는 '서두(書頭)' 또는 '글머리'라 한다. '말머리'라는 단어도 있지만 이는 '말의 첫마디'나 '말의 방향'을 뜻하여 '어두'와 약간의 차이를 보인다. 말이든 글이든 그 첫머리를 묶어서 '모두(冒頭)'라고 한다. "결론은 모두에서 이미 말한 바와 같다."와 같이 쓸 수 있다.

373 몽진(蒙塵)

[명] 머리에 먼지를 쓴다는 뜻으로, 임금이 난리를 피하여 안전한 곳으로 떠남

'몽(蒙)'은 '덮다', '진(塵)'은 '먼지'의 뜻이어서, '몽진(蒙塵)'의 글자 뜻 그대로의 의미는 '먼지로 뒤덮임'이다. 옛날에는 큰 난리가 나면 어쩔 수 없이 피란길을 떠났다. 그 피란길은 인마(人馬)가 뒤섞여 몹시 혼잡하고 어수선하였고, 그러다 보니 주변이 온통 먼지로 뒤덮였다. 이 먼지를 뒤집어쓰고라도 살기 위해 고된 피란길을 재촉할 수밖에 없었다. 도성(都城)을 버리고 피란길에 오른 임금도 예외는 아니었다. 길거리의 먼지를 그대로 뒤집어쓴 채 피란길을 재촉해야 했다. 임금이 머리에 먼지를 쓴 채 난리를 피해 안전한 곳으로 떠나는 것을 '몽진'이라 했다. "왜적에게 패했다는 소식을 들은 왕은 북으로 몽진을 떠났다."와 같이 쓸 수 있다.

374 무료(無聊)

[명] 흥미 있는 일이 없어 심심하고 지루함. 또는 부끄럽고 쑥스러움

주변에 재미있는 일이 많아야 살맛이 난다. 재미있는 일이 없으면 사는 것이 심심하고 따분하여 일상이 지루하게 느껴진다. 흥미 있는 일이 없이 심심하고 지루한 것을 '무료(無聊)'라고 한다. '료(聊)'가 '즐기다'의 뜻이므로, '무료(無聊)'의 글자

뜻 그대로의 의미는 '즐거움이 없음'이다. "무료를 이기지 못하고 외출을 했다."와 같이 쓸 수 있다. '무료한 느낌'을 '무료감(無聊感)'이라 한다. 한편 '무료'에는 '부끄럽고 쑥스러움'이라는 의미도 있다.

375 문경지고(刎頸之交)

[명] 목을 쳐도 후회하지 않을 정도의 사이라는 뜻으로, 생사를 같이할 수 있는 아주 가까운 사이. 또는 그런 친구를 이르는 말

아무리 진한 우정을 나누는 친구라 하더라도 목숨까지 내 줄 수 있는 사이는 드물다. 목숨까지 내 줄 정도로 생사를 같이할 수 있는 사이나 그런 친구를 '문경지고(刎頸之交)'라고 한다. '문경(刎頸)'이 '목을 베다'의 뜻이므로, '문경지고'는 '목을 쳐도 후회하지 않을 정도의 교분'이라는 뜻이다. 이러한 의미에서 '아주 가까운 사이의 친구'라는 의미로 변한 것이다.

376 문외한(門外漢)

[명] 어떤 일에 전문적인 지식이 없는 사람

'문외(門外)'는 '문밖', 구체적으로 말하면 '성문 밖'이라는 뜻이다. 그리고 '-한(漢)'은 '농부한, 두부한, 불목한, 사기한, 어부한' 등의 그것과 같이 '그와 관련된 사람'의 뜻을 더하는 접미사다. 그렇다면 '문외한(門外漢)'은 본래 '성문 밖에 사는 사람'이라는 뜻이다. 비하해서 말하면 '성 밖 놈'이다. 예전에 성

문 밖에는 비천한 하위 계층의 사람들이 모여 살았다. 이들은 배우지 못하여 무식하고 무지했다. 이 점이 크게 부각되어 '문외한'에 '어떤 일에 대한 지식이나 조예가 없는 사람'이라는 의미가 생겨난 것이다. "나는 컴퓨터에는 문외한이다."라고 하면 '컴퓨터에 전문 지식이 없는 사람이다'라는 뜻이다.

377 박람강기(博覽强記)

[명] 여러 가지의 책을 널리 읽고 기억을 잘함

지식을 두루 쌓으려면 무엇보다 책을 가리지 않고 넓게 읽어야 한다. 그리고 읽은 내용을 온전한 지식으로 만들려면 그 내용을 오랫동안 잘 기억해야 한다. 이렇듯 여러 가지 책을 폭넓게 읽고[博覽] 그 내용을 잘 기억하는 것[强記]을 '박람강기(博覽强記)'라고 한다. "이 책에서 저자는 특유의 박람강기를 동원해 그 복잡한 변화상을 흥미롭게 그려낸다."와 같이 쓸 수 있다.

378 반목(反目)

[명] 서로서로 시기하고 미워함

미워하는 사람과는 눈도 마주치기 싫다. 어쩌다 만나도 눈을 반대 방향으로 돌리기 마련이다. 이것이 바로 '반목(反目)'이다. '반(反)'이 '뒤집다'의 뜻이고, '목(目)'이 '눈'의 뜻이므로, '반목(反目)'은 '눈을 반대로 함'이라는 뜻이다. 눈을 반대편으로 돌리는 행위는 미워서 보기 싫다는 의사 표시에 다름 아니다. 그리하여 '반목'에 '서로서로 시기하고 미워함'이라는 의미가 생겨날 수 있다. '반목'은 '질투, 대립' 등과 주로 어울려 "반목과 질투", "반목과 대립"과 같은 형식으로 흔히 쓰인다.

379 반추(反芻)

[명] 어떤 일을 되풀이하여 음미하거나 생각함. 또는 그런 일

소나 염소를 보면 무엇인가 계속해서 씹고 있다. 한번 삼킨 먹이를 게워 내어 되새김을 하고 있는 것이다. 이러한 동작을 '반추(反芻)' 또는 '새김질'이라 한다. 씹는 것을 되풀이하는 행위다. 짐승이 새김질을 하듯, 어떤 일을 되풀이하여 음미하고 생각하는 것을 비유하여 '반추'라고 한다. "푸념을 하는 것도 실은 그 시절의 영광의 헛된 반추에 지나지 않을지도 모르겠다."(박완서, 엄마의 말뚝)와 같이 쓸 수 있다.

380 발본색원(拔本塞源)

[명] 좋지 않은 일의 근본 원인이 되는 요소를 완전히 없애 버려서 다시는 그러한 일이 생길 수 없도록 함

《춘추좌씨전(春秋左氏傳)》에 나오는, 주나라 성왕(聖王)이 그의 백부(伯父) 주공(周公)에 대한 마음을 전하는 말에서 유래한다. "나에게 백부(伯父)가 계신 것은 마치 의복에 갓과 면류관이 있고 나무나 물에 뿌리와 근원이 있으며 백성들에게 홀

륭한 임금이 있는 것과 같다. 백부께서 만약 갓을 찢고 면류관을 부수며 뿌리를 뽑고 근원을 막고 훌륭한 임금을 완전히 버리셨다면 비록 오랑캐라고 한들 그 어찌 나 한 사람조차 남아 있었겠는가?"에 나오는 '뿌리를 뽑고 근원을 막다'가 '발본색원(拔本塞源)'이다. 뿌리를 뽑아 버리면 다시 자라지 못하고, 근원을 막아 버리면 다시 넘쳐흐르는 일이 없다. 뿌리를 뽑고 근원을 막듯, 좋지 않은 일을 후한이 없도록 완전히 없애 버리는 것을 비유하여 '발본색원'이라 한다.

381 방기하다(放棄--)

[동] 내버리고 아예 돌아보지 아니하다

자신에게 부과된 책임과 의무는 충실히 수행해야 한다. 책임과 의무를 저버리는 것은 직무 유기나 다름이 없다. 책임, 의무, 직무 등을 내버리고 아예 돌아보지 않는 것을 '방기(放棄)'라고 한다. '방(放)'은 '내치다', '기(棄)'는 '버리다'의 뜻이므로, '방기'는 본래 '내치고 버림'의 뜻이다. "책임과 의무의 방기", "여기서 물러섬은 우리 직분의 방기나 다를 바 없다."와 같이 쓸 수 있다. '방기'에 접미사 '-하다'가 결합된 동사 '방기하다'는 '내버리고 아예 돌아보지 아니하다'의 뜻이다. "그들의 요구에 순응하는 것은 예술가로서의 직분과 책무를 방기하는 셈이다."와 같이 쓸 수 있다.

382 방약무인(傍若無人)

[명] 곁에 사람이 없는 것처럼 아무 거리낌이 없이 함부로 말하고 행동하는 태도가 있음

우리가 공공장소에서 정숙을 유지하는 이유가 무엇인가? 다름 아닌, 다른 사람에게 피해를 주지 않기 위해서다. 만약 여러 사람이 있는데도 불구하고 제멋대로 지껄이고 행동한다면, 다른 사람에게 큰 불편을 주고 또 급기야 손해를 입힐 수도 있다. 이렇듯 곁에 사람이 없는 것처럼 아무 거리낌 없이 함부로 말하고 행동하는 태도를 '방약무인(傍若無人)'이라 한다. '곁 방(傍), 같을 약(若), 없을 무(無), 사람 인(人)'이니, '방약무인'의 글자 뜻 그대로의 의미는 '곁에 아무도 없는 것 같다'가 된다. 주변에 아무도 자신을 주시하는 사람이 없다고 생각되면 함부로 행동하게 된다.

383 방종(放縱)

[명] 거리낌 없이 제멋대로 행동함

'자유(自由)'와 '방종(放縱)'은 다르다. 자기 마음대로 행동한다는 점은 같지만, 자유에는 책임과 의무가 따르나 방종에는 그런 것이 따르지 않는다는 점은 다르다. 자유가 상식이나 규범의 범위 내에서 자유롭게 행동하는 것이라면, 방종은 그야말로 상식과 규범을 넘어 제멋대로 행동하는 것이다. '내칠 방(放), 놓아둘 종(縱)'이니, '방종'의 한자 뜻 그대로의 의미는

'내치는 대로 놓아둠'이다. 이는 아무 거리낌이 없이 함부로 행동하는 것과 같다. 방종에 빠지면 방자해져서 남에게 지탄을 받는다. 자유는 마음껏 누리되 방종에 흐르지 않도록 조심해야 하는 이유다.

384 백년하청(百年河淸)

[명] 중국 황허강이 늘 흐려 맑을 때가 없다는 뜻으로, 아무리 오랜 시일이 지나도 어떤 일이 이루어지기 어려움을 이르는 말

중국 황허[黃河]강의 물은 늘 누렇다. '황하(黃河)'라 이름 지은 것만 보아도 물이 황톳빛임을 알 수 있다. 이러한 황허강의 물이 백 년에 한 번 맑아질 때가 있거나 한다는 데에서 비롯된 말이 '백년하청(百年河淸)'이다. 그렇다고 백 년에 한 번 물이 맑아진다는 것도 장담할 수 없다. 그러므로 황허강이 맑기를 기다리는 것은 부질없는 일이 된다. 황허강이 오랜 세월이 지나도 맑아지는 것을 기대할 수 없는 것처럼, 어떤 일이 오랜 시일이 지나도 이루어지기 어렵다는 것을 비유하여 '백년하청'이라 한다.

385 백미(白眉)

[명] 흰 눈썹이라는 뜻으로, 여럿 가운데에서 가장 뛰어난 사람이나 훌륭한 물건을 비유적으로 이르는 말

중국 촉한(蜀漢)에 마량(馬良)이라는 사람이 있었다. 형제가

다섯이었는데, 형제 모두가 재주가 좋았다. 그 가운데에서도 마량의 재주가 가장 출중했다. 마량은 특이하게도 흰 눈썹[白眉]을 갖고 있어서 주변 사람들은 그를 '백미(白眉)'라 불렀다. 마량이 형제 가운데 가장 재주가 뛰어났으므로, 마량을 지시하는 '백미'로써 '여러 사람 가운데 가장 뛰어난 사람'을 비유하게 되었다. 그리고 '백미'를 사물에도 적용하여 '많은 가운데서 가장 뛰어난 물건'도 비유하게 되었다. "춘향전은 한국 고전 문학의 백미다."라고 하면, '춘향전이 한국 고전 문학 작품 중 가장 뛰어난 작품'이라는 뜻이다. '가장 뛰어남, 으뜸, 최고'로 순화하여 쓸 수 있다.

386   복마전(伏魔殿)

[명] 비밀리에 나쁜 일을 꾸미는 무리가 모이는 곳

《수호지(水滸誌)》에 나오는 말이다. 북송(北宋)의 인종(仁宗) 때에 온 나라에 전염병이 돌았다. 조정에서는 신주(信州)의 용호산(龍虎山)에 은거하고 있는 장진인(張眞人)에게 전염병을 물리쳐 달라는 기도를 부탁하기 위해 홍신(洪信)을 보냈다. 용호산에 도착한 홍신은 장진인이 외출한 사이를 틈타 이곳저곳을 구경했다. 그러다가 우연히 '복마지전(伏魔之殿)'이라는 간판이 걸려 있는 전각을 보았다. 호기심이 발동한 홍신은 주위의 만류를 뿌리치고, 문을 열고 석비(石碑)를 들추었다. 그러자 그 안에 갇혀 있던 마왕(魔王) 108명이 뛰쳐나왔다. 여기에 나오는 '복마전(伏魔殿)'은 '마귀가 엎드려 숨어 있는 전각'이라는 뜻이다. 이 전각 안에서 마귀들이 온갖 나쁜 짓을 도모했을 것이다. 마귀들이 모여 나쁜 일을 도모하는 복마전과 같이, 나쁜 일을 꾸미는 무리가 비밀리에 모이는 곳을 비유하여 '복마전'이라 한다. 복마전은 음모가 싹트는 악의 근원지다.

387 부박하다(浮薄--)

[형] 실없고 경솔하다

깊이나 무게가 있어 점잖아 보이는 사람이 있는가 하면, 들뜨고 경박해 보이는 사람도 있다. 이렇듯 들뜨고 경박한 것을 '부박(浮薄)'이라 한다. '부(浮, 뜨다)'와 '박(薄, 가볍다)'의 한자 뜻만 보아도 '부박'이 마음이 들뜨고 경박한 것임을 알 수 있다. '조심성이 없이 가벼움'이라는 뜻의 '경박(輕薄)'과는 '가볍다'는 점에서 같다. '부박'에 접미사 '-하다'가 결합된 형용사 '부박하다'는 '실없고 경솔하다'의 뜻이다. "그는 남의 험담이나 늘어놓고 다니는 부박한 사람이다."와 같이 쓸 수 있다.

388 불모지(不毛地)

[명] 어떠한 사물이나 현상이 발달되어 있지 않은 곳. 또는 그런 상태를 비유적으로 이르는 말

여름철, 시골 마을의 집 주변을 살펴보라. 풀이 지천이다. 풀은 생명력이 강해 웬만한 땅이라면 잘 적응해 살아간다. 그런

데 풀조차 살지 못하는 거칠고 메마른 땅이 있다. 이렇듯 식물이 자라지 못하는 거칠고 메마른 땅을 '불모지(不毛地)'라 한다. 불모지에는 식물이 자라지 못할 뿐만 아니라 사람도 살 수 없다. 사람이 살지 않으니 어떠한 일도 벌어지지 않는다. 그리하여 '불모지'에 '어떠한 사물이나 현상이 발달되어 있지 않은 곳' 또는 '그런 상태'라는 비유적 의미가 생겨난다. "축구 불모지"의 그것은 전자의 의미로, "현대문명의 불모지"의 그것은 후자의 의미로 쓰인 것이다.

389   불후(不朽)

[명] 영원토록 변하거나 없어지지 아니함을 비유적으로
이르는 말

'후(朽)'가 '썩다'의 뜻이니, '불후(不朽)'의 글자 뜻 그대로의 의미는 '썩지 않음'이다. '닳아서 없어지지 아니함'을 뜻하는 '불마(不磨)'와 비슷한 의미다. 썩지 않는 것은 영원히 변하지 않거나 없어지지 않는다. 그리하여 '불후'에 '영원토록 변하거나 없어지지 아니함'이라는 비유적 의미가 생겨난다. 주로 조사 '의'와 어울려 '불후의'와 같은 형식으로 쓰인다. 곧 "불후의 명작", "불후의 업적" 등과 같이 쓸 수 있다.

390 사숙하다(私淑--)

[동] 직접 가르침을 받지 않았으나 마음속으로 그 사람을 본받아서 도나 학문을 닦다

'사사로울 사(私), 사모할 숙(淑)'이니, '사숙(私淑)'의 한자 뜻 그대로의 의미는 '사사롭게 사모함'이다. 직접적으로 가르침을 받지는 않아도 개인적으로 사모하며 그 사람을 본받아 도나 학문을 닦는 것을 '사숙'이라 한다. 예를 들어, 어떤 유명 학자의 책을 읽고 그 내용에 감화되어 마음속으로 그를 본받아 학문을 닦는다면 그것이 '사숙'이다. "나는 주시경 선생이 지은 문법책을 읽고 그를 사숙했다."와 같이 쓸 수 있다.

391 사이비(似而非)

[명] 겉으로는 비슷하나 속은 완전히 다름. 또는 그런 것

세상이 어지러우면 진짜를 가장한 가짜가 판을 치게 된다. 정식 의사가 아니면서도 의사 행세를 하고, 정식 기자가 아니면서도 기자 행세를 하는 따위다. 이들을 "돌팔이 의사", "돌팔이 기자"라고 한다. 고유어 '돌팔이'와 비슷한 의미를 지니는 한자어가 '사이비(似而非)'다. 이는 '사시이비(似是而非)'의 준말로, '얼른 보기에는 옳은 듯하나 사실은 그름'이라는 뜻이다. 그런데 '사이비'는 주로 '겉으로는 제법 비슷하나 본질적으로 완전히 다름' 또는 '그런 것'이라는 의미로 쓰인다. "사이비 의사", "사이비 기자" 등의 '사이비'가 그러한 것이다. 순화

안에서는 '사이비' 대신 '가짜, 겉비슷'을 쓸 것을 권하고 있다.

392 사자후(獅子吼)

[명] 사자의 우렁찬 울부짖음이란 뜻으로, 크게 울부짖어
열변을 토하는 연설을 이르는 말

'사자후(獅子吼)'의 글자 뜻 그대로의 의미는 '사자의 울부짖음'이다. 그런데 불가(佛家)에서 '사자후'는 '부처의 위엄 있는 설법'이라는 의미로 쓰인다. 사자가 울부짖으면 뭇짐승이 두려워하여 굴복하는 것이, 마치 부처가 설법을 하면 사부대중이 찬탄하여 기꺼이 맞이하는 것과 같아서 '사자후'에 이러한 의미가 생겨난 것이다. 한편 일반 사회에서는 '사자후'가 '크게 울부짖어 열변을 토하는 연설'이라는 의미로 쓰인다. 사자의 우렁찬 울부짖음이 마치 열변을 토하는 연설과 같아서 이러한 의미가 생겨난 것이다. "그의 열성에 찬 사자후에 관중은 뜨거운 박수를 보냈다."와 같이 쓸 수 있다. 또한 '사자후'는 '질투심이 강한 아내가 남편에게 암팡스럽게 떠드는 일'이라는 의미로도 쓰인다. 이는 열변을 토하는 연설이 갖는 '강렬함'이란 특성이 매개가 되어 파생된 의미다.

393 산전수전(山戰水戰)

[명] 산에서도 싸우고 물에서도 싸웠다는 뜻으로, 세상의 온갖
고생과 어려움을 다 겪었음을 이르는 말

전투는 산에서도 하고, 물에서도 한다. 산에서 하는 전투가
'산전(山戰)'이고, 물에서 하는 전투가 '수전(水戰)'이다. 험한
산을 오르내리며 싸우는 산전이나, 급한 물살을 가르며 싸우
는 수전은 그야말로 악전고투(惡戰苦鬪)다. 그 힘듦과 고생스
러움은 말로 표현하기 어렵다. 산전도 해 보고 수전도 해 보
면서 그 힘들고 고생스러운 과정을 겪어야 노련한 군사가 될
수 있다. 산전과 수전을 다 치르듯, 세상의 온갖 고생과 어려
움을 다 겪는 것을 비유하여 '산전수전(山戰水戰)'이라 한다.
"산전수전 다 겪었다."와 같은 표현에는 '세상의 온갖 일을 골
고루 겪어 무슨 일에나 노련하다'라는 뜻이 담겨 있다.

394 상전벽해(桑田碧海)

[명] 뽕나무밭이 변하여 푸른 바다가 된다는 뜻으로, 세상일의
변천이 심함을 비유적으로 이르는 말

'상전(桑田)'은 '뽕나무밭'을, '벽해(碧海)'는 '푸른 바다'를 가리
키므로, '상전벽해(桑田碧海)'는 '뽕나무밭이 변하여 푸른 바다
가 된다'라는 뜻이다. 뽕나무밭은 뭍에 있기에 이것이 아무리
크게 변해도 푸른 바다가 될 수는 없다. 뽕나무밭이 푸른 바
다로 변하듯, 예측하기 어려울 정도로 세상일이 심하게 변하

는 것을 비유하여 '상전벽해'라고 한다.

395 상충(相衝)

[명] 맞지 아니하고 서로 어긋남

어떤 사안에 대해 같은 의견이나 생각을 가질 수도 있고, 서로 다른 의견이나 생각을 가질 수도 있다. 의견이나 생각이 서로 다르고 어긋나는 것을 '상충(相衝)'이라 한다. 의견이나 생각이 상충된다 하더라도 서로 그것을 존중해 주면 별문제가 없다. 그렇지 않고 자기 의견이나 생각만 내세운다면 서로 갈등, 대립할 수밖에 없다. 물론 생각과 의견만이 아니라 이익이나 이해관계, 성격, 입장 등도 상충될 수 있다. "이해관계의 상충으로 두 나라에 전쟁이 일어났다."와 같이 쓸 수 있다.

396 소회(所懷)

[명] 마음에 품고 있는 회포

일을 잘하고 물러나든, 못하고 물러나든, 사람이 어떤 일을 하다가 물러나게 되면 감회가 없을 수 없다. 일을 맡을 당시에 세웠던 계획과 뜻이 별 무리 없이 실현되었다면 고생하던 시절을 회고하며 뿌듯한 감상에 젖을 것이며, 처음 세웠던 계획과 뜻이 전혀 실현되지 못했다면 지난 일을 자책하며 우울감에 빠질 것이다. 이와 같이 '마음에 품고 있는 생각이나 감정'을 '소회(所懷)'라고 한다. "소회를 밝히다.", "소회를 털어놓다."등과 같이 쓸 수 있다.

397　속수무책(束手無策)

[명] 손을 묶은 것처럼 어찌할 도리가 없어 꼼짝 못 함

'속수(束手)'는 '손을 묶음'의 뜻이고, '무책(無策)'은 '방책이 없음'의 뜻이다. 그러므로 '속수무책(束手無策)'의 글자 뜻 그대로의 의미는 '손을 묶여 대책이 없음'이다. 손을 묶인 것처럼, 어찌할 도리가 없이 꼼짝 못 하게 된 것을 비유하여 '속수무책'이라 한다. "고강도 부동산 대책도 인구의 수도권 쏠림 현상 앞에서는 속수무책이다."와 같이 쓸 수 있다.

398　손괴(損壞)

[명] 어떤 물건을 망가뜨림

물건을 일부러 망가뜨리지는 않지만, 경우에 따라서는 그렇게 하기도 한다. 말다툼을 하다가 화를 이기지 못해 상대의 물건을 던져 부순다거나, 주차 공간을 확보하기 위해 남의 담을 허락 없이 허문다든지 하는 것은 일부러 물건을 망가뜨리는 짓이다. 이와 같이 '어떤 물건을 일부러 망가뜨리는 것'을 '손괴(損壞)'라고 한다. "그는 기물 손괴와 공무 집행 방해 혐의로 구속되었다."와 같이 쓸 수 있다. '손(損)'이 '상하다'의 뜻이고, '괴(壞)'가 '무너뜨리다'의 뜻이므로, '손괴'의 글자 뜻 그대로의 의미는 '상하게 무너뜨림'이다. '망가뜨림'과 큰 의미 차이가 없다.

수위(水位)

　　[명] 어떤 일이 진행되는 정도를 비유적으로 이르는 말

'수위(水位)'의 한자 뜻 그대로의 의미는 '물 높이'다. 여기서 '물'은 강, 바다, 호수, 저수지, 댐 등에 담겨 있는 물을 가리킨다. 물의 높이는 기상 변화에 아주 민감하다. 그리하여 물 높이를 정기적으로 체크하여 기상 변화에 대처해야 한다. 가령 비가 많이 올 것 같으면 저수지나 댐의 물 높이를 미리 낮추어 놓는다. 그렇게 하지 않으면 저수지나 댐이 범람할 수가 있다. "수위가 높다.", "수위를 조절하다." 등과 같이 쓸 수 있다. 그런데 물의 높이는 기상 변화에 대처할 수 있는 기준이 되므로, 얼마든지 '어떤 일이 진행되는 정도'라는 비유적 의미로 발전할 수 있다. "투쟁의 수위를 높이다.", "세무 조사의 수위가 높다." 등에 쓰인 '수위'가 그러한 것이다.

숙맥(菽麥)

　　[명] 사리 분별을 하지 못하는 모자라고 어리석은 사람

'숙맥(菽麥)'은 '숙맥불변(菽麥不辨)'이라는 한자 성어에서 '불변(不辨)'이 생략된 말이다. '숙맥불변'은 '콩인지 보리인지 구분하지 못하다'의 뜻이다. 이러한 의미에서 사물을 분간하지 못한다는 점이 매개가 되어 '사리 분별을 못하는 모자라고 어리석은 사람'이라는 의미로 변한다. "숙맥불변이라더니 내가 누군지 아직도 모르겠느냐?"의 '숙맥불변'이 그러한 것이다.

'숙맥불변'에서 '불변'이 생략된 '숙맥'도 그와 같은 의미를 띤다. '콩과 보리'를 뜻하는 '숙맥'이 '숙맥불변'과 같은 의미를 새롭게 얻은 것이다. "세상 물정 모르는 숙맥이다."에 쓰인 '숙맥'이 그러한 것이다.

401 슬하(膝下)

[명] 무릎의 아래라는 뜻으로, 어버이나 조부모의 보살핌 아래

'슬하(膝下)'의 한자 뜻 그대로의 의미는 '무릎 아래'다. 좀 더 구체적으로는 '어버이의 무릎 아래'가 된다. 부모의 무릎은 자식을 손으로 돌볼 수 있는 최적의 거리이자 공간이다. 그리하여 '슬하'에 '어버이의 따뜻한 보살핌 아래'라는 비유적 의미가 생겨날 만하다. 물론 '슬하'는 부모뿐만 아니라 조부모에게도 적용된다. "조부모 슬하에서 자라다."와 같은 표현이 가능한 것이다. 한편 '슬하'는 '어버이의 곁'이라는 의미로도 쓰인다. "슬하에 자녀가 없다.", "슬하가 쓸쓸하다."에 쓰인 '슬하'가 그러한 것이다.

402 식언(食言)

[명] 한번 입 밖에 낸 말을 도로 입속에 넣는다는 뜻으로, 약속한 말대로 지키지 아니함을 이르는 말

한번 입 밖에 낸 말은 책임을 져야 한다. 그런데 자기에게 불리하거나 불이익이 돌아올 것 같으면 금방 한 말도 뒤집는 것

이 보통 사람들의 습성이다. 어떤 경우에는 입 밖에 낸 말을
아예 없었던 것으로 은폐하려 들기도 한다. 이렇듯 한번 입
밖에 낸 말을 도로 입속에 넣어 은폐하는 것을 '식언(食言)'이
라 한다. 글자 뜻 그대로의 의미는 '말을 먹는다'니, 입 밖에
낸 말을 도로 입속에 넣는다는 것이다. 이는 결국 약속한 말
대로 하지 않겠다는 뜻이다. 그리하여 '식언'에 '약속한 말대
로 지키지 아니함'이라는 비유적 의미가 생겨난다. "식언을
일삼다.", "식언을 밥 먹듯 하다."와 같이 쓸 수 있다.

403 신산(辛酸)

[명] 맵고 시다는 뜻으로, 슬픔의 고통을 비유적으로 이르는 말

가장 자극적인 맛은 매운맛과 신맛이다. 매운 '신라면(辛--)'
을 먹다 보면 얼굴이 땀으로 범벅이 되고, 푹 삭힌 홍어를 한
입 떼어 넣으면 신 내가 코를 찌른다. 이렇듯 맛이 맵고 신 것
을 '신산(辛酸)'이라 한다. 맛이 지나치게 맵고 시면 감내하기
어려울 정도로 고통스럽다. 그리하여 고생으로 얼룩진 힘든
세상살이의 고통을 '신산'으로 비유한다. "어릴 적부터 신산
을 겪어온 청년이라 남다른 데가 있다."와 같이 쓸 수 있다.

외면받기 쉬운 한자어

312

404 알력(軋轢)

[명] 서로 의견이 맞지 아니하여 사이가 안 좋거나 충돌하는 것을 이르는 말

수레바퀴는 바퀴와 굴대(수레바퀴의 한가운데에 뚫린 구멍에 끼우는 긴 나무 막대나 쇠막대)가 맞아야 잘 굴러간다. 바퀴와 굴대가 잘 맞지 않으면 삐걱거리며 원활하게 굴러가지 않는다. 수레바퀴가 삐걱거리는 것을 '알력(軋轢)'이라 한다. 한자 '알(軋)'과 '력(轢)'이 모두 '삐걱거리다'의 뜻이므로 '알력'이 어떤 의미인지 잘 드러난다. 수레바퀴가 삐걱거려 잘 굴러가지 않듯, 서로 의견이 맞지 않아 사이가 좋지 않고 자주 충돌하는 것을 비유하여 '알력'이라 한다. '맞섬'과 의미가 통한다. "정치권의 두 계파 사이의 알력이 표면화된 상황이다."와 같이 쓸 수 있다.

405 압살(壓殺)

[명] 힘으로 짓눌러 상대편의 의지나 활동을 막아 버림

죽이는 방법도 여러 가지다. 총과 칼로 죽이기도 하고, 폭행을 가해 죽이기도 하며, 육중한 물건으로 짓눌러 죽이기도 한다. 무거운 물건으로 짓눌러 죽이는 것을 '압살(壓殺)'이라 한다. '누를 압(壓), 죽일 살(殺)'이니 '압살'의 의미가 분명히 드러난다. 상대를 짓눌러 죽이듯이, 상대를 힘으로 짓눌러 그 의지나 활동을 막아 버리는 것을 비유하여 '압살'이라 한다. "압살 정책", "민주주의 압살" 등과 같이 쓸 수 있다.

406 애로(隘路)

[명] 어떤 일을 하는 데 장애가 되는 것

길에는 여러 종류가 있다. 넓은 길이 있는가 하면 좁은 길도 있고, 순탄한 길이 있는가 하면 험한 길도 있다. 좁은 길은 협소할 뿐만 아니라 대체로 험하다. 이렇듯 좁고 험한 길을 '애로(隘路)'라고 한다. 좁고 험한 길은 앞으로 나아가는 데 방해가 된다. 그리하여 일의 진행을 가로막는 장애, 난관 등을 비유하여 '애로'라고 한다. "애로 사항", "애로가 많다." 등과 같이 쓸 수 있다.

407 양두구육(羊頭狗肉)

[명] 양의 머리를 걸어 놓고 개고기를 판다는 뜻으로, 겉보기만 그럴듯하게 보이고 속은 변변하지 아니함을 이르는 말

본래 '양의 머리와 개의 고기'라는 뜻이다. 구체적으로 말하면 양의 머리를 걸어 놓고 개고기를 파는 것이 '양두구육(羊頭狗肉)'이다. 푸줏간에 양의 머리를 걸어 놓았다는 것은 양고기를 판다는 것을 알리기 위한 것이다. 그런데 실제로는 양고기는 팔지 않고, 양고기보다 질이 낮은 개고기를 팔고 있는 상황이다. 양고기를 걸어 놓고 실제로는 개고기를 팔듯, 겉보기는 그럴듯하게 보이지만 속은 변변하지 아니한 것을 비유하여 '양두구육'이라 한다. "소비자 기대를 잔뜩 모은 광고만 못한 실물에, 양두구육이 되는 것 아니냐는 우려도 나온다."와 같이

쓸 수 있다.

408 언필칭(言必稱)

[부] 말을 할 때마다 반드시

연세 많으신 분들은 말을 꺼냈다 하면, '예전에는 어쨌다', '나 때에는 어쨌다'와 같은 말을 습관처럼 한다. 이로 추정해 보면, 아마도 조선시대나 그 이전 시기의 선인들은 말을 할 때마다 중국의 공자나 요순(堯舜) 등을 들먹였을 것이다. 그래서 생긴 말이 "언필칭 요순(言必稱堯舜)"이다. 말을 할 때마다[언필칭] 요순을 들먹인다는 뜻으로, 같은 말을 같은 식으로 되풀이함을 이른다. 말문을 열기만 하면 으레 하는 말이 있을 때 '언필칭'으로 표현한다. "많은 지식인들이 언필칭 국제화니 세계화니 열을 올린다."와 같이 쓸 수 있다.

409 여반장(如反掌)

[명] 손바닥을 뒤집는 것 같다는 뜻으로, 일이 매우 쉬움을 이르는 말

'같은 여(如), 뒤집을 반(反), 손바닥 장(掌)'이어서, '여반장(如反掌)'은 '손바닥을 뒤집는 것과 같다'는 뜻이다. 손바닥을 뒤집는 것은 아주 쉬운 일이다. 그리하여 '여반장'에 '일이 썩 쉽다'와 같은 의미가 생겨난다. '이여반장(易如反掌)'이라 하면 뜻이 더 분명하게 드러난다. "포수라면 노루 잡아오기야 여

반장이지."와 같이 쓸 수 있다. 우리말 속담 "누워서 떡 먹기", "누운 소 타기" 등과 의미가 통한다.

410 연무(煙霧)

[명] 고운 먼지와 그을음이 공중에 떠다니어 생기는 대기의 혼탁 현상

대도시의 공기는 혼탁하기 그지없다. 그 주범은 자동차 배기가스와 공장에서 배출되는 매연이다. 자동차 배기가스와 공장 매연에서 나오는 고운 먼지와 그을음이 공중에 떠다니며 대기를 혼탁하게 만든다. 이러한 대기의 혼탁 현상을 '연무(煙霧)'라고 한다. '연무'의 글자 뜻 그대로의 의미는 '연기와 안개'다. "연무가 짙게 끼다.'의 '연무'가 그러한 것이다.

411 오불관언(吾不關焉)

[명] 나는 그 일에 상관하지 아니함. 모른 체함

곤란한 일이 생기면 그 일에 관여하고 싶지 않은 것이 인지상정(人之常情)이다. 그래서 경우에 따라서는 '나는 그 일에는 관여하지 않겠다'고 선언할 수도 있다. 이를 '오불관언(吾不關焉)'이라 한다. 상관하지 않는 것은 어찌 보면 알면서도 모른 체하는 것이기도 하다. 그리하여 '오불관언'에 '모른 체함'이라는 의미가 생겨난다. "너는 어찌 그 일에 오불관언일 수 있니?"의 '오불관언'이 그러한 것이다.

412 오십보백보(五十步百步)

[명] 조금 낮고 못한 정도의 차이는 있으나 본질적으로는 차이가 없음

중국 양나라 혜왕(惠王)이 정사(政事)에 대하여 맹자(孟子)에게 물었다. 이에 맹자가, "전쟁에 패하여 어떤 자는 백 보를, 또 어떤 자는 오십 보를 도망했다면, 백 보를 물러간 사람이나 오십 보를 물러간 사람이나 도망한 것에는 양자의 차이가 없다."라고 대답했다. '오십보백보(五十步百步)'는 바로 이러한 배경에서 나온 말이다. 도망간 것으로 치면 '오십 보'와 '백 보'는 차이가 없다는 것으로, 조금 낮고 못한 정도의 차이는 있으나 본질적으로는 차이가 없음을 이른다. "반에서 49등이나 50등이나 오십보백보다."와 같이 쓸 수 있다.

413 오열(嗚咽)

[명] 목메어 욺. 또는 그런 울음

'오(嗚)'는 '흐느끼다', '열(咽)'은 '목메다'의 뜻이어서, '오열(嗚咽)'의 한자 뜻 그대로의 의미는 '흐느껴 울어 목이 멤'이다. 그런데 '오열'은 실제 이러한 의미가 아니라 '목메어 욺' 또는 '그런 울음'이라는 의미로 쓰인다. "오열 끝에 실신하고 말았다."의 '오열'은 전자의 의미로, "오열이 터지다.", "오열을 삼키다." 등의 '오열'은 후자의 의미로 쓰인 것이다. '오열'은 대체로 후자와 같이, 슬픔을 이기지 못하고 '목메어 우는 울음'

이라는 의미로 쓰인다.

414   오월동주(吳越同舟)

[명] 서로 적의(敵意)를 품은 사람들이 한자리에 있게 된 경우나
서로 협력해야 하는 상황을 비유적으로 이르는 말

《손자(孫子)》의 '구지편(九地篇)'에 나오는 말이다. 중국 춘추
전국시대에, 서로 적대 관계에 있던 오나라의 왕 부차(夫差)와
월나라의 왕 구천(句踐)이 같은 배를 탔는데, 풍랑을 만나서
서로 단합을 해야 했다는 데에서 유래한다. '오월동주(吳越同
舟)'의 표면적 의미는 '오나라 왕과 월나라 왕이 같은 배를 타
다'다. 그런데 아무리 원수지간이라 하더라도 한 배에 타고 있
는 한 목적지에 도착할 때까지는 같은 운명이니, 풍랑이 일면
서로 협력하여 살 궁리를 찾아야 한다. 이렇듯 서로 적대하는
사람들이 협력해야 하는 상황을 빗대어 '오월동주'라 한다.

415   와신상담(臥薪嘗膽)

[명] 불편한 섶에 몸을 눕히고 쓸개를 맛본다는 뜻으로, 원수를
갚거나 마음먹은 일을 이루기 위하여 온갖 어려움과 괴로움을
참고 견딤을 비유적으로 이르는 말

《사기(史記)》와 《십팔사략(十八史略)》 등에 나오는 말이다. 중
국 춘추전국시대 오나라의 왕 부차(夫差)가 아버지의 원수를
갚기 위해 장작더미 위에서 잠을 자며 월나라의 왕 구천(句

踐)에게 복수할 것을 맹세하고, 또 그에게 패배한 월나라 왕 구천이 쓸개를 핥으면서 복수를 다짐한 데서 유래한다. 장작 더미(섶나무)를 베고 잠을 자는 것이 '와신(臥薪)'이며, 쓸개를 핥는 것이 '상담(嘗膽)'이다. 그러므로 일부러 장작더미 위에 서 자며 복수를 맹세하고, 일부러 쓰디쓴 쓸개를 핥으며 패전 의 굴욕을 되새기는 것이 '와신상담(臥薪嘗膽)'이다. 원수를 갚 기 위해 온갖 고초를 이겨내듯, 마음먹은 일을 달성하기 위해 갖은 어려움과 괴로움을 참고 견디는 것을 비유하여 '와신상 담'이라 한다.

416 와중(渦中)

[명] 일이나 사건 따위가 시끄럽고 복잡하게 벌어지는 가운데

'와(渦)'는 '소용돌이', '중(中)'은 '가운데'의 뜻이다. 그러므로 '와중(渦中)'의 한자 뜻 그대로의 의미는 '소용돌이 가운데'다. 흘러가는 물이 소용돌이치는 한복판은 물이 소리를 내며 휘 돌아 급히 흐르는 곳이다. 이곳에 한번 휘말리면 빠져나오기 가 힘들다. 물이 휘돌아 나가는 소용돌이처럼, 시끄럽고 분란 한 사건의 한가운데를 비유하여 '와중'이라 한다. "살인 사건 의 와중에 휩쓸리다."와 같이 쓸 수 있다.

417　우이독경(牛耳讀經)

[명] 쇠귀에 경 읽기라는 뜻으로, 아무리 가르치고 일러 주어도
알아듣지 못함을 이르는 말

소는 우둔한 동물이다. 그러한 소에게 옛 성현들의 경전을 읽
어 준들 알아들을 리가 있겠는가. 이렇듯 소의 귀에 대고 경
전을 읽어 봐야 단 한마디도 이해하지 못한다는 것이 "쇠귀에
경 읽기", 곧 '우이독경(牛耳讀經)'이다. 또한 소의 귀에다 대고
경을 읽어도 이해하지 못하는 것과 같이, 아무리 가르치고 일
러 주어도 알아듣지 못하거나 효과가 없는 것을 비유하여 '우
이독경'이라 한다. "그 친구 고집이 워낙 세서 자네가 그렇게
말해도 우이독경일세."와 같이 쓸 수 있다.

418　익명(匿名)

[명] 이름을 숨김. 또는 숨긴 이름이나 그 대신 쓰는 이름

'이름'은 또 다른 자신이다. 그러므로 이름은 숨기기보다는 드
러내는 데 의의가 있다. 물론 이름을 숨겨야 하는 경우도 있
다. 이름을 드러내면 불이익을 당할 수 있는 경우, 또는 좋은
일을 하고도 부득이 그 사실을 숨겨야 할 경우가 그러하다.
이렇듯 의도적으로 이름을 숨기는 것을 '익명(匿名)'이라 한
다. '익(匿)'이 '숨기다'의 뜻이므로 '익명'의 의미가 분명해진
다. "익명으로 제보하다."와 같이 쓸 수 있다. '익명'에 접미사
'-성(性)'을 붙인 '익명성(匿名性)'은 '어떤 행위를 한 사람이

누구인지 드러나지 않는 특성'이라는 뜻이다. "익명성을 띠다."와 같이 쓸 수 있다.

419 일사천리(一瀉千里)

[명] 강물이 빨리 흘러 천 리를 간다는 뜻으로, 어떤 일이 거침없이 빨리 진행됨을 이르는 말

강물이 불어나면 물의 속도가 더욱 빨라진다. 속도가 붙은 강물은 거침없이 흘러 긴 강을 단숨에 질주한다. 강물이 빨리 흘러 천 리를 간다는 것이 '일사천리(一瀉千里)'다. 강물이 얼마나 빠르면 천 리를 금세 달려갈까. 강물이 빨리 흘러가듯, 무슨 일이 빨리 진행되는 것을 비유하여 '일사천리'라 한다. "그는 회의를 10분 동안 일사천리로 진행했다."와 같이 쓸 수 있다.

420 자중지란(自中之亂)

[명] 같은 편끼리 하는 싸움

적을 이기려면 무엇보다 일치단결해야 한다. 그렇게 해도 승리를 장담할 수 없는데, 같은 편끼리 서로 잘났다고 싸우고 있으면 적을 이기기는커녕 도리어 적에게 제압당할 수 있다. 이렇듯 자기네 편 안에서 일어나는 분란을 '자중지란(自中之亂)'이라 한다. 전투나 경쟁에서 자중지란은 가장 경계해야 할 일이다. 전투 한번 해 보지도 못하고 패하거나, 경쟁 한번 제대로 해 보지도 못하고 굴복할 수가 있기 때문이다.

421   자충수(自充手)

[명] 스스로 행한 행동이 결국에 가서는 자신에게 불리한
결과를 가져오게 됨을 비유적으로 이르는 말

바둑에서 자기가 돌을 놓아, 스스로 돌의 활로를 줄이는 일을
'자충(自充)'이라 한다. 그 자충이 되는 수가 '자충수(自充手)'
다. 주로 '두다'와 어울려 "자충수를 두다."와 같이 쓰인다. 자
충수는 악수가 되어 결국 스스로를 불리하게 몰고 간다. 축구
로 치면 '자책골'과 같다. 바둑에서 자충수를 두어 불리한 결
과를 낳듯, 스스로 행한 행동이 결국에 가서는 자신에게 불리
한 결과를 가져오게 되는 것을 비유하여 '자충수'라 한다. "그
실언이 바로 자충수가 되었다."와 같이 쓸 수 있다.

422   장사진(長蛇陣)

[명] 많은 사람이 줄을 지어 길게 늘어선 모양을 이르는 말

'장사진(長蛇陣)'은 옛날 진법(陣法, 전투를 수행하기 위하여 진을
치는 방법) 중의 하나다. '장사(長蛇)'는 '긴 뱀'이라는 뜻이니,
긴 뱀처럼 군사를 한 줄로 길게 세우는 진법이 '장사진'이다.
주로 '치다'와 어울려 "장사진을 치다."와 같이 쓰인다. 군사가
한 줄로 길게 벌려 있듯, 많은 사람들이 길게 늘어서 있는 것
을 비유하여 "장사진을 치다."라고 표현한다. 그리하여 '장사
진' 또한 '사람들이 길게 늘어선 모양'을 지시하게 된다. "푸바
오 공개 첫날, 관람객 장사진"과 같이 쓸 수 있다.

423 적반하장(賊反荷杖)

[명] 도둑이 매를 든다는 뜻으로, 잘못한 사람이 아무 잘못도 없는 사람을 나무랄 경우에 이르는 말

도둑이 남의 집에 들어가 물건을 훔치다 주인에게 들키는 경우가 있다. 웬만한 도둑은 깜짝 놀라 부리나케 도망을 치지만, 도둑에 따라서는 돌연 흉기를 들고 주인에게 달려들기도 한다. 이렇듯 도둑이 도리어 매를 드는 것을 '적반하장(賊反荷杖)'이라 한다. 이는 마치 잘못을 저지른 놈이 아무 잘못도 없는 사람을 나무라고 공격하는 것과 같다. 그리하여 '적반하장'에 '잘못한 놈이 도리어 아무 잘못도 없는 사람을 나무람'이라는 비유적 의미가 생겨난 것이다.

424 전철(前轍)

[명] 앞에 지나간 수레바퀴의 자국이라는 뜻으로, 이전 사람의 그릇된 일이나 행동의 자취를 이르는 말

'앞 전(前), 바퀴 자국 철(轍)'이니, '전철(前轍)'의 글자 뜻 그대로의 의미는 '앞서 지나간 수레바퀴의 자국'이다. 수레가 진흙길을 지나가면 바퀴 자국이 선명하게 드러난다. 뒤따라오던 수레는 그 바퀴 자국을 따라가다 자칫 심하게 패인 바퀴 자국에 빠질 수가 있다. 바퀴 자국은 사람으로 치면 이전 사람의 그릇된 일이나 행동의 자취라고 할 만하다. 그리하여 '전철'에 '앞사람의 실패 경험'이라는 비유적 의미가 생겨난다. "전과

자인 아버지는 자식이 자신과 같은 전철을 되풀이하지 않기를 바랐다."에 쓰인 '전철'이 그러한 것이다. '전철'은 '밟다'와 어울려 "전철을 밟다."라는 관용구를 만든다. 이는 '이전의 잘못이나 실패를 되풀이하다'라는 뜻이다.

425   절치부심(切齒腐心)

[명] 이를 갈며 속을 썩임

억울한 일을 당하면 몹시 분하다. 분한 마음이 들면 자신도 모르게 이를 갈게 된다. 그리고 팔을 걷어붙이며 울분을 토하기도 하고, 어찌할 수 없으면 속을 바글바글 끓이기도 한다. 전자와 같이 몹시 분하여 이를 갈고 팔을 걷어붙이며 원통하게 여기는 것을 '절치액완(切齒扼腕)'이라 하고, 후자와 같이 몹시 분하여 이를 갈며 속을 썩이는 것을 '절치부심(切齒腐心)'이라 한다. 그런데 '절치부심'은 단지 속을 썩이는 것만이 아니라 복수의 칼날을 마음속으로 갈고 있는 것이다.

426   정화(精華)

[명] 정수가 될 만한 뛰어난 부분

'정(精)'은 '정수(精髓)'와 같다. '정수'는 '사물의 중심이 되는 골자 또는 요점'이다. "민족 문화의 정수"라고 할 때의 '정수'가 바로 그것이다. '화(華)'는 '꽃과 같이 아름답고 뛰어난 것'을 지시한다. 그리하여 '정화(精華)'는 '정수가 될 만한 뛰어난 부분'이라는 뜻이다. "민족 문화의 정화를 잘 보존해야 한다."
와 같이 쓸 수 있다. 또한 '정화'에는 '깨끗하고 순수한 알짜'
라는 뜻도 있다. "그 뜨거운 눈물은 방울방울이 나에게 사랑
의 정화를 던져 주는 것이 아닐까?"에 쓰인 '정화'가 그러한
것이다.

427 조령모개(朝令暮改)

[명] 아침에 명령을 내렸다가 저녁에 다시 고친다는 뜻으로,
법령을 자꾸 고쳐서 갈피를 잡기가 어려움을 이르는 말

《사기(史記)》의 '평준서(平準書)'에 나오는 말이다. "조세와 부
역은 일정한 시기도 없이 아침에 명령이 내려오면 저녁에는
또 다른 명령이 고쳐 내려온다. 전답 잡힐 것이 있는 사람은
반값에 팔아 없애고, 그것도 없는 사람은 돈을 빌려 원금과
같은 이자를 물게 된다."에 나오는 '아침에 명령이 내려오면
저녁에는 또 다른 명령이 고쳐 내려온다'가 '조령모개(朝令暮
改)'다. 아침에 내린 명령이 저녁이면 다시 바뀌니 얼마나 자
주 바뀌는 것인가. 그리하여 명령이나 법령이 자주 바뀌는 것
을 비유하여 '조령모개'라고 한다. "입시제도가 조령모개로
바뀌다."와 같이 쓸 수 있다.

428　조변석개(朝變夕改)

[명] 아침저녁으로 뜯어고친다는 뜻으로, 계획이나 결정 따위를 일관성이 없이 자주 고침을 이르는 말

한번 정해진 계획이나 결정은 웬만하면 바꾸거나 취소해서는 안 된다. 일하는 데 혼선이 빚어지기 때문이다. 그럼에도 불구하고 아침에 정해 놓은 계획이나 결정을 저녁에 이르러 고치기도 한다. 이와 같이 아침에 정한 것을 저녁에 다시 뜯어고치는 것을 '조변석개(朝變夕改)'라고 한다. 아침저녁으로 뜯어고치니 얼마나 자주, 그리고 쉽게 고치는 것인가. 그리하여 '조변석개'에 '계획이나 결정 따위를 자꾸 이랬다저랬다 고침'이라는 의미가 생겨난다.

429　조삼모사(朝三暮四)

[명] 간사한 꾀로 남을 속여 희롱함을 이르는 말

중국 송나라 저공(狙公)이 원숭이들에게 "너희에게 열매를 아침에 세 개, 저녁에 네 개씩 주겠노라." 하니 원숭이들이 그 적은 숫자에 노했다. 저공이 곧 말을 바꿔 '아침에 네 개, 저녁에 세 개' 주겠다고 하자 원숭이들이 좋아했다. '아침에 세 개, 저녁에 네 개'라는 뜻의 '조삼모사(朝三暮四)'는 바로 이 우언(寓言)에서 나온 말이다. 사실 결과적으로는 똑같은 숫자인데, 당장 눈앞에 보이는 숫자만 보고 강하게 반발한 것이다. 이렇듯 당장 눈앞에 나타나는 차별만을 알고 그 결과가 같음을 모르

는 것을 비유하여 '조삼모사'라 한다. 또한 저공과 같이 '간사한 꾀로 남을 속여 농락하는 것'도 '조삼모사'라 비유한다. '조삼모사'는 주로 이러한 의미로 쓰인다.

430 조예(造詣)

[명] 학문이나 예술, 기술 따위의 분야에 대한 지식이나 경험이 깊은 경지에 이른 정도

'전문가'는 해당 분야에서 상당한 지식과 경험을 축적한 사람이다. 이들이 갖고 있는 지식이나 경험은 깊은 경지에 이르렀다고 해도 과언이 아니다. 전문 지식이나 경험이 깊은 경지에까지 나아간 것을 '조예(造詣)'라고 한다. '조(造)'와 '예(詣)'가 모두 '이르다'의 뜻이니, '조예'가 '높은 경지에 이름'을 지시하는 것이 분명하다. "문학에 대한 조예가 깊다."와 같이 쓸 수 있다.

431 주마간산(走馬看山)

[명] 말을 타고 달리며 산천을 구경한다는 뜻으로, 자세히 살피지 아니하고 대충대충 보고 지나감을 이르는 말

산천경개(山川景槪)는 천천히 걸으면서 보아야 제대로 구경을 할 수 있다. 물론 높은 말을 타고 천천히 걸으면서 보면 주변을 더 잘 볼 수 있다. 반대로 빨리 달리는 말을 타고서는 주변 경치를 제대로 볼 수 없다. 달리는 말에 신경을 써야 하니 어

찌 주변 경치가 눈에 들어오겠는가. 이렇게 말을 타고 달리며 산천을 구경하는 것이 '주마간산(走馬看山)'이다. 말을 타고 달리며 주변 경치를 대충 보듯이, 자세히 살피지 아니하고 대충대충 보고 지나가는 것을 비유하여 '주마간산'이라 한다.

432 주재(主宰)

[명] 어떤 일을 중심이 되어 맡아 처리함

일에는 혼자 할 수 있는 것도 있지만, 여럿이 함께해야 하는 것도 있다. 여럿이 일을 할 때에는 서로서로 맡은 바 일을 나누어 하는 것이 효율적이다. 그래도 중심이 되어 일을 처리하는 사람은 있어야 한다. 그래야만 일을 강력하게 추진할 수 있기 때문이다. 이렇게 어떤 일을 중심이 되어 맡아 처리하는 것을 '주재(主宰)'라고 한다. 본래 '주장하여 다스림'이라는 뜻이니, 그 본래의 의미에서 크게 벗어나 있지 않는다. "국무총리 주재로 가뭄 대책 회의를 열었다."와 같이 쓸 수 있다.

433 준동(蠢動)

[명] 벌레 따위가 꿈쩍거린다는 뜻으로, 불순한 세력이나 보잘것없는 무리가 법석을 부림을 이르는 말

'준(蠢)'은 '벌레가 꿈틀거리다', '동(動)'은 '움직이다'의 뜻이니, '준동(蠢動)'의 한자 뜻 그대로의 의미는 '벌레가 꿈틀거리며 움직임'이다. 하찮은 미물에 불과한 벌레가 무엇을 하려는

듯 꿈틀거리기라도 하면 우습게 보일 수 있다. 벌레가 무엇을 하려고 꿈틀거리듯, 불순한 세력이나 보잘것없는 무리가 소란을 피우는 것을 비유하여 '준동'이라 한다. "게릴라가 준동을 하다."와 같이 쓸 수 있다.

434 중구난방(衆口難防)

[명] 뭇사람의 말을 막기가 어렵다는 뜻으로, 막기 어려울 정도로 여럿이 마구 지껄임을 이르는 말

이 말을 직접 쓴 이는 송나라 사마(司馬, 고대 중국에서 군사와 운수에 관한 일을 맡아보던 벼슬)였던 화원(華元)이다. 화원이 적국의 포로가 되었다가 돌아온 것을 비웃어 뭇사람이 노래를 불렀는데, 마음이 너그러운 화원은 그 사람들을 꾸짖는 대신 "뭇입은 막기 어렵다."라는 말만 남기고 나타나지 않았다. '여러 사람의 입은 막기 어렵다'는 것이 '중구난방(衆口難防)'이다. 여러 사람이 마구 지껄이면 혼자 아무리 대꾸해도 감당해낼 수 없다. 그런데 '중구난방'은 그 본래의 의미가 아니라 '막기 어려울 정도로 여럿이 마구 지껄임'이라는 의미로 쓰인다. "중구난방으로 떠들어대다."와 같이 쓸 수 있다.

435 지록위마(指鹿爲馬)

[명] 윗사람을 농락하여 권세를 마음대로 함을 이르는 말

중국 진나라의 조고(趙高)라는 신하가 자신의 권세를 시험해

보고자, 황제 호해(胡亥)에게 사슴을 말이라고 속여 바친 일에서 나온 말이다. '사슴을 가리키며 말이라고 함'이 바로 '지록위마(指鹿爲馬)'다. 신하가 감히 황제에게 사슴을 말이라 칭하는 것은, 황제를 농락하고 권세를 자기 마음대로 하는 것에 지나지 않는다. 그리하여 '지록위마'에 '윗사람을 농락하여 권세를 서슴지 않고 마음대로 함'이라는 의미가 생겨난다. 또한 사슴을 말이라고 우기는 것은 모순된 것을 맞다고 억지를 부리는 것과 같다. 그리하여 '지록위마'에 '모순된 것을 끝까지 우겨 남을 속이려고 함'이라는 의미도 생겨난다.

436 지척(咫尺)

[명] 썩 가까운 거리

'지(咫)'는 여덟 치, '척(尺)'은 한 자를 가리킨다. 따라서 '지척(咫尺)'은 길이가 여덟 치나 한 자밖에 안 되는 짧은 거리다. 우리 고유의 길이 단위인 '자[尺]'는 팔뚝 정도의 길이인 약 30센티미터에 해당하고, '치[寸]'는 그 10분의 1로서 엄지손가락 한 마디 정도의 길이인 약 3센티미터에 해당한다. 그러므로 '지척'은 약 24~30센티미터의 거리가 된다. 이는 무척 가까운 거리여서 '지척'에 '썩 가까운 거리'라는 의미가 생겨난 것이다. "칠흑 같은 어둠에 잠긴 마을은 지척을 분간하기 어렵다."에 쓰인 '지척'이 그러한 것이다. 또한 속담 "지척의 원수가 천리의 벗이라(이웃끼리 서로 친하게 지내다 보면 먼 곳에 있는 일가보다 더 친하게 되어 서로 도우며 살게 된다는 것을 이르는 말).", "지척이 천 리라(서로 아주 가까운 곳에 살면서도 오래 만나지 못하여 멀리 떨어져 사는 것과 같다는 말)."에 쓰인 '지척'도 그러한 의미를 띤다. 한편 아주 가까운 곳을 '지척지지(咫尺之地)'라 하고, 몹시 어둡거나 안개, 비, 눈 따위가 심하여 앞이 조금도 보이지 않는 것을 '지척불변(咫尺不辨)'이라 한다.

437   지호지간(指呼之間)

[명] 손짓하여 부를 만큼 가까운 거리

상대가 가까운 거리에 있으면 손짓을 해서 부를 수 있다. "어이, 여봐요."라고 하면 좀 떨어져 있는 사람도 소리 나는 쪽을 향한다. 이와 같이 손짓하여 부를 만한 가까운 거리를 '지호지간(指呼之間)'이라 한다. 줄여서 '지호간(指呼間)'이라고도 한다. '지호(指呼)'는 '손짓하여 부름'이라는 뜻이다. '지척(咫尺)'이 아주 썩 가까운 거리라면, '지호지간'은 지척보다는 좀 떨어져 있는 거리다.

438   진외조부(陳外祖父)

[명] 아버지의 외조부

자기 어머니의 친정을 '외가(外家)'라 하고, 외가의 할아버지와 할머니를 '외할머니, 외할아버지'라 한다. 어머니의 친정이 있듯이, 아버지의 어머니(곧 할머니)의 친정도 있다. 이는 아버지의 외가다. 아버지의 외가를 '진외가(陳外家)'라 한다. '진(陳)'은 '묵은'이라는 뜻이어서, '진외가'는 '묵은 외가'가 된다. 아버지의 외할아버지는 '진외조부(陳外祖父)', 아버지의 외할머니는 '진외조모(陳外祖母)'라 한다.

439 질곡(桎梏)

[명] 몹시 속박하여 자유를 가질 수 없는 고통의 상태를 비유적으로 이르는 말

'질(桎)'은 발목에 채우는 '차꼬', '곡(梏)'은 손에 채우는 '수갑'을 뜻하여, '질곡(桎梏)'은 '차꼬와 수갑'을 아울러 이른다. 차꼬와 수갑을 차고 있으면 옴짝달싹 못한다. 옴짝달싹 못하게 속박되면 그 고통이 말이 아니다. 차꼬와 수갑을 차고 있어 큰 고통을 받듯, 무슨 일에 몹시 속박되어 큰 고통을 받는 상태를 비유하여 '질곡'이라 한다. "질곡의 세월", "질곡에서 벗어나다."와 같이 쓸 수 있다.

440 참척(慘慽)

[명] 자손이 부모나 조부모보다 먼저 죽는 일

죽음에는 순서가 없다. 나이에 관계없이 죽기 때문이다. 어린아이도 병으로 일찍 죽을 수 있고, 건장한 청년도 사고로 불귀(不歸)의 객이 될 수 있다. 연세가 드신 분이 돌아가시는 것도 슬픈데, 나이 어린 사람이 죽으면 더욱 슬프고 허망하다.

더구나 어린 핏줄이 세상을 등지면 그 슬픔은 말로 형언하기 어렵다. 부모에 앞서 자식이, 조부모에 앞서 손자가 먼저 세상을 뜨면 그 슬픔과 한이 너무 커서 가슴에 묻고 살아야 한다. 이렇듯 자손이 부모나 조부모보다 먼저 죽는 일을 '참척(慘慽)'이라 한다. "참척의 아픔"과 같이 쓸 수 있다. '참척'은 본래 '참혹할 정도로 매우 큰 근심거리'라는 뜻이다. 우리가 경험할 수 있는 가장 참혹한 고통은 자손이 먼저 죽는 일일 것이다.

441 참칭하다(僭稱--)

[동] 분수에 넘치는 칭호를 스스로 이르다

'참(僭)'은 '분에 넘치다', '칭(稱)'은 '일컫다'의 뜻이어서, '참칭(僭稱)'의 글자 뜻 그대로의 의미는 '분에 넘치게 일컬음'이다. 예전에는 분수에 넘치게 스스로를 임금이라 이르는 것을 '참칭'이라 하였다. 지금은 주로 '분수에 넘치는 칭호를 스스로 이름'이라는 의미로 쓰인다. '참칭'에 접미사 '-하다'가 결합된 동사 '참칭하다' 또한 명사 '참칭'에 기반한 두 가지 의미를 모두 갖고 있다. "다섯째는 천신(天神)의 우두머리인 제(帝)를 감히 참칭한 죄요."(이문열, 황제를 위하여), "여기서도 그 명칭을 쓰면 교단을 참칭하는 인상을 줄 것 같아 마음이 쓰였다."(송기숙, 녹두 장군)와 같이 쓸 수 있다.

442 창졸간(倉卒間)

[명] 급작스러운 동안

'창졸'은 현재 '倉卒'로 쓰고 있으나 본래는 '蒼卒'이다. '蒼 (창)'은 '어찌할 겨를이 없을 만큼 매우 급함'의 뜻이고, '卒 (졸)'은 '갑자기, 돌연히'의 뜻이다. 그러므로 '창졸'은 '어찌할 사이 없이 매우 급작스러움'으로 해석된다. '창졸'에 '간(間)' 이 붙은 '창졸간(倉卒間)'은 '미처 어찌할 수 없이 매우 급작스 러운 사이'라는 뜻으로, "창졸간에 생긴 일"과 같이 쓸 수 있 다. 또 '창졸'에 조사 '에'가 결합된 '창졸에'는 부사로 굳어져 '미처 어찌할 사이 없이 매우 급작스럽게'라는 뜻을 보인다. "너무나 창졸에 생긴 일이어서 두서를 차릴 경황이 없었다." 와 같이 쓸 수 있다.

443 처연하다(悽然--)

[형] 애달프고 구슬프다

오랜만에 부모님 묘소를 찾은 불효자의 심정은 어떠할까. 지 난날의 회한이 갑자기 밀려와 애달프고 슬픈 마음을 가누지 못할 것이다. 산소에 엎드려 엉엉 울어도 보지만 가슴속에 맺 힌 슬픔과 한은 쉽게 풀리지 않는다. 이렇듯 애달프고 구슬픈 심정을 '처연하다(悽然--)'라고 표현한다. "처연한 신세"라고 하면 '애달프고 구슬픈, 처량한 신세'라는 뜻이다. 형용사 '처 연하다'에서 파생된 부사가 '처연히'다. "선생님은 한참 동안

묵묵히 서 계시다가 우리말로 편지 쓰는 법과 옛시조 몇 수를 가르치고 나서 이것이 마지막 '조선어' 시간임을 말하고 처연히 걸어 나가셨다."(이기문, 고향)에서 '처연히(애달프고 구슬프게)'의 의미가 잘 드러난다.

444 천재일우(千載一遇)
[명] 천 년 동안 단 한 번 만난다는 뜻으로, 좀처럼 만나기 어려운 좋은 기회를 이르는 말

동진(東晉)의 원굉(袁宏)이 쓴 《삼국명신서찬(三國名臣序贊)》에 나오는 말이다. "대저 만 년에 한 번 기회가 온다는 것은 사람이 살고 있는 세상의 공통된 원칙이요, 천 년에 한 번 만나게 된다는 것은 어진 사람과 지혜로운 사람이 용케 만나는 것이다."에 나오는 '천 년에 한 번 만나다'가 '천재일우(千載一遇)'다. '천재(千載)'는 '천 년'과 같다. 천 년에 단 한 번 만난다는 것은 사실 불가능하여 과장된 것이지만, 평생을 두고 있을까 말까 한 좋은 기회를 만난다는 뜻으로 이해할 수 있다.

445 철옹성(鐵甕城)
[명] 쇠로 만든 독처럼 튼튼하게 둘러쌓은 산성이라는 뜻으로, 방비나 단결 따위가 견고한 사물이나 상태를 이르는 말

'철옹산성(鐵甕山城)'에서 '산(山)'이 생략된 말이다. '철옹(鐵甕)'은 '쇠로 만든 독'이라는 뜻이다. 흙으로 빚어 만든 독은 잘

깨지지만, 쇠로 만든 독은 여간해서는 깨지지 않는다. 쇠로 만든 독처럼 튼튼하게 둘러쌓은 산성이 '철옹산성'이다. 아울러 '철옹성'도 그와 같은 성이다. 철옹성은 견고하여 감히 무너뜨리거나 함락시킬 수 없다. 이름하여 난공불락(難攻不落, 공격하기가 어려워 쉽사리 함락되지 아니함)인 것이다. 튼튼한 철옹성처럼 방비나 단결 따위가 견고한 사물이나 상태를 비유하여 '철옹성'이라 한다. "철옹성 같은 독재 장벽"과 같이 쓸 수 있다.

446 촌철살인(寸鐵殺人)
[명] 한 치의 쇠붙이로도 사람을 죽일 수 있다는 뜻으로, 간단한 말로도 남을 감동시키거나 남의 약점을 찌를 수 있음을 이르는 말

총이나 칼만이 사람을 죽일 수 있는 것은 아니다. 아주 작은 쇠붙이도 흉기가 되어 사람을 죽일 수 있다. 한 치[寸]밖에 되지 않는 작은 쇠붙이를 '촌철(寸鐵)'이라 하고, 이것으로 사람을 죽이는 것을 '촌철살인(寸鐵殺人)'이라 한다. 아주 작은 무기가 사람을 해치듯, 아주 간단한 한마디의 말과 글이 상대방의 약점을 찌르거나 상대방을 감동시키는 것을 비유하여 '촌철살인'이라 한다.

447　추렴(-斂)

[명] 모임이나 놀이 또는 잔치 따위의 비용으로 여럿이 각각
얼마씩의 돈을 내어 거둠

여러 사람이 모여서 놀거나 잔치를 할 때에는 비용이 적잖이
든다. 얼마 안 되는 돈이라면 한 사람이 한꺼번에 다 낼 수도
있지만, 한 사람이 내기에 벅찬 돈이면 여럿이 각각 얼마씩
나누어 낼 수밖에 없다. 부담을 줄이기 위해 여러 사람이 얼
마씩의 돈을 내어 거두는 행위를 '추렴(-斂)'이라 한다. "추렴
으로 낸 돈"과 같이 쓸 수 있다. '추렴'은 본래 한자어 '출렴(出
斂)'에서 온 말이다. 한편 추렴한 돈이나 물건을 '추렴새'라고
한다.

448　추파(秋波)

[명] 환심을 사려고 아첨하는 태도나 기색

낙엽이 떨어진 가을 호수에 잔잔한 물결이 이는 풍경을 떠
올려 보라. 가을 호수에 출렁이는 잔잔하고 아름다운 물결을
'추파(秋波)'라 한다. 글자 뜻 그대로의 의미는 '가을의 물결'이
다. 물결은 무엇을 알아 달라는 듯 끊임없이 일며 밖으로 자
꾸 손짓을 한다. 이는 마치 이성을 향해 보내는 애절한 눈길
처럼 보인다. 그리하여 '추파'에 '이성의 관심을 끌기 위하여
은근히 보내는 눈길'이라는 비유적 의미가 생겨난 것이다. 그
런데 그 눈길이 너무 지나치다 싶으면 아첨처럼 보일 수 있

다. 그리하여 '추파'에 '환심을 사려고 아첨하는 태도나 기색'이라는 의미가 생겨난다. "추파를 흘리다."의 '추파'가 바로 그것이다.

449 침소봉대(針小棒大)

[명] 작은 일을 크게 불리어 떠벌림

없는 사실을 있다고 말해도 안 되고, 있는 사실을 없다고 말해도 안 된다. 또한 사실을 부풀려서 말해도 안 되고, 줄여서 말해도 안 된다. 특별한 경우가 아니라면 사실을 있는 그대로 말해야 한다. 작은 일을 크게 부풀려 떠벌리는 것을 '침소봉대(針小棒大)'라고 한다. 본래는 '바늘만큼 작은 것을 몽둥이만큼 크다고 말함'이라는 뜻이다. 사소한 문제를 지나치게 과장하여 허풍을 떨면 세상을 현혹할 수 있다.

450 침잠(沈潛)

[명] 성정(性情)이 가라앉아서 겉으로 드러나지 않음

사람의 성정(性情)은 변화무쌍하다. 이 성정을 잘 다스리는 것이 결국 인격 수양이다. 성정을 잘 다스린다는 것은 그것을 차분히 가라앉히는 것이라 볼 수 있다. 이렇듯 성정이 가라앉아 겉으로 잘 드러나지 않는 것을 '침잠(沈潛)'이라 한다. '침(沈)'은 '가라앉다', '잠(潛)'은 '잠기다'의 뜻이어서, '침잠'의 본래 의미는 '물속 깊이 가라앉아 깊이 잠김'이다. '잠김'이라는 자질이 매개가 되어 '성정이 가라앉아서 겉으로 드러나지 않음', '분위기 따위가 가라앉아 무거움' 등의 비유적 의미가 파생되어 나올 수 있다. "아득하고 무거운 침잠이 판철이와 이길수의 죽음을 생각나게 했다."(한승원, 해일)의 '침잠'은 후자의 의미로 쓰인 것이다.

451 탕감(蕩減)

[명] 빚이나 요금, 세금 따위의 물어야 할 것을 삭쳐 줌

한 대통령 후보가 "농어촌 부채 탕감"을 공약으로 내건 적이 있다. 농어촌 사람들이 농사짓고 고기 잡느라고 진 빚을 모두 없애 주겠다는 약속이었다. 이 약속은 지켜지지 않았으나 '부채 탕감'이라는 말에 유권자들이 혹했던 것은 사실이다. '탕(蕩)'이 '쓸어버리다', '감(減)'이 '덜어주다'의 뜻이므로, '탕감(蕩減)'은 '빚 따위를 모두 쓸어버려 덜어줌'이라는 뜻이다.

452 태동(胎動)

[명] 어떤 일이 생기려는 기운이 싹틈

임신한 지 다섯 달 정도가 지나면 아이가 모태(母胎) 안에서 움직이기 시작한다. 이렇듯 태아(胎兒)가 움직이는 것을 '태동(胎動)'이라 한다. 모태 안에서 태아가 차츰차츰 움직이듯, 어떤 일이 일어날 기운이 싹트는 것을 '태동'이라 비유한다. "근대 사회의 태동"과 같이 쓸 수 있다.

453 태두(泰斗)

[명] 어떤 전문 분야에서 권위가 있는 사람을 이르는 말

'태산(太山, 큰 산)'과 '북두(北斗, 북두칠성)'가 결합된 '태산북두(泰山北斗)'에서 '태(泰)'와 '두(斗)' 두 글자를 따온 말이다. 태산과 북두칠성은 사람들이 우러러 받드는 대상이다. 이 태산과 북두칠성처럼 세상 사람들의 찬사와 우러름을 받는 사람을 비유하여 '태산북두' 또는 '태두'라 한다. 아울러 '태두'는 특정 분야에서 권위가 있는 사람을 특별히 지시하기도 한다. "철학계의 태두"라고 하면 '철학계에서 가장 권위 있는 학자'라는 뜻이다.

454 파락호(破落戶)

[명] 재산이나 세력이 있는 집안의 자손으로서 집안의 재산을 몽땅 털어먹는 난봉꾼을 이르는 말

큰 재산도 3대가 못 간다는 말이 있다. 어렵게 재산을 모으는 과정을 지켜본 자식 대까지는 그런대로 재산을 지킬 수 있지만, 세상 물정 모르고 곱게 자란 손자 대에 오면 유산을 다 까먹기 십상이기 때문이다. 이렇듯 재산이나 세력이 있는 집안의 자손으로 태어나 집안의 재산을 몽땅 털어먹는 난봉꾼을 '파락호(破落戶)'라 한다. '파락호'는 본래 '부서지고 다 떨어져 나간 집'이라는 뜻이다. 선대에는 으리으리한 집이었으나 못난 자손이 다 털어먹어 퇴락할 대로 퇴락해 버린 집이 파락호

다. 그런데 현재의 '파락호'는 집을 파락호로 만들어 버린 장본인을 가리킨다.

455   파죽지세(破竹之勢)

[명] 대를 쪼개는 기세라는 뜻으로, 적을 거침없이 물리치고
쳐들어가는 기세를 이르는 말

대나무는 곧고 질겨서 잘 쪼개지지 않는다. 그러나 한번 힘을 들여 길을 내면 칼을 갖다 대기만 해도 그 칼을 따라 단숨에 끝까지 쪽쪽 갈라진다. 대나무가 쪼개질 때의 기세는 맹렬하다. 이러한 기세가 '파죽지세(破竹之勢)'다. 대나무가 쪼개질 때의 기세와 같이, 무서운 힘을 가지고 거침없이 쳐들어가는 기세를 비유하여 '파죽지세'라고 한다. "파죽지세로 쳐들어오면 감히 당해 내지 못한다."와 같이 쓸 수 있다.

456   파행(跛行)

[명] 일이나 계획 따위가 순조롭지 못하고 이상하게 진행됨을
비유적으로 이르는 말

'파(跛)'는 '절뚝거리다', '행(行)'은 '가다'의 뜻이어서, '파행(跛行)'의 글자 뜻 그대로의 의미는 '절뚝거리며 가다'다. 절뚝거리며 걸으면 똑바르게 앞으로 나아가기가 쉽지 않다. 절뚝거리며 걷듯이, 일이나 계획 등이 순조롭지 못하고 이상하게 진행되는 것을 비유하여 '파행'이라 한다. "파행 국회", "파행으

로 치닫다." 등과 같이 쓸 수 있다. '파행'에 접미사 '-적(的)'이 결합된 '파행적'이라는 말이 흔히 쓰인다. "파행적 상황"이라 하면 '이상하게 흘러가는 상황'이라는 뜻이다.

457 패권(覇權)

[명] 국제 정치에서, 어떤 국가가 경제력이나 무력으로 다른 나라를 압박해 자기의 세력을 넓히려는 권력

공정한 경쟁에서 이겨 우두머리가 되거나 최고의 자리에 오르면, 공적으로 인정된 권리와 힘이 따르게 된다. 바로 이러한 승자의 권력에 매료되어 그렇게 힘든 경쟁과 대립 과정을 마다하지 않는 것이다. 이렇듯 어떤 분야에서 우두머리나 으뜸의 자리를 차지해 누리는 공인된 권리와 힘을 '패권(覇權)'이라 한다. "패권을 차지하다.", "패권을 다투다." 등과 같이 쓸 수 있다. 국제 정치적 관점에서 '패권'은, 어떤 국가가 경제력이나 무력으로 다른 나라를 압박해 자국의 세력을 넓히려는 권력으로 이해된다. 그리하여 '패권국(覇權國)'이라 하면 '국제 사회에서 다른 국가를 압도하는 힘을 가진 국가'를 가리킨다.

458 풍격(風格)

[명] 풍채와 품격

사람의 겉모습이 빛나 보일 때 "풍채가 좋다."고 표현하고, 사람된 품성과 인격이 돋보일 때 "품격이 있다."고 표현한다. 이

렇듯 풍채(風采)는 사람의 겉모양을, 품격(品格)은 사람의 내면을 평가하는 척도가 된다. 좋은 풍채에 뛰어난 품격을 갖추었다면 더 말할 나위가 없다. 물론 풍채는 없지만 품격이 뛰어나기만 해도 나무랄 데 없다. 반면에 풍채만 그럴듯하고 품격이 없다면 이는 결격이다. 이와 같은 '풍채'와 '품격'을 아울러 '풍격(風格)'이라 한다. 풍격을 갖춘 인물이 이상적이다.

459　풍상(風霜)

[명] 많이 겪은 세상의 어려움과 고생을 비유적으로 이르는 말

찬바람과 찬 서리는 식물이나 인간에게 아주 치명적일 수 있다. 다 자란 농작물을 얼어 죽게 하고, 사람의 기운을 빼앗아 가기 때문이다. 식물이든 사람이든 찬바람과 찬 서리를 피해야 하는 이유가 바로 여기에 있다. 이와 같이 식물이나 인간에게 큰 해를 미치는 '찬바람'과 '찬 서리'를 아울러 '풍상(風霜)'이라 한다. 찬바람과 찬 서리를 맞아 생기는 해와 같이 일상에서 겪는 갖은 괴로움과 고생을 비유하여 '풍상' 또는 '풍상고초(風霜苦楚)'라고 한다. "모진 풍상을 겪다.", "풍상고초를 겪다." 등과 같이 쓸 수 있다.

460　필설(筆舌)

[명] 붓과 혀라는 뜻으로, 글과 말을 이르는 말

'필(筆)'은 '붓', '설(舌)'은 '혀'를 뜻한다. 먼 옛날에는 필기도구

로 붓이 유일했다. 붓으로 글을 썼으니 '필(筆)'이 곧 '글'을 뜻할 수 있다. 혀는 말을 하는 데 아주 긴요한 신체 부위다. 혀가 없으면 말을 할 수 없으므로 '설(舌)'이 곧 '말'을 뜻할 수 있다. 그러므로 '필설(筆舌)'은 '글과 말'이라는 뜻이다. '필설'은 부정어 "다 할 수 없다."와 주로 어울려, "필설로 다 할 수 없다."와 같이 쓰인다. 이는 곧 '글과 말로 다 표현할 수 없다'라는 뜻이다.

461　핍진하다(逼眞--)

[형] 실물과 아주 비슷하다. 또는 사정이나 표현이 진실하여 거짓이 없다

'핍(逼)'은 '다다르다'의 뜻이고, '진(眞)'은 '참'의 뜻이어서, '핍진하다(逼眞--)'의 글자 뜻 그대로의 의미는 '참에 가까이 다다르다'다. 이는 '참모습(실상)과 아주 가깝고 비슷하다'라는 뜻과 같다. "대저 진상(眞像, 진짜 모습 그대로의 형상)을 그림에 있어 핍진하게 하기가 가장 어려운 것이다."(번역 정조실록)의 '핍진하다'가 그러한 의미로 쓰인 것이다. 실상과 아주 가까우면 거짓이 없게 되니, '사정이나 표현이 진실하여 거짓이 없다'라는 비유적 의미로 확대될 수 있다. "그리고 심유(沈攸)의 소(疏)가 묘사한 것이 너무나 핍진하여 '심극전(沈極傳)'이라고 하였다."(번역 숙종실록)의 '핍진하다'가 그러한 것이다.

462 해후(邂逅)

[명] 오랫동안 헤어졌다가 뜻밖에 다시 만남

'해(邂)'는 '뜻하지 않게 마주치다', '후(逅)'는 '우연히 만나다'의 뜻이어서, '해후(邂逅)'의 글자 뜻 그대로의 의미는 '뜻밖에 다시 만남'이다. '해후'는 실제로도 이와 같은 의미로 쓰인다. 오랫동안 헤어져 있던 사람을 뜻밖에 다시 만나면 놀라움을 넘어 감격스럽기까지 하다. 그리하여 '해후'는 '감격적인, 극적인' 등과 같은 수식어와 잘 어울려 쓰인다. 지금까지 우리가 목격한 가장 감격적인 해후는 이산가족 상봉이었을 것이다.

463 형극(荊棘)

[명] 괴로움과 어려움. 또는 고난

'형(荊)'은 '가시나무', '극(棘)'은 '가시'라는 뜻이다. 그러므로 '형극(荊棘)'의 글자 뜻 그대로의 의미는 '가시나무의 가시'가 된다. 그런데 사전에서는 이를 '나무의 온갖 가시'로 풀이하고 있다. 가시가 많은 나무에 달린 꽃을 꺾거나 열매를 따기 위해 잘못 접근했다가는 가시에 찔려 큰 고통을 겪는다. 가시에 찔려 생기는 고통처럼, 어려운 일로 말미암아 생기는 고통이나 고난을 비유하여 '형극'이라 한다. '형극'은 주로 이러한 비유적 의미로 쓰인다. "형극의 길을 헤쳐 나가다."의 '형극'이 그러한 것이다.

464 　호가호위(狐假虎威)

[명] 남의 권세를 빌려 위세를 부림

중국 한나라의 유향(劉向)이 지은《전국책(戰國策)》에 나오는 말이다. '호가호위(狐假虎威)'의 한자 뜻 그대로의 의미는 '여우가 호랑이의 위세를 빌리다'다. 약삭빠른 여우가 큰 힘을 가진 호랑이의 위세를 빌려 호기를 부리듯이, 남의 권세에 의지해 위세를 부리는 것을 '호가호위'라고 한다. 가령 대통령의 힘을 믿고 그와 가까운 사람들이 위세를 부리는 것, 고위 관료인 남편의 권세를 빌려 그 아내가 위세를 부리는 것 등이 전형적인 호가호위다.

465 　호구(糊口)

[명] 입에 풀칠을 한다는 뜻으로, 겨우 끼니를 이어감을 이르는 말

'호(糊)'는 '풀칠하다', '구(口)'는 '입'의 뜻이어서, '호구(糊口)'의 글자 뜻 그대로의 의미는 '입에 풀칠을 함'이다. 먹을 것이 없어 풀(죽)을 쑤어 겨우 입에 풀칠을 한다는 것은, 겨우 끼니를 이어간다는 것과 같다. 그리하여 '호구'에 '겨우 끼니를 이어감'이라는 의미가 생겨난다. 현재 '호구'는 주로 이러한 의미로 쓰인다. "그 월급으로는 우리 다섯 식구 호구도 어렵습니다."의 '호구'가 그러한 것이다. '가난한 살림에서 그저 겨우 먹고 살아가는 방책'을 '호구지책(糊口之策)'이라 한다.

466 호사다마(好事多魔)

[명] 좋은 일에는 흔히 방해되는 일이 많음. 또는 그런 일이 많이 생김

좋은 일은 늘 좋은 것만이 아니다. 좋은 일에는 나쁜 일도 뒤따르기 때문이다. 이렇듯 좋은 일에는 나쁜 일이나 방해되는 사람이 많은 것을 비유하여 '호사다마(好事多魔)'라고 한다. "우리는 일이 안이하고 순조롭게 진행될 때 특히 주의를 게을리 하지 않도록 조심했어야만 옳았다. 왜, 호사다마라는 말도 있지 않던가."(김용성, 도둑일기)와 같이 쓸 수 있다. 또한 '호사다마'에는 '좋은 일이 있다가도 나쁜 일이 끼어들 수 있음'이라는 의미도 있다. "호사다마라고 덕산댁은 복남이를 낳고 산후 조리가 잘못되었던지 얼마 후 중풍에 걸려 몸져눕고 말았다."(현기영, 변방에 우짖는 새)에 쓰인 '호사다마'가 그러한 것이다. '호사다마'에는 매사에 일희일비(一喜一悲) 하지 말라는 경계가 담겨 있다.

467 홍모(鴻毛)

[명] 기러기의 털이라는 뜻으로, 매우 가벼운 사물을 비유하여 이르는 말

새털은 아주 가볍다. 새털 가운데에서도 기러기의 털은 더욱 가볍다. '기러기의 털'을 한자어로 '홍모(鴻毛)'라고 한다. '홍(鴻)'은 '기러기', '모(毛)'는 '털'의 뜻이므로, 한자 뜻만으로도

'홍모'의 의미가 분명하게 드러난다. 기러기의 털이 아주 가볍기 때문에, '홍모'가 '매우 가벼운 물건'을 비유할 수 있다. "홍모 같은 이불"이라 하면 '아주 가벼운 이불'을 뜻한다.

468 환골탈태(換骨奪胎)

[명] 사람이나 조직이 보다 나은 방향으로 변하여 전혀
딴사람이나 딴 조직처럼 됨

요즘의 의료 기술이라면 사람의 얼굴도 얼마든지 뜯어고칠 수 있다. 얼굴뿐만 아니라 몸 전체를 바꾸는 것도 가능하다. 이처럼 완전히 새로운 몸으로 탈바꿈하는 것을 '환골탈태(換骨奪胎)'라고 한다. 한자 뜻 그대로의 의미는 '뼈[骨]를 바꾸고 남의 태(胎)를 빼앗음'이다. 중국 남송의 승려 혜홍(惠洪)의 《냉재야화(冷齋夜話)》에 나오는 말이다. 몸에 변화를 주어 몸을 새롭게 하듯, 옛사람의 시나 문장을 다른 사람의 손을 거치게 하여 새로운 뜻과 미(美)를 갖게 하거나, 사람이나 조직이 더 나은 방향으로 변하여 전혀 딴사람이나 딴 조직처럼 되는 것을 '환골탈태'라고 한다. 오늘날 '환골탈태'는 주로 후자의 의미로 쓰인다. "그 학생은 환골탈태했는지 전혀 다른 사람이 되어 있었다."와 같이 쓸 수 있다.

회유(懷柔)

[명] 어루만지고 잘 달래어 시키는 말을 듣게 함

상대가 내 말을 잘 듣지 않는다고 하여 윽박지르면 역효과가 난다. 힘에 눌려 당장은 따라올지 모르지만 결국에는 등을 돌리게 된다. 남을 내 편으로 만들려면 우선 어루만지고 살살 달래어 마음을 편안하게 해 주어야 한다. 그런 다음에 용건을 꺼내면 십중팔구 내 말을 듣게 된다. 이렇듯 어루만져 달래거나 잘 구슬려 따르게 하는 것을 '회유(懷柔)'라고 한다. '회(懷)'가 '달래다', '유(柔)'가 '복종하다'의 뜻이니, '잘 달래어 말을 잘 듣도록 함'이라는 의미가 분명하게 드러난다. 주로 나쁜 의도를 갖고 상대를 달래어 내 말을 듣게 하는 경우에 쓰인다.

470 **회자**(膾炙)

[명] 회와 구운 고기라는 뜻으로, 칭찬을 받으며 사람의 입에 자주 오르내림을 이르는 말

예전의 중국 사람들은 육회(肉膾)와 구운 고기[炙]를 즐겼다고 한다. 그러기에 이 음식들이 다른 어떤 음식보다 중국 사람들 입에 자주 오르내렸을 것이다. 그래서 생겨난 말이 '회자(膾炙)'다. '회'와 '구운 고기'가 입에 자주 오르내리듯, 어떤 칭찬받을 일이나 얘기가 사람들의 입에 자꾸 오르내리는 것을 비유하여 '회자'라 한다. 흔히 "인구(人口)에 회자되다."와 같은 형식으로 쓰인다. 나쁜 일로 입에 오르내리는 것은 '회자'

라 하지 않으니 유의해야 한다.

471 후안무치(厚顔無恥)

[명] 뻔뻔스러워 부끄러움이 없음

요즘에는 분수에 넘는 짓을 하거나 잘못을 저질러 놓고도 아무렇지도 않게 여기는 뻔뻔스러운 사람이 너무나 많다. 이른바 '얼굴이 두꺼운' 사람이 많은 것이다. '두꺼운 얼굴'을 '후안(厚顔)'이라 한다. 이는 곧 뻔뻔스러운 얼굴이어서, '후안'이 '뻔뻔스러움'이라는 비유적 의미를 띨 수 있다. 뻔뻔하면 염치도 부끄러움도 없다. 이렇듯 염치도 부끄러움도 없는 것을 '무치(無恥)'라고 한다. 따라서 '후안무치(厚顔無恥)'는 '뻔뻔스러워서 부끄러움이 없음'이라는 뜻이다. "후안무치한 사람", "후안무치한 짓거리" 등과 같이 쓸 수 있다.

472 훼절(毁節)

[명] 절개나 지조를 깨뜨림

한평생 지조와 절개를 지키며 산다는 것이 그렇게 쉬운 일은 아니다. 나라를 빼앗겼거나 정치적 상황이 암울할 때에는 더욱 그렇다. 일제강점기에 많은 지식인이 협박과 회유에 넘어가 친일(親日)의 길로 접어든 것, 군부 독재 시절에 민주 인사를 자처하던 사람들이 쿠데타 세력의 총칼에 굴복하여 그들에 동조한 것만 보아도 절개와 지조를 지키는 것이 얼마나 어려운 일인지를 알 수 있다. 이렇듯 지켜야 할 절조(절개와 지조)를 깨뜨리는 것을 '훼절(毁節)'이라 한다. '훼(毁)'가 '헐다', '절(節)'이 '절개'의 뜻이니, '훼절'의 한자 뜻 그대로의 의미는 '절개를 헒'이다. 훼절을 할 수밖에 없는 심적 고통은 이해가 가지만, 그 고통보다 소중하게 여겨야 하는 것이 절개와 지조다.

473 휘하(麾下)

[명] 장군의 지휘 아래. 또는 그 지휘 아래에 딸린 군사

오늘날 각 군대마다 해당 군을 상징하는 깃발이 있듯이, 옛날에도 각 장수마다 해당 장수를 알리는 깃발이 있었다. 장수를 알리는 대장의 깃발 아래가 바로 '휘하(麾下)'다. 여기서 '휘(麾)'는 '대장기'를 가리킨다. 여러 군사가 대장의 깃발 아래 모여 대장의 지휘를 받았기에, '휘하'에 '대장의 지휘 아래' 또는 '대장의 지휘를 받는 군사'라는 의미가 생겨났다. 한편 '휘하'가 군대 사회에서 일반 사회로 넘어와 쓰이면서 '어떤 지도자의 아래' 또는 '그 지도자의 지휘를 받는 사람'이라는 의미로 확대되었다. "그의 휘하에 모이다."의 그것은 전자의 의미로, "그는 대통령의 휘하다."의 그것은 후자의 의미로 쓰인 것이다.

7

새로 만들거나
수입된 단어

오늘도 새로운 말이
만들어지고
또 수입된다

474 가성비(價性比)

[명] 어떤 품목이나 상품에 대하여 정해진 시장 가격에서
기대할 수 있는 성능이나 효율의 정도

'가성비(價性比)'는 2000년대 초부터 쓰인 단어로 추정된다.
이는 컴퓨터나 IT 관련 커뮤니티에서 CPU(중앙처리장치)의 성
능 비교에 사용되던, '가격 대비 성능의 비율'이라는 표현에서
따온 말이다. 이후 '가성비'는 전자제품 영역을 거쳐 상품 및
서비스 전반의 영역으로 확장되어 쓰였다. 그리하여 '어떤 품
목이나 상품에 대하여 정해진 시장 가격에서 기대할 수 있는
성능이나 효율의 정도'라는 일반적 의미를 띠게 된다. 비슷한
품질이더라도 조금이나마 가격이 더 싼 상품, 또는 같은 가격
이더라도 조금이나마 질이 더 좋은 제품을 찾는 소비자가 늘
어나면서 '가성비'라는 말도 덩달아 흔하게 쓰이게 되었다. 주

로 '좋다'와 어울려 "가성비가 좋다."로 쓰이는데, 이는 '가격에 비해 성능이 우수하다'라는 뜻이다. 대체로 적당히 저렴한 가격에 괜찮은 성능을 갖고 있는 제품을 일컬을 때 쓴다. 가성비를 중시하는 사람이나 그런 무리를 '가성비족(價性比族)'이라 하고, 가성비가 좋은 물건을 '가성비템'이라 한다. 상품의 실제적인 효용성을 넘어 심리적인 만족감까지 중시하는 소비 심리가 생기면서 '가심비(價心比)'라는 말도 생겨났다.

475 간짜장 | 물짜장

간짜장 [명] 중국요리의 하나. 자장면보다 물기가 적게 볶아서 만든다

'간짜장'은 《조선일보》 1962년 9월 2일 자 기사에서 처음 보인다. '간자장'으로 표기되기도 했는데, 그 된소리 어형이 '간짜장'이다. '간자장'은 '간'과 '자장'이 결합된 어형이다. '간'은 '乾(건)'의 중국어 음이고, '자장'은 '炸醬(작장)'의 중국어 음이다. '炸醬'은 '중국 된장', 곧 '춘장'을 가리킨다. 기름에 볶은 춘장에 돼지고기, 양파, 당근, 양배추 등을 넣고 한 번 더 볶은 뒤, 국수와 비벼 먹는 한국식 중화요리가 '간짜장'이다. 일반 짜장면과는 달리 춘장을 물과 전분 없이 기름에 볶아내기 때문에 '마를 건(乾)' 자를 쓴 것이다. 간짜장과 정반대의 음식처럼 보이는 '물짜장'이 있어 주목된다. 이는 1970년대 전주에 정착한 화교가 개발한 음식이라고 하는데, '짜장'이라는 말이 들어

갔으니 짜장면의 일종으로 생각하기 쉬우나 그렇지 않다. 춘
장이 아닌 간장이 첨가되고, 소스(sauce)의 전분 함유량이 많아
걸쭉한 형태를 띠고 있어서 오히려 '울면'과 흡사하다.

476 갑질(甲-)|을질(乙-)

갑질 [명] 상대적으로 우위에 있는 자가 상대방에게
오만무례하게 행동하거나 이래라저래라 하며 제멋대로 구는 짓

'갑질(甲-)'은 2000년대 이후 등장한 단어로 추정된다. '갑
(甲)'에 접미사 '-질'이 결합된 어형이다. '갑(甲)'은 천간(天干),
곧 '갑(甲), 을(乙), 병(丙), 정(丁), 무(戊), 기(己), 경(庚), 신(辛),
임(壬), 계(癸)'의 첫째다. '천간의 첫째'라는 의미에서 '차례나
등급을 매길 때 첫째'라는 의미로 확대된다. "그의 성적은 오
랫동안 반에서 갑이었다."의 '갑'이 그러한 것이다. '갑'은 두
개 이상의 사물이 있을 때 그중 하나의 이름을 대신하여 이르
는 말로도 쓰인다. "갑이라고 하는 사람과 을이라고 하는 사
람이 있다고 하자."의 '갑'이 바로 그러한 것이다. 접미사 '-질'
은 일부 명사 뒤에 붙어 주로 좋지 않은 행위에 비하의 뜻을
더한다. '계집질, 노름질' 등의 '-질'도 그러한 것이다. 그러므
로 '갑질'은 '갑이 저지르는 비열한 행위'라는 뜻이다. 본래는
'계약 권리상 쌍방을 뜻하는 갑을(甲乙) 관계에서, 상대적으로
우위에 있는 갑이 신분, 지위, 직급, 위치 등을 이용해 을에게
불리한 조건을 강요하는 짓'을 뜻한다. 이러한 의미가 확대되

어 '사회적으로 우위에 있는 자가 자신의 유리한 지위를 이용해 상대방에게 무례하게 행동하거나 제멋대로 구는 짓'을 뜻하게 된다. 갑을이 단순한 이해관계를 넘어 주종(主從) 관계로 왜곡, 변질되면서 '갑질'에 더욱 부정적인 의미가 가미되었다. 그런데 '갑질'만 있는 것이 아니라 '을질'도 있다. '정도, 지위, 수준 따위가 상대보다 아래에 있는 자가 상태를 호령하거나 자신의 방침에 따르게 하는 짓'을 가리킨다. 갑질이나 을질이나 꼴불견임에는 마찬가지다.

477 깜빡이

[명] 자동차의 방향 지시등을 달리 이르는 말

'깜빡이'는《동아일보》1970년 9월 12일 자 기사에 처음 보인다. 그런데 여기서의 '깜빡이'는 신호등의 하나인 황색 점멸등을 가리킨다. 이는 '깜빡이 신호등'에서 '신호등'이 생략된 말로 보인다. 또한 '깜빡이'는 전등 이름으로도 쓰인다. 이러한 의미로서의 '깜빡이'가《동아일보》1977년 10월 21자 기사에서 확인된다. '깜빡이 전등(전구), 깜빡이등, 깜빡이 꼬마전구' 등에서 '전등(전구), 등, 꼬마전구' 등이 생략되면서 '깜빡이'가 '깜박거리는 전등'이라는 의미를 얻은 것으로 이해된다. 또한 '깜빡이'는 자동차의 방향 지시등을 지시하기도 한다. 이러한 용례가《동아일보》1973년 12월 5일 자 기사에서 발견된다. 이 또한 '방향 지시 깜빡이등'(경향신문 1972.1.26.)에 보이는 '깜빠이등'에서 '등'이 생략된 말로 추정된다. 한편 '깜빡이'는 컴퓨터 커서에 대한 순화어로 쓰이기도 한다. 이는 '깜빡이커서'에서 '커서'가 생략된 말이다. 황색 점멸등, 깜빡이등, 방향 지시등 등은 모두 깜빡거리는 속성이 있다. 이러한 속성을 반영해 '깜빡이'를 만들고, '깜빡이'에 그 지시 대상의 단어를 결합한 합성 형태를 만든 다음, 그것에서 다시 지시 대상의 단어를 생략해 '깜빡이'라 한 것으로 이해된다. 생략이라는 절차를 거치면서 '깜빡이'가 여러 의미를 갖게 된 셈이다. 그런데 사전에 올라 있는 '깜빡이'에는 '자동차의 방향 지시등'이라는 의미만 달려 있다. 그 외의 의미는 인정하지 않은 것인데, 과연 그렇게 볼 수 있는지는 의문이다. 적어도 '깜빡이'에 '전등'이라는 의미는 아직 살아 있지 않나 한다. '등'을 생략하지 않은 '깜빡이등'도 표준어다. 물론 이 또한 '자동차의 방향 지시등'만을 가리키고 있다.

478 누리꾼

[명] 사이버 공간에서 활동하는 사람

'누리꾼'은 《한겨레》 2002년 12월 2일 자 기사에 처음 보인다. 이는 영어 '네티즌(netizen ← network+citizen)'을 순화한 말이다. '네티즌'이라는 말은 인터넷망이 본격적으로 형성된 1980년대 후반에 등장한 것으로 보고 있다. 2004년 국립국어원에서는 '네티즌'을 순화하기 위해 이를 대신할 우리말을 공모했는데, 이때 제안된 267개의 순화어 가운데 다섯 단어를 선정해 투표한 결과 가장 표를 많이 얻은 '누리꾼'을 선정하였다고 한다. '누리꾼'은 '누리그물(인테넷)'에서 '누리'를 취하고, 그것에 접미사 '-꾼'을 결합하여 만든 말이다. '누리'는 '세상'을 뜻하고, 접미사 '-꾼'은 '어떤 일을 전문적으로 하는 사람' 또는 '어떤 일 때문에 모인 사람'의 뜻을 더한다. 이에 따르면 '누리꾼'은 '이 세상과 같이 넓은 가상공간을 능숙하게 누비며 정보를 얻는 사람' 정도의 의미를 띤다. 그런데 '-꾼'과 '누리'의 결합은 조어론적인 관점에서는 그렇게 자연스럽지 않다. '살림꾼, 소리꾼, 씨름꾼' 등에서 보듯 접미사 '-꾼'은 주로 그 사람이 잘하는 분야와 관련된 단어와 결합하는데, '누리꾼'의 경우는 그러하지 못하기 때문이다. 그럼에도 불구하고 현재 '누리꾼'은 '네티즌'과 비등한 세력을 갖고 있으며, 사전에도 올라 있다. 이 외에 '누리'를 이용한 용어로 '누리그물(인터넷), 누리망(인터넷), 누리사랑방(블로그), 누리소통망(SNS), 누리집(홈페이지)' 등도 있으나 '누리꾼'만큼은 잘 쓰이지 않는다.

479 단도리·잡도리·당조짐

단도리 [명] 채비, 단속

우리말 속에는 아직도 일본어 잔재가 적잖이 남아 있다. 이 가운데는 고유어처럼 인식되는 것들도 있다. '채비'나 '단속'을 뜻하는 '단도리'도 그러한 단어 중의 하나다. '단도리'는

《경향신문》1958년 9월 18일 자 기사에 처음 보인다. 일본어 '단도리(だんどり)'는 '일을 해 나가는 순서, 방법, 절차 또는 그 것을 정하는 일'을 뜻한다. 이것이 국어에 들어와서는 주로 작업 현장에서 공작물, 공구 등을 소용되는 곳에 제대로 설치하여 작업 준비를 하는 것이라는 의미로 쓰였다. 이로써 이것이 '준비, 채비, 단속' 등의 의미를 획득한 연유를 알 만하다. "단도리를 잘하다.", "단도리를 시키다."와 같이 쓸 수 있다. 일본어 '단도리'를 대체할 수 있는 우리말에 '잡도리'와 '당조짐'이 있다. '잡도리'는 '단단히 준비하거나 대책을 세움 또는 그 대책'이라는 뜻이어서 '준비'라는 뜻의 '단도리'를 대체할 수 있고, '당조짐'은 '정신을 차리도록 단단히 단속하고 조임'이라는 뜻이어서 '단속'이라는 뜻의 '단도리'를 대체할 수 있다.

480 단무지

[명] 무를 시들시들하게 말리거나 소금에 절인 다음 물기를 빼고 소금과 쌀겨를 섞은 데에 파묻어 만드는 일본식 짠지

'단무지'는 1955년에 일본어 '다꾸앙(たくあん)'을 순화한 말이다. 사전으로는 《국어대사전》(1961)에 처음 올라 있는데, 이에는 '다꾸앙'이 대응되어 있다. 이 사전에서는 '다꾸앙'을 주표제어로 삼고, '단무지'와 '왜무짠지'를 부표제어로 처리하고 있다. 이때만 해도 여전히 '다꾸앙'의 세력이 컸음을 짐작할 수 있다. 단무지는 일본식 짠지이며, 일종의 무절이(소금

에 절인 무)다. '단'은 형용사 '달다[甘]'의 관형사형이고, '무지'
는 '무'와 '지(김치)'가 결합된 어형이다. '지'는 중세국어 '디히'
에서 변한 말로, 무·부추·죽순·오이 등과 같은 채소를 소금에
절인 것이다. 곧 채소를 소금에 절인 형태의 김치를 가리킨
다. 이것이 고춧가루를 사용하기 전 김치의 초기 모습이다. 지
금도 일부 지역에서는 '김치'를 '지'라 하고 있다. 이렇게 보면
'무지'는 '무를 소금에 절인 김치'가 된다. 그 맛이 좀 달아서
'단'을 붙여 '단무지'라 이름한 것이다. '왜무짠지, 왜짠지'라고
도 하나 이들은 잘 쓰이지 않는다. 현재 '다꾸앙'은 순화어 '단
무지'에 완전히 밀려나 사라졌다.

481 대인배(大人輩)/소인배(小人輩)

대인배 [명] 마음 씀씀이가 넓고 관대한 사람. 또는 그런 무리

'나무위키'에 따르면, '대인배(大人輩)'는 만화가 김성모의 작
품 〈럭키짱〉(1998~2000)에서 시작된 말이라고 한다. 작가의
고등학교 친구 안병만 씨가 김 화백 본인을 소인배로 몰아가
며 "너는 소인배지만 난 대인배야."라고 입버릇처럼 말한 것
에서 따온 말이라고 한다. '대인배'는 '소인배(小人輩)'에 대립
되는 말로 새롭게 만든 말이다. 곧 '소인배'가 있어 '대인배'라
는 단어가 생겨날 수 있었던 것이다. '소인배'는 '소인(小人)'에
접미사 '-배(輩)'가 결합된 어형이다. '소인'은 '도량이 좁고 간
사한 사람'이라는 뜻으로 '대인(大人), 군자(君子)'와 반대 개념

이다. '-배'는 '간신배(奸臣輩), 모리배(謀利輩), 무뢰배(無賴輩), 불량배(不良輩), 폭력배(暴力輩)' 등에서 보듯 대체로 부정적 의미의 단어와 어울려, '무리를 이룬 사람'의 뜻을 더하며 부정적 가치를 띤다. 그리하여 '소인배'는 '마음 씀씀이가 좁고 간사한 사람들의 무리'라는 뜻이다. 또한 '그런 사람'을 뜻하기도 한다. 무리와 한 개인을 함께 가리키는 것이다. 물론 '-배'는 '동년배(同年輩, 나이가 같은 또래인 사람), 소년배(少年輩, 소년의 무리)' 등에서 보듯 가치중립적인 단어와도 어울려서 이를 언제나 부정적 가치를 띠는 접미사로 볼 수는 없다. 또한 '관료배(官僚輩)'에서 보듯 긍정적 의미의 단어와 어울려 쓰이기도 하는데, '관료배'가 '관료들의 무리를 낮잡아 이르는 말'이어서 이 경우의 '-배'는 의미 가치가 낮다고 볼 수 있다. 이렇듯 '-배'가 주로 부정적 의미 가치의 단어와 어울린다는 점에서 보면 '대인배'는 좀 어색한 조어일지 모른다. 그러나 '대인배'를 대인이나 그 집단을 좀 비꼬는 말로 쓴다면 불가능한 조어는 아니라고 본다. 실제 처음에는 '대인배'를 '-배'의 부정적 의미가 살아 있는 비꼬는 말로 썼다고 한다. 그러나 지금은 '대인배'에 부정적 의미는 없고, '마음 씀씀이가 넓고 관대한 사람들의 무리' 또는 '그런 사람'이라는 긍정적 의미가 있다.

댓글(對-)

[명] 인터넷에 오른 원문에 대하여 짤막하게 답하여 올리는 글

'댓글(對-)'은 《세계일보》 2001년 1월 1일 자 기사에서 처음 확인된다. 이는 인터넷 용어 '리플'을 대체하여 새롭게 만든 말이다. '대(對)+ㅅ+글'로 분석되어 '(인터넷에 오른 원문에) 상대하여 올리는 글'이라는 뜻이다. '리플'은 영어 '리플라이(reply)'에서 변조된 말로, 2000년 이후에 유행한 것으로 추정된다. '리플'이 등장하면서 '무플, 선플, 악플' 등과 같은 '플' 자계열의 합성어도 생겨났다. 그런데 '리플'은 2010년대 중반 이후 잘 쓰이지 않는다. '리플'에 대한 순화어 '댓글'이 등장하자 그것에 세력을 빼앗겼기 때문이다. '댓글'은 성공을 거둔 인터넷 순화어 중의 하나다.

도우미

[명] 남에게 봉사하는 사람. 또는 어떤 일을 거들어 주기 위해 채용된 사람

'도우미'는 《경향신문》 1992년 8월 7일 자 기사에 처음 보인다. 이 말은 1993년 개최된 대전엑스포에서 행사 진행을 돕는 전문 요원을 일컫기 위해, 공모를 통해 선정한 것이다. 행사 기간 중에 의전, 통역, 안내 등의 업무를 맡은 전문 보조 요원을 가리킨다. '도우미'의 '도'는 '돕다' 또는 '도와주다'에서, '우'는 '우아하다'에서, '미'는 '미인(美人)'에서 따와 합친 말

이다. 이에 따르면 '도우미'는 '도움을 주고 불편을 해결해 주는 우아하고 아름다운 여성'이라는 의미를 띤다. '도+우+미(美)'와 같이 한 단어에서 한 글자를 따와 조합하는 조어 방식은 우리말 조어법을 크게 벗어난 것이지만, 색다른 방식이어서 당시 신선한 충격을 주었다. 그러면서도 '도우미'를 '도움'에 접미사 '-이'가 결합된 구조로 이해한 사람들은 '도움이'로 적어야 한다는 맞춤법 문제를 제기하기도 했다. 어쨌거나 당시에 '도우미'라는 말은 큰 인기를 얻어 성공적으로 안착했다. 그러자 '도우미'와 같은 성격의 또 다른 새말이 만들어졌는데, 골프장의 캐디를 가리키는 '아로미'가 바로 그것이다. '아'는 '아름답다'에서, '미'는 '미인'에서 따온 말이며, '로'는 한자 '路'여서, '아로미'는 '코스[路]를 안내하는 아름다운 여성' 정도로 해석된다. 그런데 '아로미'는 '도우미'와 달리 세력을 잡지 못하고 사라졌다. 지나치게 파격적인 조어여서 쉽게 받아들이기 어려웠을 듯하다. '도우미'는 엑스포 행사 이후 널리 퍼져 '남에게 봉사하는 사람, 어떤 단체나 행사 등에서 안내를 맡은 사람, 어떤 일을 거들어주기 위해 채용된 사람' 등과 같은 일반적 의미로 변하였다. 그리하여 '가사 도우미, 길 도우미, 노인 도우미, 노래 도우미, 산후 도우미' 등 많은 종류의 '도우미'가 등장했다. 이 경우의 '도우미'는 '도움을 주는 사람'을 뜻하므로 '도움이'로 적어야 한다는 주장이 있지만, '도우미'가 너무 익숙해져 현재 이를 표준어로 삼고 있다.

484 떼창(-唱)

[명] 떼를 지어 노래를 부름. 또는 그런 노래

'떼창(-唱)'은 《경향신문》 1998년 11월 24일 자 기사에 처음 보인다. 이는 '떼[群]'와 '창(唱)'이 결합된 형태로, '떼를 지어 노래를 부름'이라는 뜻이다. 또한 '그러한 노래'를 뜻하기도 한다. 인기 가수의 공연장에서 청중이 노래를 함께 따라 부르는 풍조가 생기면서 '떼창'이라는 단어가 만들어졌다. 기존의 독창(獨唱), 중창(重唱), 합창(合唱) 등과는 다른, 떼를 지어 부르는 노래 방식이 선보이자 기존의 노래 방식과 구분하여 '떼창'이라 한 것이다. '떼'는 '떼강도, 떼도망, 떼울음' 등에서 보듯 여러 사람이 참여하는 행위에 적극적으로 쓰인다.

485 마초

[명] 남성다운 남성, 남성 우위론자

'마초'는 《동아일보》 1987년 2월 17일 자 기사에 처음 보인다. 이는 스페인어 'macho(남성적인)'에서 온 말이다. 신문 기사에서는 '마초'에 괄호를 두어 '남성다운 사람, 남성다운 남성, 남성 우위론자, 사나이, 남성다움' 등으로 풀이하고 있다. 개방형 사전인 《우리말샘》(2016)에 '마초'는 올라 있지 않지만, '마초남(남성적인 매력이나 기질이 매우 넘치는 남자)'과 '마초맨(늠름하고 강한 사내대장부)'은 올라 있다. 물론 이들이 규범 표기로 확정된 것은 아니다. 흔히 근육질의 몸을 갖고 있거나 야성미 넘치는 남자를 '마초' 또는 '마초남'이라 하는데, 늘 긍정적인 의미로만 쓰이는 것은 아니다. 과장되게 남성다움을 자랑하는 남성, 남성 우위의 생각에 사로잡혀 있는 남성을 지시하기도 한다.

486 맞이방(--房)

[명] 공공시설에서 손님이 기다리며 머물 수 있도록 마련한 곳

'맞이방(--房)'은 일본식 한자어 '대합실(待合室)'을 순화한 말이다. 1999년 철도청은 철도 개통 100돌을 맞아 일본식 철도 용어를 순화하는 과정에서 '대합실'을 '맞이방'으로, '행선지'를 '길머리'로 바꾸었다. '맞이방'은 '맞이'와 '방(房)'이 결합된 어형으로, '손님을 맞이하는 공간'이라는 뜻이다. 요즘 '맞이방'이 기차역뿐만 아니라 버스 터미널이나 공항과 같은 교통시설은 물론이고, 도서관이나 관공서와 같은 공공시설에도 있다. 쓰임의 범위가 넓어진 것이다. 그런데 아직 《표준국어대사전》에는 올라 있지 않다.

487 먹거리

[명] 사람이 살아가기 위하여 먹는 온갖 것

'먹거리'는 1957년 당시 세계식량농업기구(FAO) 한국협회 사무국장이던 김민환 씨가 한자어 '식량(食糧)'을 대체할 단어로 제안한 것이라고 한다. '식량'이라면 곡물만을 연상하는 경향

이 있어 우유, 육류, 과일 등 사람이 먹는 것 전반을 가리키는, 곧 영어 '푸드(food)'에 짝이 될 만한 말을 구하다가 찾아낸 단어가 바로 '먹거리'라는 것이다. '먹거리'는 '음식(飮食), 식품(食品), 식량' 등의 한자어를 대체할 만큼의 세력을 확보했으며, '먹거리 문화, 먹거리 산업, 먹거리 장터' 등과 같은 새로운 표현을 만들어낼 정도로 힘을 가졌다. 그런데 '먹거리'는 우리말 조어 규칙을 어긴 비정상 구조의 단어다. 동사 어간 '먹-'과 의존명사 '거리'가 결합된 어형으로 볼 수 있는데, 동사 어간에 의존명사가 직접 연결되는 조어 방식은 우리말에 없다. '먹거리'는 원칙적으로 '먹을 거리'라고 표현해야 한다. '거리'는 동사와 결합할 때에는 반드시 그 관형사형과 연결되기 때문이다. '말할 거리, 쓸 거리' 등에서 그와 같은 조어 규칙을 확인할 수 있다. 그래서《표준국어대사전》(1999)에서는 '먹거리'를 '먹을거리'의 잘못으로 판단하여 표준어로 보지 않았다. 그런데 2011년 '먹거리'의 현실적인 세력을 감안하여, 이를 '먹을거리'와 함께 복수표준어로 인정했다. 그리고 '먹거리'는 '사람이 살아가기 위하여 먹는 온갖 것'으로, '먹을거리'는 '먹을 수 있거나 먹을 만한 음식 또는 식품'으로 구분하여 기술하고 있다. 이에 따라 '먹거리'는 "우리 아이에게 안심하고 먹일 수 있는 먹거리를 소개합니다.", "환경오염으로 안전한 먹거리에 대한 관심이 높아지고 있다."와 같이 쓸 수 있고, '먹을거리'는 "시장에 가서 먹을거리를 장만하다.", "혼례를 치르면 먹을거리가 많이 남기 때문에 동네 걸인이 모여들기 마련이다.", "우리의 여행은 잠자리와 먹을거리만 해결되면 충분했다."와 같이 쓸 수 있다.

488   먹튀

[명] '먹고 튀다'를 줄여 이르는 말로, 자신의 이익만을 챙기고 빠지는 일. 또는 그런 사람

'먹튀'는 《동아일보》 1996년 10월 1일 자 기사에 처음 보인다. 부도 직전에 회사 재산을 빼돌려 해외로 도망가는 행위를 '이른바'를 넣어 '먹튀'라 표현하고 있다. '이른바'를 넣어 표현한 것을 보면, 당시에는 '먹튀'라는 말이 아주 생소했음을 짐작하게 한다. '먹튀'는 '(돈을) 먹고 튀다'라는 표현에서 '먹'과 '튀'만 취한 것이다. '빼도 박도 못하다'에서 '빼'와 '박'을 취한 '빼박'과 조어 과정이 유사하다. 《동아일보》 1997년 2월 2일 자 기사를 비롯한 그 이후의 신문 기사를 보면 '먹튀'가, 억대 계약금을 받았으나 부상으로 출전하지 못하고 누워 있거나 높은 연봉에도 불구하고 저조한 성적을 내는 프로 야구 선수를 가리키고 있다. 이로 보면 '먹튀'는 이익만 챙기고 제 역할을 다하지 못하거나, 이익만 챙겨서 무책임하게 떠나는 파렴치한 행위를 가리킨다고 볼 수 있다. 또한 '그런 행위를 하는 사람'을 가리키기도 한다. 행위적 의미가 대상적 의미로 변한 것이다. 물론 '먹튀'는 표준어가 아니다.

몰빵

[명] '집중 투자'를 속되게 이르는 말

'몰빵'은 《동아일보》 1999년 11월 3일 자 기사에서 처음 확인된다. 여기서는 '몰빵'에 괄호를 두어 '투자금 전액을 베팅한다는 의미'라는 설명을 달고 있다. 굳이 괄호를 이용하여 '몰빵'의 의미를 상세히 밝힌 것은 이 단어가 당시에 그렇게 익숙한 단어가 아니었음을 짐작하게 한다. 주식거래에서 한 특정 회사나 종목의 주식에 투자금을 한꺼번에 몰아넣는 방식이 '몰빵'이다. '몰빵'에 대해서는 대체로 한자어 '몰방(沒放, 총포나 기타 폭발물 따위를 한곳을 향하여 한꺼번에 쏘거나 터뜨림)'에서 온 것으로 본다. '몰방'이 지니는 '폭탄을 한쪽 방향으로 한꺼번에 터뜨림'이라는 의미 특성이 주식 투자 방식에 적용되어 '한 회사나 종목에 전액을 투자하는 방식'이라는 의미로 변한 것이다. 이러한 '몰빵'은 '집중 투자'로 바꿀 수 있다. '몰빵'은 주식 투자 방식에서 게임이나 구기(球技) 경기 방식에 확대 적용되어 '게임에서 스탯(stat, 캐릭터의 능력치) 배분을 한쪽에 집중하는 것', '단체 구기 종목에서 에이스 한 명에게 공을 몰아주어 공격 기회를 선수 한 명에게 의존하는 전술'이라는 의미로 변한다. 물론 '몰빵'은 표준어가 아니며, 속된 말이어서 쓰기에 거북한 감이 있다.

베프·절친(切親)·단짝패(單-牌)·

단짝(單-)·단패(單牌)

베프 [명] '베스트 프렌드'를 줄여 이르는 말로, 서로 뜻이 잘
맞으며 매우 친한 친구를 이르는 말

'베프'는 《한겨레》2006년 5월 29일 자 기사에서 처음 보인
다. 당시 유행하던 아이들 말 중의 하나로 소개되어 있다. 이
기사에서는 '베프'와 더불어 '절친'을 당시 새롭게 등장한 신
조어로 보고 있다. '베프'는 영어 '베스트 프렌드(best friend)'에
서 '베'와 '프'를 조합해 만든 말이다. 서로 뜻이 맞는, 더할 나
위 없이 아주 친한 친구를 가리킨다. '베프'가 세력을 잡으면
서 이것과 '패션(fashion)'이 결합된 '베프 패션(부모와 자녀가 친
한 친구처럼 보이도록 비슷하게 차려입은 옷차림)'이라는 합성어도
생겨났다. '절친(切親)'은 '절친한 친구'를 줄여 만든 말로, 이
또한 '더할 나위 없이 아주 가까운 친구'를 가리킨다. '베프'나
'절친'은 한때의 유행어에 불과하다. 같은 의미의 단어로 '단
짝패(單-牌), 단짝(單-), 단패(單牌)'가 있다. '단짝 친구'라는 말
도 쓰이나, 이는 아직 한 단어로 굳어진 것은 아니다. '단짝패'
나 '단짝 친구'는 '하나의 짝이 되는 친구'니, '매우 친하여 늘
함께 어울리는 친구'다. 이들에서 '패'나 '친구'가 생략된 어형
이 '단짝'이고, '단짝패'에서 줄어든 어형이 '단패'다.

491 보람판(--板)

[명] 기관, 상점, 영업소 따위에서 이름이나 판매 상품,
업종 따위를 써서 사람들의 눈에 잘 뜨이게 걸거나 붙이는
표지(標識)

'보람판(--板)'은 《동아일보》 1947년 1월 9일 자의 "우리말에
서 倭色(왜색)을 청소하자"라는 기사에서 처음 보인다. 이 기
사는 당시 문교부에서 작성한 국어정화안의 본보기를 소개
한 것인데, 여기에 일본식 한자어 '간판(看板)'에 대한 순화안
으로 '보람판'이 제시되어 있다. 따라서 '보람판'은 1947년에
등장한 새말임을 알 수 있다. '보람판'은 '보람'과 '판(板)'이 결
합된 어형이다. '보람'은 15세기 이래 '표지(標識)'라는 의미로
쓰이다가 19세기 이후 '일의 좋은 결과나 만족감'이라는 추상
적 의미로 변하였다. 일본식 한자어 '간판'에 대한 순화안을
만들 때 '표지'를 뜻하는 '보람'을 이용해 '보람판'이라 한 것이
다. 그러나 현재 '보람판'은 '간판'에 밀려나 잘 쓰이지 않는다.

492 부대찌개(部隊--)

[명] 햄, 소시지 따위를 재료로 하여 끓인 찌개

'부대찌개(部隊--)'는 한국전쟁이 끝나고 미군이 우리나라에
주둔한 후에 생겨난 말이다. 미군에게 보급되는 물자 가운데
일부가 불법으로 민간에 흘러나왔는데, 이 가운데에는 미군
이 먹다가 남기거나 몰래 빼낸 군용 고기나 통조림도 있었다.

이를 미군 부대에서 유출된 고기라 하여 '부대고기' 또는 '존슨부대고기'라 불렀다. 부대고기는 대부분이 햄이나 소시지 종류였다. 바로 이 부대고기를 이용해 끓인 찌개가 '부대찌개'다. 경기도 의정부 제일시장 주변에서 꼬치(오뎅)를 팔던 허기숙 씨가 1968년 식당을 열면서 의정부에서 부대찌개가 시작되었다고 한다. 의정부 부대찌개가 원조인 셈이다. 미군 부대 주변에서 번창하던 부대찌개가 대중화한 시기는 1980년대 중반이다. 국내에 고급 소시지와 스팸, 햄 등이 등장하면서 대중화에 성공한 것이다. 이 음식이 전국의 일반 음식점에서 판매됨에 따라 '부대찌개'라는 단어도 널리 쓰이게 되었고, 마침내 사전에까지 오르게 되었다.

493 새내기

[명] 대학이나 직장 등에 새로 갓 들어온 사람

'새내기'는 1980년대 대학가에서 생겨난 말로, 대학에 갓 입학한 신입생(新入生)을 뜻하였다. 지금은 신입생뿐만 아니라 무슨 일을 처음 시작하는 신출내기까지 아울러 지시하고 있다. '새내기'는 '새'와 '내기'로 분석된다. '새'는 '새것, 새날, 새색시, 새댁' 등에 보이는 '새'와 같은 관형사로, '내기'는 '시골내기, 서울내기, 신출내기, 잔풀내기(하찮은 공로나 출세로 거들먹거리는 사람을 낮잡아 이르는 말)' 등에 보이는 '-내기'와 같은 접미사로 이해된다. '시골내기, 서울내기' 등의 '-내기'가 '그

지방에서 태어난 사람' 또는 '어떠한 지역의 특성을 지닌 사람'을 지시한다면, '신출내기, 잔풀내기' 등의 '-내기'는 '선행하는 단어의 특성을 지닌 사람'을 지시한다. '새내기'의 '-내기'는 아마도 후자의 범주에 든다고 볼 수 있다. 이에 근거하면 '새내기'는 '새로운 사람' 정도로 해석된다. 문제는 관형사 '새'와 자립성이 없는 '-내기'가 결합할 수 없다는 것이다. 그리하여 '새내기'는 그 의미는 통할지 몰라도 우리말 조어 규칙을 어긴 기형적인 단어가 된다. 그럼에도 불구하고 '새내기'는 사회적 공인을 얻어 현재 일상어 범주로 들어와 쓰이고 있으며, 표준어로도 인정을 받았다. '새내기'에 대해 '군대에 갔다가 대학에 돌아온 복학생(復學生)'이나 '새내기를 벗어난 대학 2학년 학생'을 '헌내기'라고 한다. 그런데 '헌내기'는 대학가에서만 제한적으로 쓰이며 또 그 세력도 미미하다. 한편 '새내기'를 중국 연변에서는 '햇내기', 북한에서는 '신내기(新--)'라고 한다. 혹시 '신내기'의 '신(新)'을 고유어 '새'로 바꾼 것이 '새내기'가 아닌가 하는 생각도 든다.

494 새터민(--民) · 탈북자(脫北者) · 탈북민(脫北民) · 북한이탈주민(北韓離脫住民)

새터민 [명] 북한을 탈출한 사람

'새터민(--民)'은 한자어 '탈북자(脫北者)'를 대체한 말이다. 1990년대 이후 써 오던 '탈북자'라는 말이 정치색이 너무 강하고 어두운 느낌을 준다고 하여, 밝은 느낌을 주는 새로운 말을 찾는 과정에서 전문가 회의를 거쳐 '새터민'을 채택했다고 한다. 2005년 1월의 일이다. '새터민'은 '새로 정착한 터전'이라는 뜻의 고유어 '새터'에 한자 '민(民)'을 결합한 어형이다. 조어법상으로는 다소 어색하지만, '새로운 터전에서 새 삶을 찾아가는 사람'이라는 희망적 의미를 담고 있다고 하여 긍정적 평가를 받았다. 그 사이에 1997년 제정된 북한 이탈 주민의 보호 및 정착 지원에 관한 법률에 근거하여 '북한이탈주민'이라는 말도 만들어졌지만 실제로는 잘 쓰이지 않았다. 그런데 '새터민'이라는 말은 정작 당사자들에게는 호응을 얻지 못했다. 북한 정권을 반대하여 탈출해 온 것이라는 '탈북'이라는 정치적 의미가 배제된 채 단순히 먹고 살기 위해 이주한 사람이라는 부정적 인상을 준다는 점이 거부의 이유였다. '새터민'이라는 단어의 사용을 중단해 달라는 탄원서를 통일부에 제출하는 등 조직적인 반대 운동까지 벌였다. 그 결과인지는 모르지만 요즘 '새터민'이라는 단어는 쑥 들어갔다. 그 대신 다시 '탈북자'를 선호하는 경향이다. 물론 '탈북자' 이외에 '탈북민(脫北民), 탈북인(脫北人)'도 쓰인다. 그런데 '가출인(家出人), 감시인(監視人), 외국인(外國人)' 등에서 보듯, '어떠어떠한 사람'을 가리키는 단어를 만들 때 2음절 한자어에 접미사 '-인(人)'을 붙이는 것이 일반적이라는 점에서 보면, '탈북인'이 무난하지 않나 한다. 이 가운데 '탈북민'은 표준어가 아니어서 배제해도 된다. '새터민'이 표준어로 인정되어 사전에까지 올라 있지만 정작 당사자들의 저항에 밀려 새말의 생명이 위태로운 지경이다.

495 섞어찌개

[명] 고기와 여러 가지 야채를 섞어서 끓인 찌개

'섞어찌개'는 《조선일보》 1980년 9월 21일 자 기사에 처음 보인다. 한 음식점의 식단표에 적힌 '섞어찌게'라는 음식명을 '섞어찌개'로 고쳐야 한다는 내용을 담고 있는 기사다. 《경향신문》 1982년 6월 4일 자 기사인 "게다가 주물럭고기니 섞어찌개니 하는 새 음식은 개발되었으면서도 장국밥은 점점 찾아보기 힘들게 되었다."를 참고하면, '섞어찌개'는 1980년대 초에 만든 새말임을 짐작할 수 있다. '섞어'는 동사 '섞다'의 활용형이다. '섞어작(--作, 여러 문자나 어체를 함께 사용하여 마구 쓴 글), 섞어짓기(한곳에 두 가지 이상의 작물을 심는 일), 섞어탕(--湯, 동태의 살과 내장, 알을 함께 넣고 끓인 매운탕)' 등에서 보듯, 활용형 '섞어'가 합성어를 만드는 데 적극적으로 이용되고 있다. 이에 따라 '섞어찌개'는 '고기와 여러 야채를 섞어서 끓인 찌개'로 해석된다.

496   손절(損切)

[명] ① 앞으로 주가(株價)가 더욱 하락할 것으로 예상하여,
가지고 있는 주식을 매입 가격 이하로 손해를 감수하고 파는 일
② 절교함, 인연을 끊음

'손절(損切)'은 일본에서 들어온 일본식 한자어다. 1920년대
신문 기사에도 나오는 것을 보면 일제강점기에 들어온 것으
로 추정된다. 이는 주식 용어 '손절매(損切賣)'에서 '매(賣)'를
생략한 말로 보는 것이 일반적이다. 물론 '손절매각, 손절매매,
손절투매' 등에서 '매각, 매매, 투매' 등을 생략한 말일 수도 있
다. '손절매'의 글자 뜻 그대로의 의미는 '손해를 보더라도 적
당한 시점에서 끊고 매도함'이다. 곧 주가(株價)가 앞으로 더
욱 하락할 것으로 예상하여, 갖고 있는 주식을 매입 가격 이하
로 손해를 감수하고 파는 일을 말한다. 한편《매일경제》1970
년 2월 5일 자 기사에서는 '손절'을 '미쪄끊기'로, 1971년 4월
15일 자 기사에서는 '밑져끊기'로 순화하고 있는데, 이는 '밑
지고 끊기', 곧 '손해를 보고 끊기'라는 뜻이다. '손절'의 반대말
은 '익절(益切)'이다. 이는 본인이 매수했던 주식을 더 상승한
가격에 이익을 보고 판매하는 일을 뜻한다. '손절'이라는 단어
를 근거로 하여 새롭게 만든 말이다. 그런데 '손절'은 주식 시
장을 벗어나 가까운 친구나 지인과 절교, 절연하거나 부모·친
인척 등과 의절(義絶)하는 경우에도 쓰인다. "나는 그 친구와
돈 문제로 손절하였다."와 같이 쓰는 것이다. 주식 용어인 '손

절'을 '손을 끊는다'라는 의미로 잘못 해석한 결과, 이를 '절교함, 인연을 끊음'이라는 의미로 쓰기 시작한 것이 아닌가 한다. 이러한 의미는 비교적 최근에 생겨난 것이다.

497　십팔번(十八番)

[명] 가장 즐겨 부르는 노래

'십팔번(十八番)'은 《동아일보》 1955년 7월 29일 자 기사에 처음 보인다. 이는 일본의 한자어 '十八番'을 우리 한자음으로 읽은 것이다. '十八番'은 일본어로 '주하치방(じゅうはちばん)'이라 하는데, '가장 뛰어난 장기(長技)'라는 뜻으로 주로 노래에 적용된다. '주하치방'은 본래 이치가와 가문에 전해 내려오는, 일본 전통극 가부키(歌舞伎)의 대본인 교겐(狂言, 재미있는 희극) 가운데 크게 히트한 열여덟 가지를 선정해 붙인 이름이라고 한다. 한편 '주하치방'을 열여덟 가지 교겐 가운데 마지막인 18번째 극을 가리키는 것으로 보기도 한다. 교겐은 신구(新舊) 18번까지 있는 촌극(寸劇)인데, 그중 18번이 가장 재미있고 우스꽝스럽다고 해서 특별히 그렇게 부른다는 것이다. 이러한 설이 널리 퍼져 있다. '주하치방'은 일반화되어 '가장 잘하는 장기'라는 의미로 변한다. 이것이 국어에 '십팔번'으로 들어와 "「십팔번」이란 말은 「長技」 「秘藏의 技藝」라는 뜻으로 어린이부터 성년에 이르기까지 광범위하게 쓰여지고 있는 순수한 일본어"(경향신문 1968.11.20.)에서 보듯, '장기, 비장의

기예'라는 의미로 쓰이고 있다. 기예 중에서도 특히 노래에 적용되어 '가장 잘하는 노래, 가장 즐겨 부르는 노래'라는 특수한 의미를 띤다. 이러한 의미의 '십팔번'을 '애창곡(愛唱曲)'으로 순화하였다.

498 양순대(洋--)

[명] 서양의 순대라는 뜻으로, 소시지를 이르는 말

'양순대(洋--)'는 《연합뉴스》1995년 9월 2일 자 기사에서 처음 보인다. 이는 '순대'에 접두사 '양(洋)-'을 결합한 어형이다. '양-'은 '서양에서 들어온'이라는 뜻을 더하여, '양순대'는 '서양에서 들어온 순대'라는 뜻이다. 서양의 소시지(sausage)를 일종의 순대로 보고 그것을 기존의 순대와 변별한 것이다. 한편 중국 연변 지역에서는 소시지를 '고기순대'라고 한다. 고기붙이와 두부, 숙주나물, 파, 선지, 당면 등을 재료로 하는 기존의 순대와 달리, 소시지는 양념한 고기만을 재료로 하는 음식이어서 '고기'를 붙여 변별한 것이다. 현재 '양순대'는 사전에까지 올라 있으나 실제로는 잘 쓰이지 않는다. 외래어 '소시지'의 위세에 눌려 기를 펴지 못하는 것이다.

499 올레길

[명] 제주 지역의 풍경과 정취를 느낄 수 있도록 걷기 좋게
조성한 길

'올레길'은《경향신문》2007년 9월 1일 자 기사에 처음 보인
다. 소설가이자 언론인인 서명숙 씨가 산티아고 순례길에서
영감을 얻어 제주에 개척한 트레일(탐방로) 코스다. 2007년 9
월 8일 제1 코스가 개발되었다고 한다. 그런데 어째서 그 길
이름이 '올레길'인지 좀 의아하다. '올레'는 제주도에서만 쓰
는 말로, '큰길에서 집까지 이르는, 돌로 쌓은 좁고 긴 골목길'
을 가리킨다. 대문이 없는 가옥 구조에서 집과 큰길을 잇는
역할을 하는 길이다. '올레'는 '門(문)'을 뜻하는 중세국어 '오
라'에서 변한 말이다. 올레가 길임을 분명히 보이기 위해 '길'
을 덧붙인 어형이 '올레길'이다. 그런데 현재 '올레' 또는 '올레
길'은 그 본래의 의미에서 크게 벗어나, 걷기 위해 개발된 마
을 길, 해안도로, 오름 길, 숲속 오솔길 등을 망라한다. 곧 새롭
게 만든 제주의 장거리 도보 여행길을 두루 가리킨다. 그런데
제주의 본토박이 지식인들은 제 의미를 잃고 엉뚱하게 쓰이
는 '올레' 또는 '올레길'이라는 이름을 달갑게 여기지 않는다
고 한다. 그러나 '올레' 또는 '올레길'이라는 이름이 너무 일반
화되어 되돌리기에는 역부족이다. 새로운 길 이름을 만들 때
에 섣불러서는 안 된다는 교훈을 남긴 사례다.

500 　왕따(王-)

[명] 따돌리는 일. 또는 따돌림을 당하는 사람

'왕따(王-)'는《동아일보》1997년 3월 27일 자 기사에 처음 보이며, '따돌림을 당하는 친구'로 소개되어 있다. 이는 '집단 괴롭힘'을 뜻하는 일본어 '이지메(いじめ)'와 통한다. '왕따'는 '왕따돌림'에서 앞의 두 글자를 취한 말이다. '왕따'에서 '따'만 취해 '따'라 하기도 한다. '왕따돌림'은 '따돌림'에 접두사 '왕(王)-'을 결합한 어형이다. '왕-'은 '왕가뭄, 왕거미, 왕고집, 왕고참, 왕밤, 왕방울, 왕재수, 왕초보' 등에서 보듯 '매우 큰, 최고, 매우 심한' 등의 의미를 보탠다. '왕따돌림'의 '왕-'은 '매우 심한' 정도의 의미를 띤다. 그리하여 '왕따돌림', 곧 '왕따'는 '매우 심한 따돌림'으로 해석된다. '왕따'에 결부되어 있는 '집단'이라는 의미는 일본어 '이지메'의 의미 간섭을 받아 생겨난 것이다. 학교에서 다수의 학생이 한 학생을 집단으로 괴롭히는 일이 빈번히 발생하자 그 현상을 일본어를 빌려 '이지메'라고 했는데, 일본어에 대한 거부감 때문에 학생들 사이에서 유행하던 '왕따'라는 단어를 대신 쓰는 과정에서 '이지메'가 함축하는 '집단'이라는 의미가 '왕따'에 끼어 들어와 '집단 따돌림'이라는 의미로 굳어진 것이다. 한편 '왕따'는 '집단 따돌림'이라는 현상적 의미로서뿐만 아니라 '집단 따돌림을 당하는 사람'이라는 대상적 의미로도 쓰인다. 오히려 이러한 의미로 더 많이 쓰이는 경향이다. "너도 왕따가 되지 않게 조심

해야 한다."에 쓰인 '왕따'가 그러한 것이다. '왕따'는 우리말 조어법을 어긴 기형적인 단어라는 점뿐만 아니라 학생들 사이에서 유행하던 은어(隱語)라는 점에서도 문제가 있다. 통속적인 은어가 일상어 범주로 들어와 쓰이게 되면 그만큼 우리의 언어생활은 저속해진다. '왕따'는 그것이 현상이면 '집단 따돌림'으로, 그것이 대상이면 '집단 따돌림을 당하는 사람'으로 표현하면 될 것이다.

501 외벌이·홑벌이/맞벌이

외벌이 [명] 가정에서 한 사람만이 직업을 가지고 돈을 벎. 또는 그런 일

'외벌이'는 《동아일보》 1997년 1월 28일 자 기사에 처음 보인다. '외벌이'는 '맞벌이'와 짝을 이룬다. '맞벌이'는 '외벌이'에 앞서 《경향신문》 1959년 4월 21일 자 기사에 보인다. 아내는 집에서 살림하고 남편은 직장에 나가 돈벌이하는 전통적인 부부의 역할 분담이, 남편은 물론 아내까지 직장에 나가 돈벌이하는 방식으로 바뀌면서 '맞벌이'라는 말이 생겨난 것이다. 말하자면 사회 구조의 변화에 따라 부부의 성 역할이 재조정되면서 생겨난 말이 '맞벌이'다. '맞-'은 '마주 대하여 함께'라는 뜻의 접두사여서, '맞벌이'는 '부부가 모두 직업을 가지고 돈을 버는 것' 정도의 의미를 띤다. 이제는 맞벌이가 보편화하면서 아내든 남편이든 가정 내에서 혼자 돈을 버는 일

이 특별하게 인식되기에 이른다. 그래서 생겨난 말이 '외벌이'다. '외-'는 '혼자인, 하나인'의 의미를 더하는 접두사여서, '외벌이'는 '한 사람만이 돈을 버는 것' 정도의 의미를 띤다. '외벌이'를 '홀벌이'라고도 한다. '홀-'은 '외-'와 의미 기능이 같은 접두사다. '홀벌이'는 '외벌이'보다 늦게 나타난 단어다. 《동아일보》 2001년 3월 12일 자 기사에서 처음 확인된다.

502 웃프다

[형] '우스우면서 슬프다'는 뜻으로, 표면적으로는 우습지만 실제로 처한 상황이나 처지가 좋지 못하여 슬프다

'웃프다'는 《머니투데이》 2011년 10월 21일 자 기사에서 처음 보인다. 주로 웹상에서 쓰이고 있으나 《우리말샘》(2016)에도 등재되어 있을 정도로 세력을 잡고 있다. 물론 아직 표준어는 아니다. 이는 형용사 '웃기다'와 '슬프다'를 섞어 만든 말이다. 단어 뜻 그대로의 의미는 '우스우면서 슬프다'가 된다. 우스운 감정과 슬픈 감정이 함께하되 슬픈 감정이 더 깊을 때 이 말이 자연스럽다. 곧 의미 중심이 '슬프다'에 놓인다.

503 장애우(障礙友)·장애자(障礙者)·장애인(障礙人)

장애우 [명] '장애인'을 달리 이르는 말

'장애우(障礙友)'는 《동아일보》 1988년 6월 8일 자 기사에서 처음 확인된다. 1988년 10월 서울에서 장애인을 위한 세계

올림픽이 열렸는데, 이를 '장애자 올림픽' 또는 '장애인 올림픽'이라 불렀다. 올림픽이 성공리에 끝나면서 국내에서 장애인에 대한 인식이 새로워지는 가운데 명칭에 대한 논의도 시작되었다. 예전부터 써오던 '장애자(障礙者)'보다는 '장애인(障礙人)'으로 쓰자는 주장과 함께, 당시 주로 대학가에서 쓰던 '장애우'라는 명칭을 쓰는 것도 괜찮겠다는 의견이 나왔다. '놈 자(者)' 때문에 생기는 '장애자' 명칭에 대한 부정적 의미를 좀 누그러뜨리기 위해, '놈 자(者)'를 '사람 인(人)'으로 바꾸자는 것이었다. 실제 장애인들도 '장애자'라는 말을 싫어했다고 한다. 나아가 '자(者)'를 친근한 의미의 '우(友)'로 바꾼 '장애우'라는 단어까지 나오면서 한동안 '장애자, 장애인, 장애우'가 함께 쓰였다. 최근에는 '장애인'보다 친근한 느낌을 주는 '장애우'만을 쓰자는 주장을 펴기도 하는데, 물론 반대 의견도 있다. '벗 우(友)'가 들어간 '장애우'가 친근감을 주기는커녕 자칫 다른 사람들과 격리하는 의미를 줄 수도 있고, 또 모든 연령대를 포괄하는 단어로 쓰기에는 예의에서 벗어날 수도 있다는 이유에서다. 장애인 단체에서도 '장애우'라는 용어를 쓰지 말아 달라고 부탁한다고 한다. '장애자'에는 무시하는 듯한 의미가 있고, '장애우'에는 좀 특별나게 보는 의미가 담겨 있다는 점에서, 그러한 의미가 배제된 '장애인'을 대표 용어로 내세우는 것이 합리적이다. 다만 '장애우'는 같은 또래에서 친구 개념으로 제한적인 범위 내에서는 허용해도 좋을 듯하다. 한편 '장애인'에 반대되는 말로 '정상인'을 쓰기도 하는데, 그렇다면 '장애인'은 '비정상인'으로 인식될 수 있어 이는 합당한 대응어가 되지 못한다. '장애인'에 대한 반의어로는 '비장애인'이 합당하지 않나 한다.

504 지름신(--神)

[명] 사고 싶은 것이 있으면 앞뒤 가리지 않고 바로 사게 만드는 가상의 신

'지름신(--神)'은 '지름교(--敎)'와 함께 《경향신문》 2004년 11월 22일 자 기사에 처음 보인다. 이에 앞서 '지름족(--族)'이 《문화일보》 2004년 6월 4일 자 기사에 보인다. '지름족'이 먼저 만들어지고, 이어서 '지름신'이나 '지름교'가 나온 것으로 추정된다. '지름족, 지름신, 지름교'의 '지름'은 동사 '지르다'의 명사형이고, '지르다'는 직선으로 뻗어가는 물리적 행위를 가리킨다. 이러한 물리적 행위가 심리적 행위로 발전하면, 마음이 한쪽으로 치닫는 행위가 될 수 있다. 이는 곧 앞뒤를 재지 않고 내닫는 충동적 행위다. 그리하여 '지르다'에 '앞뒤 가리지 않고 어떤 행동을 하다'와 같은 의미가 생겨난다. 이것이 도박이나 내기 같은 행위와 결부되면 '도박이나 내기에서, 돈이나 물건 따위를 걸다'라는 특수한 의미로 발전하고, 이것이 구매 행위와 결부되면 '충동적으로 구매하다'라는 특수한 의미로 발전한다. 구매 행위는 현대인이 앞뒤 가리지 않고 저

지르는 가장 전형적인 행위여서, '지르다'가 쉽게 구매 행위와 관련된 의미로 발전할 수 있었을 것이다. 그런데 '지르다'에 '충동적으로 구매하다'라는 의미가 생겨난 시기는 정확히 알 수 없다. '지름족, 지름신, 지름교'가 등장한 시기를 고려하면 1990년대 말에서 2000년대 초 사이가 아닌가 한다. '지름족'은 제품 수용 주기에서 가장 먼저 제품을 사는 첫 번째 소비자군, 곧 '얼리 어답터(early adopter)'의 변종이라고 볼 수 있다. 마음에 드는 디지털 제품이 나오면 가격이 비싸더라도 누구보다 먼저 과감히 구매하는 족속이 바로 지름족이다. 이들은 자신이 갖고 있는 물품을 최신 제품으로 유지하길 원하는, 과시욕이 강하고 유행에 앞서가는 사람들이다. 이러한 지름족을 움직여, 사고 싶은 것이 있으면 앞뒤 가리지 않고 바로 사게 만드는 가상의 신이 '지름신'이다. 충동구매를 부채질하는 능력을 갖춘, 소비의 영도자인 것이다. 그리고 지름족이 지름신을 믿고 받드는 가상의 종교가 '지름교'다.

505 초밥(醋-)

[명] 일본 음식의 하나. 초와 소금을 친 흰밥을 가름하게 뭉친 뒤에 고추냉이와 생선 쪽 따위를 얹어 만든다

'초밥(醋-)'은 《조선일보》 1948년 9월 7일 자 기사에서 처음 보인다. 기사의 내용인즉, 일본어 '스시'를 '초밥'으로 순화해서 쓰고 있는데 이것이 억지스러우니 그냥 '스시'를 쓰자는

주장이다. 이로써 '초밥'이 일본어 '스시(寿司, すし)'에 대한 순화어이며, 광복 후에 새로 만든 말임을 알 수 있다. 1949년 한글학회 한글전용촉진회에서는 일본어 '스시'를 공식적으로 '초밥'으로 순화하였다. 이때 '소바'에 대한 '메밀국수', '우동'에 대한 '가락국수', '뎀뿌라'에 대한 '튀김' 등도 순화어로 소개되었다. '초밥'은 '초(醋)'와 '밥'이 결합된 어형이다. 초(식초)와 소금을 친 흰밥을 갸름하게 뭉친 뒤에 고추냉이와 생선 쪽 따위를 얹어 만든 음식이기에 그렇게 이름한 것이다.

506   초치다(醋--)

[동] 한창 잘되고 있거나 잘되려는 일에 방해를 놓아서 일이 잘못되거나 시들해지도록 만들다

'초치다(醋--)'는《동아일보》1969년 12월 20일 자 기사에 처음 보인다. 여기서는 '초치다'를 1960년대에 등장한 새말로 보고 있다. 이는 명사 '초(醋)'와 동사 '치다'로 분석된다. '초'는 식초를 가리킨다. 식초는 음식 맛을 내는 데 없어서는 안 되는 조미료다. 냉면을 먹을 때에도 초를 치고, 오이를 절일 때에도 초를 친다. 그런데 음식에 식초를 칠 때에는 적절히 쳐야지 너무 치면 음식 맛이 시어서 먹기가 곤란해진다. 잘 먹고 있는 음식에 식초를 듬뿍 치면 음식을 먹지 말라는 거나 진배없다. 식초를 쳐서 음식 먹는 것을 훼방 놓듯, 한창 잘되고 있거나 잘되려는 일에 방해를 놓아서 일이 잘못되거나 시

들해지도록 만드는 것을 비유하여 "초(를) 치다."라고 표현한다. "초(를) 치다."에서 어휘화한 것이 '초치다'다.

507 캥거루족(---族)

[명] 독립할 나이가 되었는데도 경제적으로 독립하지 못하고 부모에게 의존하며 사는 젊은 세대

'캥거루족(---族)'은 《한겨레》 1997년 6월 21일 자 기사에서 처음 확인된다. 1990년대에 출현한 단어로 추정된다. 최근에는 '캥거루족' 말고도 '딩크족, 엄지족, 웰빙족, 펌킨족' 등과 같이 접미사 '-족(族)'이 붙은 신조어들이 많이 생겨났다. 캥거루는 어미의 배에 붙어 있는 주머니에서 6개월 내지 1년을 보내야만 독립할 수 있다. 이렇듯 어미 주머니 속에서 편안하게 지내는 어린 캥거루처럼, 대학을 졸업해 취직할 나이가 되었는데도 취직을 하지 않고 부모에게 얹혀살거나, 또는 취직을 했더라도 경제적으로 독립하지 못하고 부모에게 의존해 사는 젊은 세대를 빗대어 '캥거루족'이라 한다. 요즘에는 결혼을 하고서도 주거비 부담을 줄이기 위해 여전히 부모 집에 눌러사는 자식들도 있는데, 이를 '신(新)캥거루족'이라 한다.

508 틀딱

[명] '노인'을 비하하는 말

'틀딱'은 《아시아경제》 2016년 4월 14일 자 기사에 처음 확인

된다. 기사에서는 '틀딱'에 괄호를 두어 '틀니딱딱. 노년층을 속되게 이르는 말'로 풀이하고 있다. 굳이 괄호로 설명을 붙인 것은 '틀딱'이 당시로서는 생소한 말이었기 때문일 것이다. 이로써 '틀딱'은 아주 최근에 만들어진 말임을 짐작할 수 있다. '틀딱'은 '틀딱충'에서 '충'이 생략된 말이고, '틀딱충'은 '틀니딱딱충'에서 '틀, 딱, 충'만 취한 말이다. '틀니딱딱충'은 명사 '틀니', 의성어 '딱딱', 한자 '충(蟲, 벌레)'이 결합된 말이다. 틀니를 해 넣어 말을 하거나 음식을 씹을 때 딱딱거리는 소리를 내는 노인층을 하찮은 벌레에 빗대어 만든 노인 혐오 단어다. '틀딱'은 노인이나 기성세대를 낮추어 말할 때, 일부 몰지각한 행위를 하는 노인을 비난할 때, 자기중심적이고 구시대적인 발상에서 벗어나지 못하거나 변화한 시대에 순응하지 못하고 과거를 들먹이는 어른을 비하할 때, 돈도 없고 변변한 직업도 없으면서 자존심만 내세우며 문제를 일으키는 노인을 비난할 때 등에 쓰인다.

509 허접하다
[형] 허름하고 잡스럽다

'허접하다'는 〈2014년 표준어 추가 사정안〉에 따라 표준어로 선정된 단어다. 기원적으로는 '허접쓰레기'의 '허접'에서 온 말이다. '허접쓰레기'는 '허섭쓰레기'에서 변한 것이어서 본래 표준어는 아니었는데, 널리 쓰이면서 2011년 8월 복수 표준어로 인정을 받았다. 그런데 '허섭쓰레기'가 언제, 어떤 이유로 '허접쓰레기'로 변했는지는 알 수 없다. 다만 '허접쓰레기'가 1920년대 이후 신문 기사에 '허접스럭이, 허접쑬에기, 허접쓸에기, 허접쓰러기' 등으로 다양하게 표기되어 나와, 적어도 20세기 초에는 '허섭쓰레기'가 '허접쓰레기'로 변해 있었으며, 또 이를 제치고 이미 세력을 잡고 있었음을 알 수 있다. 그럼에도 불구하고 《사정한 조선어 표준말 모음 103》(1936)에서는 역사성이 있는 '허섭쓰레기'를 표준어로 삼았다. 그러나 실제 언어생활에서는 '허접쓰레기'가 월등히 많이 쓰였기에 이러한 현실을 반영해 2011년에 '허접쓰레기'를 '허섭쓰레기'와 동등한 자격의 표준어로 인정한 것이다. 한편 '허접쓰레기'의 '허접'은 온라인 게임이라는 특수 환경에 적용되면서 전혀 다른 길을 겪게 된다. 온라인 게임의 태동기인 1990년대 후반에 '리니지'와 '포트리스'와 같은 게임에서 '쓸모없는 아이템'을 가리키는 말로 쓰이다가, 나중에는 '게임 실력이나 게임 지식이 형편없는 상대'를 조롱하는 말로 확대되어 쓰였다. 이후 일상어 범주로 넘어와 쓰이면서 또 한 번의 변신을 꾀한다. 일상어에서는 "질문 허접", "그림이 허접이긴 하다.", "유튜브 영상 편집기 질문! 허접", "허접 칼럼", "허접 선생" 등에서 보듯 '쓸모없음, 허름함, 형편없음, 잡스러움, 실력이 없음' 등을 뜻하는 유행어가 된 것이다. 2000년대 초반 '즐' 등과 함께 '허접'이 전국적으로 크게 유행했다. 그런데 '허접'은 독립적인 단어

새로 만들거나 수입된 단어

로서의 자격을 얻지는 못하고 사라졌다. 그 대신 형용사 '허접하다, 허접스럽다'라는 새로운 말을 만들어냈다. 이 두 단어는 2000년대 초반에 등장한 단어가 아닌가 한다. '허접하다'와 '허접스럽다'는 2014년에 표준어로 인정을 받았다. 사전에서는 '허접하다'를 '허름하고 잡스럽다'로, '허접스럽다'를 '허름하고 잡스러운 느낌이 있다'로 풀이하고 있다. 이렇게 보면 '허접하다'라는 형용사가 탄생한 과정은 무척 복잡하다. '허섭쓰레기'가 '허접쓰레기'로 변한 뒤에 온라인 게임에서 '허접'을 차용해 특별한 의미로 쓰다가, 이것이 일반적 의미를 획득하자 이것에 '-하다'를 붙여 만든 말이기 때문이다.

510 후폭풍(後爆風)

[명] 어떤 일이 있고 난 뒤 그것이 원인이 되어 나타나는, 크거나 좋지 아니한 영향을 비유적으로 이르는 말

'후폭풍(後爆風)'은 '후(後)'와 '폭풍(爆風)'이 결합된 어형으로, 글자 뜻 그대로의 의미는 '나중에 일어나는 센바람'이다. 이는 본래 군사 용어다. 대포나 미사일 따위를 쏠 때 그 반작용으로 뒤편에 생기는 강한 바람을 뜻한다. 더 나아가 비행기같이 빠른 물체가 지나갈 때 발생하는 강한 바람도 '후폭풍'이라 한다. "지난달 1일 여객기가 낮은 고도로 착륙하면서 발생한 후폭풍으로 대저2동 일대 비닐하우스 8채가 파손돼…."(연합뉴스 1995.5.12.)의 '후폭풍'이 그러한 것이다. '후폭풍'은 몹시

강력하여 주변에 자칫 큰 피해를 줄 수 있다. 그리하여 '후폭풍'에 '어떤 일이 있고 난 뒤 그것이 원인이 되어 나타나는 크거나 좋지 아니한 영향'이라는 비유적 의미가 생겨난다. 예를 들어 "대통령 탄핵 후폭풍"이라고 하면, 대통령 탄핵이라는 어마어마한 사건 뒤에 그것 때문에 생긴 여러 가지 혼란 양상을 뜻한다. 이러한 의미로서의 '후폭풍'이 《연합뉴스》 1998년 12월 2일 자 기사에서 확인된다. 인터넷 공간에서는 '후폭풍'을 '애인 사이에서 헤어질 때의 후유증'이라는 의미로 쓰고 있다.

8

단어의 품격

높임말은 권장하고,
비속어나 놀리는 말은
멀리한다

5ⅠⅠ 가시버시

[명] '부부'를 낮잡아 이르는 말

'가시버시'는 좀 생소하지만 오래전부터 써 오던 말이다. 전통 사회에서 신분이 낮은 부부를 '가시버시'라 했다. 현대국어 사전에서는 그저 '부부를 낮잡아 이르는 말'로 풀이하고 있다. '가시버시'는 '가시밧'이라는 단어에서 변한 것이다. '가시밧'에 접미사 '-이'가 붙어 '가시바시'가 되고, '가시바시'가 변해 '가시버시'로 된 것이다. '가시밧'은 '가시'와 '밧'이 결합된 어형이다. '가시'는 '갓(아내)'에 접미사 '-이'가 결합된 어형이거나, '갓'에 주격조사 '이'가 결합된 주격형이 명사로 굳어진 것으로, '아내'를 뜻한다. '밧'은 본래 '바깥'의 뜻이지만 여기서는 '바깥양반', 곧 '남편'을 뜻한다. 그러므로 '가시밧'은 '아내와 남편', 곧 '부부'라는 뜻이다. 아울러 그 변화형인 '가시바

397

시, 가시버시'도 그와 같은 의미를 띤다. 이렇게 '가시버시'의 어원을 장황하게 설명한 것은 대부분의 교양서에서 이 단어의 어원을 엉뚱하게 풀이하고 있어서다. 그런데 주목되는 점은 '가시버시'라는 합성어의 배열에서 '여성+남성'의 순서를 취한 것이다. 이는 '부부'를 뜻하는 중세국어 '남진계집'을 비롯해 친족 관련 합성어인 '오누이(오라비+누이), 아들딸(아들+딸)' 등과 조어 방식이 다르다. '가시버시'가 '여성+남성'의 순서를 취한 것은 이것이 낮은 신분 계층의 부부를 지시하는 단어였기 때문이다. 낮춤말이어서 여성과 관련된 단어를 의도적으로 앞에 내세운 것이다. 여기서도 전통사회의 뿌리 깊은 남존여비(男尊女卑) 의식을 엿볼 수 있다. 욕설인 '연놈'의 경우에도 여성과 관련된 단어를 앞에 내세웠는데, 이 또한 여성을 낮추어 보는 전통사회의 여성관에 따른 조어 방식이다. 그런데 현재 '가시버시'에서 이러한 낮춤의 의미는 감지되지 않는다. 카페나 찻집 등에 상호로 쓰인 '가시버시'에서는 오히려 정겨운 느낌을 받는다. 현재 '가시버시'는 주로 부부가 오순도순 함께 운영하는 작은 가게의 상호로 쓰이고, '부부'를 뜻하는 일상어로는 잘 쓰이지 않는다.

개뿔

[명] 별 볼 일 없이 하찮은 것을 경멸하는 태도로 속되게
이르는 말

'개뿔'은 '개'와 '불' 사이에 사이시옷이 개재된 '갯불'에서 온
말이다. '불'이 '불알'을 가리키므로 '갯불'은 '개의 불알'이라
는 뜻이다. '개의 불알', 곧 '개뿔'은 정말 하찮고 변변치 못한
것이다. 개만 해도 하찮고 형편없는 동물인데 그 개의 더러운
생식기는 더 말할 나위도 없다. '개뿔'은 '모르다, 아니다, 없
다' 등과 어울려 관용구를 이룬다. "개뿔도 모르다."는 '개의
불알과 같이 하찮은 것도 모르다'라는 의미를 거쳐 '아무것도
모르다'라는 의미로 변하고, "개뿔도 아니다."는 '개의 불알과
같이 하찮은 것도 아니다'라는 의미를 거쳐 '내세울 만한 능
력이 없다'라는 의미로 변하며, "개뿔도 없다."는 '개의 불알과
같이 하찮은 것도 없다'라는 의미를 거쳐 '돈이나 능력 따위
를 전혀 갖고 있지 아니하다'라는 의미로 변한다. 이러한 관용
구의 의미로부터 '개뿔'은 '별 볼 일 없이 하찮은 것'이라는 비
유적 의미를 얻는다.

513   개차반(-茶盤)

[명] 언행이 몹시 더러운 사람을 속되게 이르는 말

'개차반'은 '개'와 '차반(茶盤)'이 결합된 말이다. 여기서 '차반'
은 근세 중국어 '茶飯(우리식 한자음은 '다반')'에서 온 말로 '음

식'을 뜻한다. 그러므로 '개차반'은 '개가 먹는 음식'이라는 뜻
이다. 개가 먹는 음식은 다름 아닌 '똥'이다. 똥은 아주 더럽고
불결하다. 이러한 똥과 같이 언행이 더럽고 불량한 사람을 비
유하여 '개차반'이라 한다. 술주정하는 사람, 교통 법규 어겨
놓고 도리어 큰소리치는 사람 등이 우리 주변에서 흔히 볼 수
있는 개차반이다. 더러운 똥을 피해 가듯 개차반은 상대 안
하고 피하는 것이 상책이다. 개차반에게 대꾸해 보았자 본전
도 못 찾고 망신만 당한다. '개차반'에 접미사 '-이'를 붙인 '개
차반이'도 같은 의미로 쓰인다.

5I4 개털/범털

개털 [명] 죄수들의 은어로, 돈이나 뒷줄이 없는 사람을
이르는 말

'개털'은 본래 '개의 털'이라는 뜻이다. 또한 '사람의 몸에 난
가는 털'을 뜻하기도 한다. 개의 털은 거칠어서 별로 쓸모가
없다. 그리하여 '개털'에 '쓸데없는 일이나 행동'이라는 비유
적 의미가 생겨난다. "별짓을 다 해 봤지만 모두가 개털이었
다."의 '개털'이 그러한 것이다. 이 '개털'이 교도소 담장 안으
로 들어가 '돈이나 뒷줄이 없는 죄수'를 지시하는 은어가 된
다. '개털'이 갖는 '쓸데없고 형편없는 것'이라는 점이 죄수에
적용되어 그러한 의미가 생겨난 것이다. 이러한 의미의 '개털'
에 반대되는 말이 '범털'이다. '범털'은 본래 '호랑이의 털'이라

는 뜻이다. 호랑이의 털은 부드럽고 화려하여 아주 귀하다. 이러한 점이 죄수에 적용되어 '돈 많고 지적 수준이 높은 죄수'라는 의미가 생겨난 것이다.

515 계시다·있으시다

계시다 [동] '있다'의 높임말

'있다'의 높임말에는 '계시다'와 '있으시다' 두 단어가 있다. 그런데 이 두 단어의 용법이 똑같지는 않다. "아버지께서 집에 계신다."에서 보듯 '계시다'가 아버지와 같은 인격체와 어울려 쓰인다면, "아버지께서는 자동차가 있으시다."에서 보듯 '있으시다'는 자동차와 같은 인격체와 관련된 대상물과 어울려 쓰인다. 이에 따르면 "너희 아버님, 집에 있으시냐?"라든가 "지금부터 교장 선생님의 말씀이 계시겠습니다."는 틀린 표현이 된다. 전자는 "집에 계시냐?"로, 후자는 "말씀이 있으시겠습니다."로 고쳐야 한다.

516 구라

[명] '거짓말'을 속되게 이르는 말

'구라'는 《동아일보》 1964년 5월 6일 자 기사에 나오는 '구라푼다'에서 처음 보인다. '구라푼다'를 당시의 청소년들이 쓰던 은어와 속어 가운데 하나로 보고, '거짓말하다'로 풀이하고 있다. 또 《경향신문》 1966년 5월 12일 자 기사에서는 당시

어린이들의 대화에서 들을 수 있는 여러 유행어 가운데 하나로 "구라떠내(네)"를 소개하고 있다. 이 기사에서는 만화를 유행어를 퍼뜨리는 주범으로 보고 있어 흥미롭다.《동아일보》1972년 5월 4일 자 기사에서도 어린이들이 쓰는 거친 말 가운데 하나로 '구라푼다(거짓말한다)'를 소개하고 있다. 이로 보면 '구라'는 1960년대에 등장한 단어로서, 주로 '풀다, 떨다' 등과 어울려 '거짓말'의 뜻으로 쓰였음을 알 수 있다. 그리고 1960년대는 물론이고 적어도 1970년대 초에는 청소년들 사이에서 '거짓말'을 뜻하는 속어 내지 은어로 자리 잡았음을 알 수 있다. '구라'가 사전으로는 《표준국어대사전》(1999)에 처음 올라 있으며, ① 「거짓말」을 속되게 이르는 말', ② 「이야기」를 속되게 이르는 말', ③ '거짓이나 가짜를 속되게 이르는 말'로 풀이되어 있다. '구라'의 어원에 대해서는 여러 설이 있으나 대체로 '감추다, 속이다'라는 뜻의 일본어 '구라마스(くらます)'에서 온 것으로 보고 있다. 곧 '구라마스'에서 '구라'만 취한 어형으로 본다. 이러한 견해에서는 '구라'가 한국 도박판에서 타짜들이 속임수를 써서 승부를 조작한다는 뜻의 은어로 쓰이다가 '거짓말, 속임수'라는 의미로 확장된 것으로 설명한다.

글방물림(-房--)·글방퇴물(-房退物)

글방물림 [명] 글방에서 공부만 하다가 갓 사회에 나와 세상
물정에 어두운 사람을 낮잡아 이르는 말

'글방(-房)'은 예전에 한문을 가르치던 교육 기관, 곧 '서당'을
말한다. 글방에서 오랫동안 글만 읽다 보면 공부 이외의 것은
잘 모를 수밖에 없다. 세상이 어떻게 돌아가는지 제대로 모르
는 것이다. 그러다가 글방을 나서면 세상 물정을 잘 몰라 허
둥대게 된다. 이렇듯 글방에서 공부만 하다가 사회에 갓 진출
해 아직 세상 물정을 잘 모르는 사람을 낮잡아 '글방물림, 글
방퇴물(-房退物)'이라 한다. 이와 비슷한 의미의 단어에 '글방
도련님'이 있는데, 이는 '글방물림, 글방퇴물'보다 세상 물정
에 더 어두운 사람을 가리킨다. 한편 '글방' 대신 '책상(冊床)'
을 이용한 '책상물림, 책상퇴물'은 '글방물림, 글방퇴물'과 의
미 차이가 없어 보인다.

꼴통

[명] 머리가 나쁜 사람을 속되게 이르는 말

'꼴통'은 참 모질고 독한 말이다. 특히 '수구(守舊)'와 어울려
'수구 꼴통'으로 쓰일 때에는 적개심마저 서려 있다. 그런데
'꼴통'이 처음부터 이렇듯 혐오스러운 말은 아니었다. '꼴통'
은 '골통'에서 변한 말이며, '골통'은 단순히 '머리'를 뜻하는
속어였다. 이러한 의미의 '골통'이 19세기 말 사전에 나온다.

그런데 '골통'은 의미가 몇 차례, 그것도 급속히 변했다. '머리'에서 '머리가 나쁜 사람'이라는 의미로 변했다가, 다시 '말썽꾸러기나 골치를 썩이는 사람'으로 변했다. 그 과정에서 어형도 '꼴통'으로 바뀌었다. 부정적 의미를 부각하는 데에는 된소리가 효과적이어서, '골통'이 자연스럽게 '꼴통'으로 변한 것이다. "꼴통 짓", "수구 꼴통" 등의 '꼴통'은 '말썽꾸러기나 골치를 썩이는 사람'이라는 의미로 쓰인 것이다. 그런데 대부분의 사전에는 '꼴통'에 '머리가 나쁜 사람'이라는 의미만 달려 있다. '말썽꾸러기나 골치를 썩이는 사람'이라는 의미도 있으니 이를 반영해서 기술해야 한다. 한편 '골통'에는 이러한 두 가지 의미 외에 '머리'라는 의미도 있어 '꼴통'과 차이를 보인다. '골통'과 '꼴통'은 어떤 의미로 쓰이든 속어여서 단어 선택에 조심해야 한다.

519 노라리

[명] 건달처럼 건들건들 놀며 세월만 허비하는 짓. 또는 그런 사람을 속되게 이르는 말

직장 구하기가 쉽지 않아서 그런지, "요즘 뭐 하세요?"라고 물으면 "저 요새 백수예요.", "저 요새 건달이에요."라고 대답하는 젊은이가 많다. 물론 본인이 진짜 건달이나 백수라는 뜻이 아니라, 본인의 처지가 그들과 같다는 것을 빗댄 것뿐이다. '건달'은 '하는 일 없이 빈둥빈둥 놀거나 게으름을 피우는 사

람'이다. 건달처럼 건들건들 놀며 세월만 허비하는 사람을 속되게 '노라리'라고 한다. 동사 어간 '놀-[遊]'을 포함하고 있어 '아무 일 없이 놀기 좋아하는 것 또는 그런 사람'이라는 의미가 분명하게 드러난다.

520 늙다리·늙은데기·늙은것·늙정이·노땅(老-)

늙다리 [명] '늙은이'를 낮잡아 이르는 말

'늙다리'는 '늙다'의 어간 '늙-'에 접미사 '-다리'가 결합된 어형이다. '-다리'는 '구닥다리, 꺽다리, 작다리' 등의 그것과 같이 '어떤 하찮거나 나쁜 속성을 지닌 사람'을 낮잡는 의미를 더한다. 이에 따르면 '늙다리'는 늙은 속성을 지닌 사람, 곧 '늙은이'를 낮잡는 말이 된다. '늙은데기, 늙은것, 늙정이, 노땅 (老-)' 등도 같은 의미를 띤다. '늙은데기'와 '늙은것'은 '늙다'의 관형사형 '늙은'과 '데기' 및 '것'이 결합된 어형이다. '데기'는 '미친데기(상식에서 벗어나는 행동을 하는 사람을 낮잡아 이르는 말), 부엌데기, 소박데기' 등의 그것과 같이, '것'은 '아랫것, 어린것, 행랑것' 등의 그것과 같이 '어떤 사람'을 낮잡는 말이다. '늙정이'는 '늙다'의 어간 '늙-'에 접미사 '-정이'가 결합된 어형이다. '-정이'에는 '뚝정이(절뚝발이, 비표준어), 멀정이(머저리, 강원 방언)' 등의 그것과 같이 '어떤 사람'을 낮잡는 의미가 들어 있다. 이로써 '늙은데기, 늙은것, 늙정이'가 '늙은이'를 낮잡아 이르는 말임이 분명히 드러난다. '노땅(老-)'의 '땅'은 그 어원이 분명하지 않으나, '노땅' 자체에는 노인(老人)을 낮잡는 의미가 들어 있다.

521 닭똥집

[명] 닭의 모래주머니를 속되게 이르는 말

'닭똥집'은 '닭'과 '똥집'이 결합된 어형이다. '똥집'은 '똥의 집', 곧 대장(大腸)을 속되게 이르는 말이다. 물론 '똥집'은 위(胃)를 속되게 이르는 말로도 쓰인다. 그렇다면 '닭똥집'은 닭의 대장이나 위를 속되게 이르는 말이 된다. 그런데 '닭똥집'은 실제로는 '닭의 모래주머니'를 속되게 이르는 말로 쓰인다. 모래주머니는 조류(鳥類)의 위의 일부분인데, 모래를 담은 주머니 모양을 하고 있다. 이가 없는 조류는, 모래나 잔돌을 삼켜 모래주머니에 채워서 그것으로 곡류나 단단한 먹이를 으깨어 부순다. 모래주머니가 위의 한 부분이기에, '닭의 모래주머니'를 지시하는 단어를 만드는 데 '위'를 뜻하는 '똥집'을 이용한 것이다. 한편 '닭똥집'에는 '닭의 모래주머니로 만든 음식'이라는 의미도 있다. 포장마차에서 파는 닭똥집이 바로 그것이다.

522 될뻔댁(--宅)

[명] 어떤 일이 될 뻔하다가 아니 된 사람을 놀림조로 이르는 말

장관으로 내정되었다가 청문회 결과 낙마한 사람, 유력한 인

사의 사위가 될 뻔하다가 무슨 사연인지 아니 된 사람 등과 같이, 어떤 일이 될 성싶다가도 아니 된 사람들이 있다. 꽤나 운이 나쁜 사람들이다. 이렇듯 어떤 일이 될 뻔하다가 아니 된 사람을 놀림조로 일러 '될뻔댁(--宅)'이라 한다. "검사 될뻔댁", "사위 될뻔댁" 등과 같이 쓸 수 있다. '댁(宅)'은 본래 남을 높여 이르는 말이지만, '될뻔댁'에서는 오히려 무슨 일을 하려 다가 하지 못한, 부족한 사람이라는 조롱의 의미가 있다.

523 뗑깡

[명] '생떼'를 속되게 이르는 말

'뗑깡'은《동아일보》1959년 11월 2일 자 기사에 처음 보인 다. '뗑깡'은 일본어 '뗀간(てんかん, 癲癇)'에서 온 말이다. '뗀 간'은 경련을 일으키고 의식 장애를 일으키는 발작 증상이 되 풀이해 나타나는 병이다. 이를 일상에서는 '간질(癎疾), 지랄 병'이라 하고, 의학에서는 '뇌전증(腦電症)'이라 한다. '간질, 지랄병'을 뜻하는 일본어 '뗀간'이 우리말에 '뗑깡'으로 들어 와 '억지, 생떼, 투정' 등의 뜻으로 쓰이고 있다. 발작 행위가 억지를 쓰는 행위로 보일 수 있어 이러한 의미가 생겨난 것으 로 추정된다. 그런데 '뗑깡'이 국어에 들어오면서부터 바로 이 러한 의미로 쓰였는지는 좀 더 생각을 해 보아야 할 문제다. 한편 '뗑깡'은 1980년대 후반 이후 문헌에는 '땡깡'으로 표기 되어 나오기도 한다. 이는 모음 'ㅔ'와 'ㅐ'의 구별이 어렵게 되

면서 나타난 현상인데, 《우리말샘》(2016)에는 '뗑깡'과 '땡깡'이 모두 올라 있다. 일본어 현실음을 고려하면 '뗑깡'으로 표기하는 것이 옳을 듯하나 대체할 수 있는 우리말 '생떼'가 있으니 굳이 이 말을 쓸 필요는 없다.

524 또라이

[명] 상식에서 벗어나는 사고방식과 생활 방식을 가지고 자기 멋대로 하는 사람을 속되게 이르는 말

'또라이'는 '돌아이'에서 변한 말이다. '돌아이'는 '아이'에 접두사 '돌-'이 결합된 어형이다. 1985년에 이두용 감독이 제작한 〈돌아이〉라는 영화의 제목도 그러한 것이다. 영화 속 '돌아이'는 불의를 보고는 참지 못하고 덤벼드는 정의로운 청년이다. 저돌적이고 무모한 성격을 갖고 있다는 점에서는 '또라이'의 속성과 무관하지 않지만, 그렇다고 아주 부정적인 인물은 아니다. 앞뒤 가리지 않고 달려드는 돈키호테 유형의 인물에 가깝다. 접두사 '돌-'은 '돌계집, 돌무당, 돌중' 등의 그것과 같이, '수준 이하의, 질이 떨어지는'이라는 의미를 더한다. 이는 물론 명사 '돌[石]'에서 온 것이다. 이에 따르면 '돌아이'는 보통의 아이와는 달리 수준이 떨어져 이상하고 모자란 생각이나 행동을 하는 아이가 된다. '돌아이'에 대한 부정적 인식이 부각하면서 그것을 강조하기 위해 '똘아이'라 되게 발음했을 것이고, '똘아이'의 어원이 불분명해지면서 '또라이'라 연철

표기했을 것이다. 그리고 상식 밖의 사고와 행동을 하는 사람이 늘어나자 아이에서 일반인 전체로 의미가 확대되었을 것이다. 사전에서는 '또라이'를 '상식에서 벗어나는 사고방식과 생활 방식을 가지고 자기 멋대로 하는 사람'으로 폭넓게 풀이하고 있다. 곧 아이뿐만 아니라 어른에게도 적용되는 단어로 보고 있다. 요즘 정신 나간 '또라이'들이 많아서인지, '우최또(우주 최강 또라이), 또라이박(또라이처럼 멍청한 짓을 하고 박처럼 머리가 빈 사람), 똘끼(또라이 끼가 있는 사람), 똘추(또라이 추한 놈)' 등과 같은 이상한 변조어들까지 만들어져 쓰인다.

525 막창(-腸)

[명] 소나 양같이 되새김질하는 동물의 네 번째 위(胃)를 속되게 이르는 말

'막창(-腸)'은 《경향신문》 1996년 10월 10일 자 기사에 처음 보인다. 사전으로는 《고려대한국어대사전》(2009)에 처음 올라 있다. 이는 '창자'를 뜻하는 '창[腸]'에 '마지막'의 뜻을 더하는 접두사 '막-'이 결합된 어형이다. '창'은 '腸(장)'의 중국어 음으로, '소창(小腸), 대창(大腸)' 등의 '창'과 같다. 그러므로 '막창'은 '마지막 창자'라는 뜻이다. '맹장(盲腸)'을 뜻하는 '막창자'와는 다르다. 소나 양처럼 되새김질하는 반추동물은 위가 네 개인데, 그중 마지막의 것이 '막창'이다. '막위(-胃), 주름위(--胃), 홍창(紅腸)'이라고도 한다. 반추동물의 세 번째 위

는 '겹주름위(---胃), 처녑'이라 하고, 두 번째 위는 '벌집위(--胃)'라 한다.

526 만고땡(萬苦-)

[명] 온갖 괴로움이 끝남을 속되게 이르는 말

'만고땡'은 '만고(萬苦)'와 '땡'이 결합된 어형이다. '만고'는 '온갖 괴로움'의 뜻이고, '땡'은 본래 끝남을 알리는 종소리로 '끝남'의 뜻이다. 이에 따라 '만고땡'은 '온갖 고생이 끝남'이라는 뜻이다. 자신을 힘들게 하던 온갖 괴로움이 사라졌을 때 쓰인다. "야, 이제 만고땡이다."라고 하면 '모든 어려움이나 괴로움이 끝났다'는 탄성이다.

527 망종(亡種)

[명] 아주 몹쓸 종자란 뜻으로, 행실이 아주 못된 사람을 낮잡아 이르는 말

'망종(亡種)'의 한자 뜻 그대로의 의미는 '망할 놈의 종자'다. 이는 '아주 몹쓸 종자'라는 뜻과 같다. 아주 몹쓸 종자는 행실이 심히 못되고 악독한 사람이다. 그리하여 '망종'에 '행실이 몹시 못된 사람'이라는 의미가 생겨난다. 여기에는 그런 사람을 낮잡는 심사가 깊이 배어 있다. "저놈은 망종이니 상대하지 마라."에서 보듯 '망종'은 낮춤말 '놈'과 잘 어울려 쓰인다. 그야말로 상종할 가치도 없는 막된 인간이다.

528 바닥쇠

[명] 그 지방에 오래전부터 사는 사람을 낮잡아 이르는 말

어느 곳이든 그 지역에 오래전부터 터를 잡고 사는 사람이 있다. 이런 사람을 보통 '본토박이, 토박이'라 이른다. 그런데 이런 사람을 낮잡아 이를 때에는 '바닥쇠'라고 한다. '바닥쇠'의 '쇠'는 '구두쇠, 덜렁쇠, 마당쇠' 등의 그것과 같이 부정적인 면을 지니는 사람을 지시한다. 이에 따라 '바닥쇠'는 '그 바닥에 오래전부터 그럭저럭 살아온 사람'으로 해석된다. '바닥쇠'와는 달리 그 마을이나 지역에 오래 살며 행세깨나 하는 사람은 '터줏대감'이라 하여 대우한다.

529 부인(夫人) · 어부인(御夫人) / 부군(夫君)

부인 [명] 남의 아내를 높여 이르는 말

가끔 유명 인사가 텔레비전에 나와 자기 아내를 '부인(夫人)'이라 칭하는 경우를 보게 된다. 그러나 '부인'은 남의 아내를 높여 이르는 말이어서, "저의 부인은…."이라고 말하는 순간 자기 아내는 남의 아내가 되고 말아 우스운 꼴이 된다. 또 가끔 "우리 어부인께서는 말이야…."와 같이 자기 아내를 '어부인(御夫人)'이라 높여 이르기도 하는데, 아무리 장난스럽게 말하는 경우라 하더라도, '어부인' 역시 남의 아내를 높여 이르는 말이어서 본인이 쓰는 순간 이 또한 우스운 꼴이 되고 만다. 더구나 '어부인'은 일본어계 한자어이고 또 표준어도 아

니니 굳이 쓸 필요가 없다. 그런데 '부인'이 남의 아내를 높여 이르는 말이긴 하지만, 자기를 가르친 선생님이나 깍듯이 모셔야 할 사람의 배우자에게는 쓸 수 없다. "선생님 부인께서는….", "사장님 부인께서는…."이라고 해서는 안 되고, 이 경우에는 '사모님(師母-)'으로 바꾸어 표현해야 한다. 한편 '부인'이 남의 아내를 높이는 말이라면, '부군(夫君)'은 남의 남편을 높이는 말이다. "부군께서는 어떤 일을 하고 계시는지요?" 와 같이 쓸 수 있다. 이는 "남편은 어떤 일을 하십니까?"보다 훨씬 격이 높은 표현이다. 물론 '부군'도 선생님이나 깍듯이 모셔야 할 사람의 배우자에게는 쓸 수 없다. 예를 들어, 제자가 "선생님, 부군께서는 안녕하십니까?"라고 한다든지, 나이 어린 사람이 "김 여사님, 부군께서는 안녕하신지요?"라고 말하는 것은 결례다. 여자 선생님의 남편을 위해 '사부님(師夫-)'이라는 특별한 명칭을 만들어 놓았으나 잘 쓰이지 않는다. 아마도 동음 관계에 있는 '사부님(師父-)'과 혼동되어 그런 것이 아닌가 한다. 여선생님의 남편이나 연세 드신 여성의 남편을 지칭할 때에는 '김 선생님'이나 '김 사장님' 등이라 하면 된다.

530   사족(四足)

[명] '사지(四肢)'를 속되게 이르는 말

'사족(四足)'의 한자 뜻 그대로의 의미는 '네 발'이다. 더 구체적으로 말하면 '짐승의 네 발'이다. 아울러 '사족'은 '사지(四

肢, 두 팔과 두 다리)'를 속되게 이르는 말로도 쓰인다. "사족 성한 병신"이라고 하면, 두 팔다리가 성하면서도 아무 일도 하지 않고 빈둥빈둥 놀고먹는 사람을 욕하는 말이다. 그리고 무슨 일에 혹하여, 사지를 움직일 수 없을 정도로 꼼짝 못 하는 것을 "사족을 못 쓰다." 또는 "사지를 못 쓰다."라고 한다.

531 사타구니

[명] '샅'을 낮잡아 이르는 말

두 다리의 사이가 '샅'이다. '샅바(죄인의 다리를 얽어 묶던 바), 샅폭(바지 따위의 샅에 대는 좁은 헝겊)' 등의 '샅'도 그러한 것이다. 의학에서는 '샅'을 특별히 '샅고랑'이라 한다. 또한 '샅'에는 '두 물건의 틈'이라는 의미도 있다. "샅 사이에 낀 나무토막이 빠지지 않는다."의 '샅'이 그러한 것이다. '고샅(골목 사이), 손샅(손가락과 손가락의 사이), 샅샅이(구석구석 빈틈없이 모조리)' 등의 '샅'도 그와 같다. '샅'의 낮춤말이 '사타구니'다. 이는 '샅'에 접미사 '-아구니'가 결합된 어형으로 추정되나, '-아구니'의 정체는 알 수 없다. '사타구니'는 낮춤말이지만 '샅'보다 활발하게 쓰인다. 그만큼 '샅'의 세력이 약화된 것이다.

532 수월내기

[명] 다루기 쉬운 사람을 놀림조로 이르는 말

다루기 까다로운 사람이 있는가 하면, 다루기 쉬운 사람이 있다. 다루기 쉬운 사람을 놀림조로 '수월내기'라고 한다. 마음이 무르고 약해서 좀 만만해 보이는 사람이 '수월내기'다. '수월'은 '수월하다'의 '수월'과 같고, '-내기'는 '보통내기, 여간내기, 풋내기' 등의 그것과 같이 '그 정도의 사람임'을 지시한다. 그리하여 '수월내기'는 '수월하게 다룰 수 있는 사람'이라는 뜻이 된다. "그 사람의 날카로운 인상을 보니 결코 수월내기 같지 않다."와 같이 쓸 수 있다.

533　약주(藥酒)
[명] '술'을 점잖게 이르는 말

제자가 은사(恩師)님을 모시고 식사를 하면서 은사께 술을 한 잔 올린다고 가정해 보자. 이때 제자가 "선생님, 제가 술 한 잔 올리겠습니다."와 같이 표현했다면, 이는 올바른 표현인가? 아주 벗어난 표현은 아니지만, 그렇다고 예의 바른 표현이라고는 볼 수 없다. 은사를 상대로 하기 때문에 '술'을 높여 이르는 '약주(藥酒)'라는 단어를 써야만 격에 맞는다. '약주'는 본래 '약으로 마시는 술'이라는 뜻이지만, '술'을 점잖게 이르는 말로도 쓰인다. 어른을 상대로 한다면 '술' 대신 의미 가치가 높은 '약주'를 선택해서 써야 한다. '병'에 대한 '병환', '말'에 대한 '말씀', '밥'에 대한 '진지'를 선택해야 하는 이유와 같다. 의미가 같은 고유어와 한자어가 대립할 때에는 대체로 한자어가 높은 의미 가치를 갖는 것이 언어 현실이다.

534 양아치

[명] 품행이 천박하고 못된 짓을 일삼는 사람을 속되게 이르는 말

요즘 진저리나도록 많이 듣는 비속어 가운데 하나가 '양아치'다. 이는 상대방을 형편없는 인물로 치부하고 노골적으로 공격할 때 쓰는 비열한 말이다. 사전에서는 '양아치'를 ① 「거지」를 속되게 이르는 말', ② '품행이 천박하고 못된 짓을 일삼는 사람을 속되게 이르는 말'로 풀이하고 있다. 이 가운데 첫 번째인 '거지'가 그 본래의 의미다. 이러한 사실은 '양아치'가 '거지'를 뜻하는 '동냥아치'에서 변한 말이라는 점에서도 분명하게 드러난다. '동냥아치'에서 '동'이 생략되어 '냥아치'가 되고, 여기서 다시 어두의 'ㄴ'이 탈락해 '양아치'가 된 것이다. 그런데 '양아치'에는 한때 '넝마주이'라는 의미도 있었다. 헌 옷이나 헌 종이, 빈병 등 폐품을 주워서 살아가는 넝마주이를 거지 범주에 넣어 이들도 '양아치'라 한 것이다. 그런데 넝마주이가 없어지면서 '양아치'에서 '넝마주이'라는 의미도 사라졌다. 이를 사전에 반영하여 ①과 ②로만 기술한 것이다. 물론 '양아치'의 본래 의미인 '거지'라는 의미도 위태위태하다. 이를 '거지'라는 단어가 떠맡고 있기 때문이다. 그리하여 현재 '양아치'는 주로 ②의 의미로 쓰이는데, 이는 '넝마주이'라는 의미에서 변한 것이다. 허구한 날 몰려다니며 악장치고 행패를 부리는 '넝마주이'의 속성을 매개로 '품행이 천박하고 못

된 짓을 일삼는 사람'이라는 부정적 의미가 생겨난 것이다. '양아치'는 실제 이보다 더 부정적인 의미로 쓰인다. 최소한의 예의, 의리, 염치도 없는 막장 인간이 '양아치'인 것이다. '양아치' 중에서도 특별히 천하고 야비한 사람을 접두사 '생(生)-'을 붙여 '생양아치'라 한다.

535　여쭙다

[동] 웃어른에게 말씀을 올리다

'묻다'와 '여쭙다'는 궁금한 것을 상대가 설명해 주기를 바라는 행위라는 점에서는 공통적이다. 그러나 그 쓰임은 전혀 다르다. '묻다'는 또래나 손아랫사람에게, '여쭙다'는 윗사람에게 써야 하는 제약이 있기 때문이다. 그런데 요즘 '묻다'와 '여쭙다'를 아무렇게나 선택해서 쓰는 경향이 있어 걱정스럽다. "선생님께서는 나에게 어느 대학에 입학 원서를 냈는지를 여쭈워 보았다.", "모르는 문제가 있으면 선생님께 물어 보아라."처럼 쓰는 것이다. 전자의 '여쭈워'는 '물어'로, 후자의 '물어'는 '여쭈워'로 바꾸어야 정상적인 문장이 된다. '여쭙다'는 윗사람에게 쓸 수 있는 것이어서, 사전에서는 이를 '웃어른에게 말씀을 올리다'로 풀이하고 있다. '여쭙다'에는 '웃어른에게 인사를 드리다'라는 뜻도 있다. "사돈어른께 인사를 여쭙다."의 '여쭙다'가 그러한 것이다. '여쭙다'와 함께 '여쭈다'도 표준어다. 두 단어 모두 중세국어 '엳줍다'에서 온 말이어서,

의미적인 면뿐만 아니라 형태적인 면도 아주 밀접하다. 다만 '여쭙다'는 '여쭈워, 여쭈우니, 여쭙는' 등으로 활용하고, '여쭈다'는 '여쭈어, 여쭈니, 여쭈는' 등으로 활용하는 차이가 있다.

536 오라질

[명] '오라에 묶여 갈 만하다'는 뜻으로, 미워하는 대상이나 못마땅한 일에 대하여 비난하거나 불평할 때 욕으로 하는 말

'오라질'은 "오라질 놈(년, 것)"과 같은 구조에서 '놈(년, 것)'이 생략된 어형이다. 그리고 "오라질 놈(년, 것)"은 "오라를 질 놈(년, 것)"과 같은 구조에서 조사 '를'이 생략된 뒤 축약된 것이다. 곧 "오라를 질 놈(년, 것)" → "오라질 놈(년, 것)" → '오라질'의 과정을 밟은 것이다. '오라질'이 '우라질'로 바뀌어 "우라질 놈(년, 것)"으로 쓰이기도 한다. 우리말에서 양성모음 '오'가 음성모음 '우'로 바뀌는 것은 그리 특별한 일이 아니지만, 이 경우에는 상황이나 심리를 좀 더 극대화해서 표현하고자 하는 의도가 깔려 있다. '오라'는 예전에 도둑이나 죄인을 묶을 때 쓰던 '붉고 굵은 줄'이다. 그 줄의 색이 붉어서 '홍사(紅絲), 홍줄(紅-)'이라고도 했으며, 죄인을 묶는 데 쓰여서 '포승(捕繩), 박승(縛繩)'이라고도 했다. "오라를 질"의 '질'은 '지다'의 관형사형이고, '지다'는 '줄이나 포승 따위에 묶이다'의 뜻이다. 그렇다면 "오라를 질"은 '오라에 묶일' 정도의 의미를 띤다. 포승줄에 묶여 포도청으로 끌려가는 죄인을 연상하면 어떤 상

황인지 잘 알 수 있을 것이다. "오라를 질" 정도면 그 죄가 아주 중한 것이다. 그렇기 때문에 그 죄는 물론이고 죄를 지은 사람도 비난의 대상이 된다. "오라를 질 놈(년, 것)"은 그렇게 해서 만들어진 욕이다. 그런데 "오라를 질 놈(년, 것)"이나 "오라질 놈(년, 것)"이 잘못을 저지른 특정인을 비난하는 욕이라면, "오라질 놈(년, 것)"에서 '놈(년, 것)'이 생략된 '오라질'은 기분 나쁜 상황을 심하게 비난하거나 그것 때문에 생긴 자신의 불쾌감을 풀어내는 욕이다. 욕이라도 그 성격이 다른 것이다. 이런 경우 '오라질'보다 '우라질'이 더 강렬한 느낌을 준다.

537 쪽팔리다

[동] (속되게) 부끄러워 체면이 깎이다

'쪽팔리다'는 이철용의 소설 〈어둠의 자식들〉(1980)에 처음 보인다. 이는 '쪽이 팔리다'라는 구(句)에서 조사 '이'가 생략되면서 어휘화한 것이다. '쪽'은 '얼굴'을 가리키며, 이는 '어떤 물건의 쪼개진 한 부분'을 지시하는 '쪽'에서 온 것이다. 얼굴이 좌우 두 부분으로 나뉘어 있으므로, 그 한 부분을 얼마든지 '쪽'으로 이해할 수 있다. 소설 〈어둠의 자식들〉에서는 "우리는 쪽이 팔려서(얼굴이 알려져서) 뒷골목 출입은 안 된다."에서 보듯, '쪽이 팔리다'를 괄호를 두어 풀이하고 있다. 이 말이 당시 특정 집단에서만 쓰던 은어여서, 굳이 괄호를 이용하여 그 의미를 밝힌 것이다. 못된 짓을 일삼으니 주변에 얼굴이 알려졌을 것이고, 얼굴이 알려져 사람들 입방아에 자주 오르내리니 부끄러운 마음이 들었을 것이다. 그러다 보면 자연히 체면에 손상을 입게 된다. 그리하여 '쪽이 팔리다'에 '부끄러워 체면이 깎이다'라는 비유적 의미가 생겨난 것이다. 어휘화한 '쪽팔리다'도 같은 의미를 띤다.

538 핫바지

[명] 시골 사람 또는 무식하고 어리석은 사람을 낮잡아
이르는 말

우리말에는 '핫바지'를 비롯해 '핫것, 핫두루마기, 핫이불, 핫저고리' 등에서 보듯 접두사 '핫-'을 이용한 단어가 많다. 솜을 두어 만든 의복이나 이불을 지시할 때 '핫-'을 붙인다. 그리하여 접두사 '핫-'은 '솜을 둔'이라는 의미를 보탠다. 이에 따라 '핫바지'는 '솜을 두어 지은 바지'로 해석된다. 솜을 두어 만들었으니 따듯하기는 하지만, 통이 넓고 무거워 영 모양새가 나지 않는다. 그래서 핫바지를 입고 있노라면 촌스럽고 우스꽝스러워 보인다. '핫바지'가 '시골 사람' 또는 '무식하고 어리석은 사람'을 뜻하게 된 연유가 바로 여기에 있다.

찾아보기